CW01083357

清野智昭

# 中級
# ドイツ語のしくみ

Deutsch

白水社

ブックデザイン　森デザイン室

# まえがき

　本書は，初級文法を一通り終えた方，あるいは長年ドイツ語を勉強していても何かすっきりとわかった気がしないという方を対象にしたドイツ語文法の解説書です。前著『ドイツ語のしくみ』とは読者対象が違いますが，語り口は変わりません。なによりも，読みやすさ，わかりやすさを心がけ，読んですーっと頭に入っていくような説明に努めました。

　わかりやすいということは，簡単な内容しか書いていないということではありません。本書には，ドイツ語文法だけでなく，一般言語学の入門書のような部分もあります。ドイツ語を理解するためには，言語そのものの機能や働きを理解しなければならないからです。また，研究書ではないので，いちいち引用や紹介はしていませんが，ふだん接している研究仲間から教わったことや，研究書，論文を通して知った最新の研究結果も，私なりに消化して，随所にちりばめてあります。

　本書がこのように出版できるのは，企画から編集のすべてでお世話になった白水社の岩堀雅己さんのお陰です。また，千葉大学言語教育センターの同僚の久保田正人さんからは，ご専門の英語学の立場から，さまざまなことを教えていただきました。田中慎さんからは，同僚かつ研究仲間として，原稿に忌憚のない意見をもらいました。また，ドイツ語の学習者の立場から，土屋千穂さんと生田幸子さんには，私が見落としがちな点を補っていただきました。もちろん，それにもかかわらず本書の内容に不備があれば，すべての責任は私にあります。

　この本が，ドイツ語文法を親しみやすく，またわかりやすいものにする助けとなれば著者として大きな喜びです。とにかく，読んでみてください。

2008年夏

清野智昭

「中級ドイツ語のしくみ」 目次

まえがき　3

# 第1部　ドイツ語のからくり　9

## 1　ドイツ語の音の基本 ································································· 10

ドイツ語の音と文字／母音の基礎／子音の基礎／母音の長短と緊張度／
[ʃ] と [ç]／[n] と [ŋ]／ハ行とラ行／音節とモーラとアクセント／文法
の中の音節／文アクセントとイントネーション
コラム　童謡と早口ことばで発音練習　30

## 2　ドイツ語の文の基本 ································································· 32

文を構成する語／語の成り立ち／語はかたちが変わる／これも文,あれも文／
寄りかかる文／主語と述語／動詞が必要とするもの／語順／枠構造のもとに
なるもの／nicht の位置
コラム　ウムラウトの点　52／日本語の否定とドイツ語の否定　53

## 3　ドイツ語らしく書く ································································· 54

情報伝達／文頭の位置／文頭に移動する疑問詞／無生物主語／man とは
誰?／非人称の話／行為を出来事にするとき／省略と言い換え／結論から先
に言う
コラム　コーパスは便利！　72

# 第2部　ドイツ語の発想　75

## 1　動詞の本質 ··············································································· 76

動詞とは時間を持つことば／動詞のかたち／人称と数／人称語尾の秘密
コラム　ドイツ語はプラス思考で！　84／ドイツ語の勉強のしかた　85

## 2　時制のくぎりかた ···············································86

ドイツ語の時制／発音から見る現在人称変化／時間的広がり／時間の幅／動詞の3基本形と過去形／現在完了形の形態／他動詞の過去分詞は受動／完了とは?／過去形と現在完了形の視点
コラム　九州弁でアスペクトを考える　104


## 3　話法の助動詞 ···············································106

話法とは?／話法の助動詞の人称変化／話法の助動詞の客観用法と主観用法／müssen の用法／wollen と sollen の表す「意志」／ können の表す「可能性」
コラム　ドイツ人は悔しがらない?　118


## 4　法とは何か? ···············································120

命令法／要求話法／間接話法／非現実話法／接続法の「時制」／体験話法
コラム　背中体操?　132 ／クラスと学校の話　133


## 5　名詞とは何か? ···············································134

名詞とは?／名詞の「性」とは何か?／かたちから性がわかるもの／数えられるとはどういうことか?／助数詞の考え方／個体性から概念へ／複数形
コラム　101 匹わんちゃんの話　148


## 6　名詞句の表示のしかた ···············································150

格とは?／名詞句の格変化／定冠詞類の格変化／形容詞の「しるし」付け／形容詞の語尾変化の理屈／決め手は語尾!／男性・中性の2格
コラム　良い和独辞典とは?　164


## 7　格の用法 ···············································166

1格の用法／2格の用法／主語的2格と目的語的2格／3格の用法／所有の3格／利害の3格／4格の用法
コラム　東ドイツの語彙　180

**8　前置詞の用法** ⋯⋯⋯⋯⋯⋯⋯⋯⋯⋯⋯⋯⋯⋯⋯⋯⋯⋯⋯⋯⋯⋯⋯ 182

前置詞の存在理由／起点と到着点の非対称性／移動か静止か?／前置詞
と定冠詞の融合形／前置詞の用法の拡張／ an の用法／ auf の用法／ in
の用法／ aus の用法
コラム　行くと来るの話　200


**9　特定できることとできないこと** ⋯⋯⋯⋯⋯⋯⋯⋯⋯⋯⋯⋯⋯⋯ 202

代名詞とは?／指示に関わることば／指示代名詞と定冠詞の指示用法／
dieser と jener ／冠詞の用法／総称／属性を表すときは無冠詞／固有名詞
は無冠詞
コラム　コンピューター用語　218


**10　受動態と再帰構文** ⋯⋯⋯⋯⋯⋯⋯⋯⋯⋯⋯⋯⋯⋯⋯⋯⋯⋯⋯⋯⋯ 220

受動態とは?／自動詞の受動文／他動性／状態受動／ bekommen 受動／
再帰代名詞／再帰動詞／よく使われる再帰動詞と sich の位置／ 3 格の再
帰代名詞をとる再帰動詞／出来事と結果を表す再帰表現／中間態／相互
代名詞／使役について
コラム　旧・新正書法?　246


**11　役割が変わるもの** ⋯⋯⋯⋯⋯⋯⋯⋯⋯⋯⋯⋯⋯⋯⋯⋯⋯⋯⋯⋯⋯ 248

名詞化／ zu 不定詞／分詞とは?／冠飾句／分離動詞／非分離動詞／比
較級と最上級／いろいろな比べ方
コラム　感嘆文は簡単文!　264


**12　変わらないもの** ⋯⋯⋯⋯⋯⋯⋯⋯⋯⋯⋯⋯⋯⋯⋯⋯⋯⋯⋯⋯⋯⋯ 266

接続詞／副詞と話法詞／心態詞(1)／心態詞(2)／間投詞と擬音語
コラム　ドイツの動物の鳴き声　276 ／動物の慣用表現　277


変化表一覧　279
文法項目一覧　290

第 1 部 | **ドイツ語のからくり**

# ドイツ語の音と文字

　初級用の教科書には，ドイツ語の文字の読み方について，たいてい次のような説明が載っています。

　1）文字は原則としてローマ字のように読む。
　2）アクセントは第一音節にある。

　これらの説明はもちろん「間違い」ではありません。それどころか初めてドイツ語を勉強する人が，それまでに習ったであろう英語との類推からやってしまいがちな間違いを事前に防止するという意味で非常に効果的です。しかし，本当は Name をローマ字読みしても「ナーメ」にはならず，「ナメ」になるだけです。こう読まないためには，少なくとも次の規則を導入しなければなりません。

　3）アクセントのある母音は子音字1つの前では長く，2つ以上の前では短い。

　こうすると読み方は確かに正確にはなりますが，「原則としてローマ字読み」というのはすでに破綻をきたしそうです。ローマ字は文字どおりローマ帝国の言語であるラテン語を表記するために作られたものですから，それ以外の言語の表記では例外的な現象が出てくるのは仕方ありません。英語のつづりに比べると，日本語の表記に使う表記法である「ローマ字」と，ドイツ語のつづり方（正書法）は共通点を多く持っています。しかしながら，また「違い」も大きいことを理解することが重要です。

　その違いは，単につづり字の規則というより，音声そのものにあります。外国語を学ぶときは，その言語の音声を勉強することが基本となります。しかし，人は誰でも自分の母語の音声（正確に言うと音韻体系）を完璧に習得しているので，学習する言語の音声が自分の母語のものと大きく異なる場合にはなかなかうまく習得できません。ある言語に存在する音の区別が他の言語では存在しないことが往々にしてあり，そのような場合，学習者は母語との違いを意識しつつ外国語の発音を練習する必要があります。ドイツ語の音

声も日本語とはかなり異なる部分が多く，日本人にとってドイツ語の音は意識的に練習しなければいけません。そういう意味で，「ローマ字読み」といっても注意すべき点が多々あります。ra が日本語の「ラ」ではないとわかっても Rad と［ラート］が実際はかなり違う音だと意識している学習者は多くないと思われます。

　人間が言語として使う音，つまり言語音声は母音と子音に分けられます。
　母音とは，肺からの空気（呼気）が口の中のどこでも妨害されないで出される音です。「ア」「イ」「ウ」「エ」「オ」が日本語の母音ですが，これらの音をアー，イーと発音してみてください。口の形は変わりますが，息自体はそのまま出つづけていることがわかるでしょう。

　それに対し，子音は，呼気が口の中のどこかで妨害をうけて発音される音です。「ブ」と言ってみてください。この音を出すためにはまず上と下の唇をしっかり付けて閉鎖を作らなければいけません。この瞬間に肺からの空気がいったん完全に止まります。これが「妨害」という意味です。その後で一気に口を開いて呼気を開放した瞬間に［b］の音が出ます。この場合は完全に閉鎖が行われているので，［b］を「閉鎖」音と言いますが，妨害があっても完全に息が止まらないものもあります。「スー」と言う時の［s］は息が前歯の裏に強く当たって擦れることによって出ます。それでこれを「摩擦音」と言います。この場合は息の流れ自体は止まりませんが，前歯に当たることによって，自然な流れが遮られていることには変わりありません。ですから，やはり［s］は子音です。

　このように，子音を説明するときは，呼気がどのように妨害されるかを説明することになります。それに対し，母音の説明には，音色を生み出す口の動かし方として，とくに唇の形と舌の位置が使われます。

　それでは，ドイツ語の母音を見ていきましょう。

# 母音の基礎

　母音は呼気が妨げられずに出される音です。アイウエオなどの音色の違い
は，口の中でどのように音が共鳴するかによるのですが，それは①舌の高
さ，②舌の位置，③唇の丸め，の3つの要因によって決まります。

　まず，舌の高さから見ていきましょう。舌が高い位置にあるというのは，
口を閉じているという意味で，舌が低いというのは口を開けているというこ
とです。以下，国際音声学会で定めた音声記号（IPA）を使って説明しま
す。「アー」と言いながら，だんだんと口を閉じて「イー」まで言ってみま
しょう。これ以上，口が開かないというところまで開いた「アー」と，これ
以上閉じたら「ジュー」のような摩擦音になってしまう限界の「イー」を考
えてください。その時の「イ」の音を［i］と定めています。そのまま口を
開いていって最後が［a］で，その間を3つに区切ります。途中でできた2
つの音のうち［i］に近い方が［e］で，［a］に近い方が［ɛ］です。それぞ
れ，中高舌，中低舌と言います。

　次に，舌の前後の位置を見てみましょう。これは，なかなか自覚できない
かもしれないので，わからない人は指を口の中に入れて舌の上に置いてみて
ください。「イ」と言った後に「ウ」と言ってみると，最初は舌の前が持ち
上がっていたのに，次は後ろが持ち上がっているのがわかるはずです。舌の
前の部分が上あごに向かって持ち上がる母音を「前舌」母音，舌の後ろが
持ち上がれば「後舌」母音，真ん中が持ち上がれば「中舌」母音と言いま
す。というわけで，［i］は前舌母音，［u］は後舌母音です。

　最後は，唇の丸めを見てみましょう。唇が丸く前に突き出されている状態
を円唇と言い，丸まっていないのが非円唇です。「エ」と「オ」を発音して
みると，口の開きは同じ，つまり舌の高さは変わりませんが，舌の一番盛り
上がっている位置が前から後ろになるのと同時に，唇がすぼんでいき，丸く
なるのがわかるでしょう。「エ」は前舌で非円唇ですが，「オ」は後舌で円唇
の母音だからです。

　さて，次の図は，母音の性質をまとめた四角形です。一番外側の音声記号
を左上から反時計回りに眺めてみましょう。［i］［e］［ɛ］［a］［ɑ］［ɔ］［o］

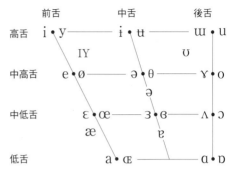

[u] です。これらは多くの
言語の音声を記述する際に最
初に目安とする母音で，基本
母音と言います。理論的に作
られたものなので，同じ発音
記号で書かれていても言語に
よって微妙にずれています
が，ドイツ語の母音の場合は
まず，この基本母音どおりに
考えていいと思ってください。

　これらの基本母音のうち，[ɔ] [o] [u] の３つが円唇で，あとは非円唇
です。ドイツ語のuの音は，まさしく円唇の [u] なので，唇を丸くすぼめ
て前に突き出すぐらいのつもりで発音しなければなりません。日本語の
「ウ」を発音するとき，私たちはほとんど唇をすぼめません。ですから，日
本語の「ウ」とドイツ語の [u] は母音の性質としてまったく違うのです。
日本語の「ウ」つまり [u] の音に対する非円唇の母音は，mを逆さにした
記号の [ɯ] で表します。

　舌の位置と唇の形の関係がわかれば，ドイツ語のöとüの発音のしくみ
も楽に理解できます。初級の教科書では，öの発音は，「『オ』の口で『エ』
と言う」などと，よく考えればわけのわからないことが書いてありますが，
それはこういうことです。schön のöの発音 [øː] は，[eː] の舌の位置，
つまり，前舌で中高舌のままで，唇だけを丸くしたものです。それにはまず
[eː] をきちんと出します。日本語の「エ」よりも口を閉じぎみにして横に
大きく開いて発音するのがポイントです。次に，その舌の位置をキープし
て，口の他の部分を極力動かさないようにして，唇だけを丸く突き出せばい
いわけです。üben のü，つまり [yː] の発音をするときも同様です。[iː]
の発音をしっかりして，その舌の位置のまま，やはり唇を前に突き出しま
す。ちなみに，基本母音の円唇と非円唇をちょうど逆にした母音を「第２次
基本母音」と言います。öとüはこの母音であるわけです。

14

# 子音の基礎

　子音は，呼気が肺から口先までのどこかで妨害されて出される音です。音声学では「発音する」ということを「調音」（医学系では「構音」）と言いますが，個々の子音の性質は，呼気の妨害が，「どこで」（調音点），「どのように」（調音法）起こるかということと，その際に「声帯が震えるか（声を伴うか）」という３つの要素で表されます。

　たとえば，「パ」「バ」と言うときの子音 [p][b] を発音するには，両方の唇を使って，それを堅く閉じた後に勢いよく開くことが必要です。それでこの２つの音は，両唇閉鎖音，または両唇破裂音と呼ばれます（唇を閉じることに重きをおけば「閉鎖音」，勢いよく開くことに重きをおけば「破裂音」となりますが，どちらも同じものを指しています）。「両唇」が「調音点」で，「閉鎖」が「調音法」です。さらに，声帯の振動がなく声を伴わない音を「無声」，声帯が振動して声を伴う音を「有声」と呼ぶので，[p] は無声両唇閉鎖音（破裂音），[b] は有声両唇閉鎖音というわけです。また，この唇の状態で，呼気が鼻にぬけると「鼻音」になり，[m] の音ができます。両唇鼻音です。鼻音は通常，有声なので，わざわざ「有声両唇鼻音」と言わなくてもいいのです。

　唇と歯を使って発音する音（唇歯音）もあります。[f] と [v] です。下の唇の裏側に前歯を当てて出します。中学の英語の時間に「唇を噛む」と教わることがありますが，噛んだらふつうの人は話せません。触れるだけです。なお，これらの音は息が擦れて出る音ですから，摩擦音です。日本語を母語とする私たちには，[p] と [f] はまったく違う音に聞こえますが，それを有声にしただけの [b] と [v] はほとんど同じに聞こえてしまうから不思議です。自分で発音するのは別に難しくないですが，聞き取りの際は [v] は [f] の有声音だということを意識して，Wasser などよく知っている単語で「摩擦」を聞くようにするとだんだん聞き取れるようになります。

　ここで口の中で発音に使われる部分を観察してみることにします。一番外側が唇で，その次に歯があります。歯の前面は今見た [f]，[v] を出す時に使われますが，後ろの面は [s] や [z] を発音するときに使われます。

「スー」と言ってみると，ここに息が強く当たって擦れていることがわかります。ですから前歯がない人は「スー」と言うことができません。次が，歯茎です。音声を発するときに使うのは上の歯の歯茎で，しかも，前面ではなく，口の中，つまり裏側で，前歯の付け根のあたりを指します。指で歯の裏から喉の方に向かって触ってみるとわかりますが，歯の付け根のあたりは平らになっていますが，1センチぐらいで，急な段差がついています。歯茎はこの段差を境にして前の部分と後ろの部分に分かれています。なぜ，こんなことを説明するかというと，ドイツ語の sch［ʃ］の音と，日本語のシュの音の違いにこの歯茎の前の部分と後ろの部分が深く関与しているからです。

　歯茎の後につづく堅い部分を硬口蓋（硬い上あご）と言います。さらに指でなぞっていくと堅い骨がなくなり，軟らかい粘膜になることがわかります。この部分を軟口蓋（軟らかい上あご）と言います。歯の裏側から軟口蓋にかけての部分は動くわけではないので，ここを発音に使うということは，舌とこの部分で閉鎖を作って息の流れを止めたり，狭めを作って摩擦を起こしたりすることを意味しています。軟口蓋の奥にはのどひこ（音声学では「口蓋垂」と言います）がぶら下がっています。この部分を震えさせることで，ドイツ語の r の音を出すわけです。

　ずっと喉の奥に行き，声帯の間の息の通り道である声門を使った重要な子音があります。それが［ʔ］で書かれる「声門閉鎖音」です。ドイツ語では，語（音節）が母音で始まる場合，その前にこの「音」が挿入されます。Aal と言うときは，いったん喉の奥をぎゅっと締めて声門を閉じてから一気に母音を出します。また，erinnern と発音するときは er- の部分でやはり声門を閉鎖させてから -innern の部分を発音します。このときに，咳をするときに出るようなかすかな音が出るのですが，たいていは聞こえません。ただ，母音の始まりに喉が詰まったような音が出るのはわかると思います。ドイツ語が「堅い」と言われるのはおそらくこの声門閉鎖音のせいでしょう。日本語の東京方言でも母音の前にはドイツ語ほど強くないにせよ声門閉鎖音が入っています。関西弁ではあまり使わないので，両者はイントネーションだけでなく，声の出し方も違うわけです。

# 母音の長短と緊張度

　これから特に日本人が注意すべきドイツ語の音について説明していきましょう。まずは母音からです。

　ドイツ語は基本的には短母音よりも長母音の方が緊張度が高くなります。「緊張」というのは発音のために口の筋肉をより使うということで，舌の位置はより高くなります。逆に言うと，短母音は緊張がゆるみ舌が下がります。例として bitten [bɪtən]「頼む」と bieten [biːtən]「差し出す」を見てみましょう。短母音の [ɪ] は [i] から [e] へ近づいたところにあります。ですから，bitten の i を発音するときは bieten の ie よりも口が少し開いて，唇の緊張も少なくなります。ドイツ語で [iː] と伸ばすときは，思いっきり口を横に開くつもりで発音しましょう。子どもの喧嘩で「イーっだ」というような感じですね。

　同様に，Bett [bɛt]「ベッド」は，Beet [beːt]「苗床」よりも口の開きが大きくなっています。この広い [ɛ] には長母音 [ɛː] もあり，それを書き表すときに，ウムラウトの ä が使われるわけです。他の母音字とは異なり，ä は長くても短くても広い [ɛ] を表します。つまり，Ente「カモ」の最初の音は短いので [ɛ]，Ehre「名誉」の最初の音は長いので [eː] と，母音の長さで音が変わりますが，それに対して Lärm と Bär の母音は，長短は違っても [ɛ] と [ɛː] で同じ音です。日本語の標準的な「エ」は，この [ɛ] よりもほんの少し狭いのですが，ほぼ同じと考えて大丈夫です。ですから短母音の e や ä で書かれる音はそれほど気にしなくてもいいのですが，長母音の [eː] と [ɛː] の区別は重要です。Ehre「名誉」- Ähre「稲穂」などの意味の違いが生まれてきます。

　まとめると，2種類の「イ」は，＜狭＞：長母音，＜広＞：短母音と決まっていますが，「エ」の場合は＜狭＞：長母音は同じですが，＜広＞：短母音／長母音であるということです。

　さて，ich habe と言うときの最後の e のように，アクセントのない e の音には注意が必要です。この音は [ə] で表される中舌母音です。舌の前でも後ろでもない真ん中が持ち上がるということは舌に特に力が入らないこと

を意味します。唇も自然でリラックスした形です。この音は少なくとも [e] や [ε] とはまったく違う音であることを認識してください。よく「あいまい母音」と呼ばれますが，確かに母音の図からもわかるように「エ」や「オ」などのちょうど真ん中に位置する母音です。発音するときは，日本語の「エ」よりも，舌を後ろに少し引けばいいのですが，そう言われてもわからないという人は，まず，日本語の「エ」をだらしなく言って，それに「ア」と「ウ」の音の要素を足すようにしてみてください。または，日本語の「ウ」を，舌や唇に力をまったく入れないで「エ」に近づけていくやり方でもうまくいきます。とにかく，ich lese [leːzə] と発音するとき，この e で書かれる2つの音がまったく違うことに注意してください。

　すでに，日本語の「ウ」は [u] ではなく，非円唇の [ɯ] で表される音であることは書きました。ドイツ語の U-Bahn の [uː] を発音するときは唇を思いっきりすぼめて前に突き出さなければいけません。しかし，注意すべきことはそれだけではありません。実は，日本語の「ウ」は実際，口の中に手を入れて発音してみればわかりますが，[ɯ] で表記するとはいえ，それほど後舌というわけではありません。それに対してドイツ語の u は本当に後舌です。ですから，単に唇を丸く突き出すだけでなく，舌の後ろがきちんと持ち上がらないとこの音にはならないのです。よく声楽でドイツリートを歌う方が「ドイツ語の深い u の音がなかなか出せない」とおっしゃるのを聞きますが，この「深い u」を出すには，唇を突き出すとともに，口の奥の空間をさらに後ろに広げる意識で練習すればいいと思います。そうすると舌の後ろがぐっと持ち上がるのがわかるでしょう。

　このようにドイツ語の母音を正確に発音するのはなかなか難しいのですが，上で述べた [ə] の音を除けば，すべて日本語の母音よりも「緊張して」発音されると言えます。[u] や [o] など唇を丸くするときはきちんと丸くし，かつ，口の奥を広げる感じできちんと舌の後ろを持ち上げましょう。また，[i] や [e] などは口の隅に力を入れて横に開きます。むしろ，「ニコニコマーク（スマイルマーク）」のように，口の隅を持ち上げてニッコリするように発音するといいでしょう。こう心がけるだけでも，ずいぶんと発音が美しくなります。

# [ʃ] と [z]

　ここからは気をつけなければならない子音の説明をしていきましょう。日本語にまったくない音を身につけるのも大変ですが，発音の落とし穴は，案外自分が正しく発音しているつもりの音にあります。まず，前のページで触れましたが，ドイツ語の sch と日本語の「シュ」は違うという話から始めましょう。

　Schule や Tisch など非常に多くの単語にでてくる sch の音は，「後部歯茎摩擦音」と言います。長くてぎょっとするかもしれませんが，要するに歯茎と硬口蓋の境目のあたり，歯茎の段差の後ろ側の硬口蓋が始まる場所に，息が強く当たって出る音です。これに対して日本語の「シュ」を発音してみて，口の中でどこに空気が当たっているか意識してみましょう。硬口蓋のあたりから息がずっと擦れていき，最終的には歯茎の段差の前側に息が強く当たっていると思います。歯茎の前の部分，つまり段差より前に息が当たります。場所で言うとほんの 1 センチもないぐらいの差なのですが，音色はずいぶんと異なりますね。日本語の「シュ」の方がきつく，ドイツ語の [ʃ] の方が柔らかい感じです。ドイツ語の [ʃ] を発音するときは，まず唇を丸くして外に向かって開くようにします。これだけで，空気の当たる部分が後ろに行くことが理解できるでしょう。実は，これだけでは足りません。舌の形も大切です。真ん中の部分が盛り上がるのです。意識としては舌の中心から後ろを持ち上げるようにして，唇を丸くします。これによって，歯茎の後ろ側に息が集中的に当たります。日本語の「シュ」の音から，このドイツ語の [ʃ] の音を出して，ちゃんと歯茎の段差の後ろに息が当たることを確かめてみてください。

　なお，Deutsch にある [tʃ] という子音はこの [ʃ] に [t] の音が加わったものですから，やはり唇が丸くなり，舌の中央部が盛り上がります。sch だけでなく，tsch の発音のときも気を抜かないでください。

　さて，次は [z] の発音です。Sie という音を発音するとき「ジィー」ではなく「ズィー」と発音するように言われます。これは実際的な指導法で間違いではありませんが，日本語と比較することで，より正確に理解しましょ

う。音声学を習った人以外，意識することはおそらくないと思いますが，日本語の「ザ行」には2種類の子音があるのです。ちょっと，「ざぶとん」と「あざみ」という単語を発音してみてください。それぞれ「ざ」を発音するときに舌がどうなっていますか？　「ざぶとん」のときは，舌が歯の裏に当たるのに対して，「あざみ」では当たらないと思います（もっとも，ものすごくゆっくり発音すれば当たりますよ）。「ざぶとん」の「ざ」の子音は [dz] で表す歯茎破擦音です。破擦音というのは，破裂音と摩擦音の連続という意味です。この場合は，破裂音の [d] に摩擦音の [z] を足しているということです。これは有声ですが，無声にするとどうなりますか？　そうですね，[ts] です。ですから，「ざぶとん」は，「づぁぶとん」とでも書くべき発音です。それに対して「あざみ」の方は舌が歯に付かない摩擦音の [z] です。つまり，[s] の有声音。こちらは，文字どおり「す」に点々を付けた「ず」ですね。つまり，私たち日本語のネィティブスピーカーは無意識のうちに，「ザ行」が語頭にあるときは [dz] で，語中に出てくるときは [z] で発音するようになっているのです。誰にそうしろと言われたわけでもないのに，日本語を身につける過程で語頭と語中の音が違うことを聞き取っていたのですね。ところが，ちゃんと発音し分けているのにもかかわらず，この [dz] と [z] は意味の違いには関わらないので，日本語を母語として完璧に身につけた後は，その違いを脳が無視するようになっています。ですから，この音が意味の違いを持つ外国語を勉強しても，この音の違いに気がつきにくくなっています。英語の話になりますが，car の複数形は cars [z]，card の複数形は cards [dz] ですよ。ちゃんと聞き分けたり，発音し分けたりしていますか？

　ドイツ語では [z] の音は語頭にあってもこのままです。Sie は [ziː] です。ですから，舌を歯に付けないように気をつける必要があります。母音が [i] のときだけではありません。sagen の語頭ももちろん [z] ですが，sie のときは注意を払っている人も母音が変わると [dz] と発音していることが多いものです。難しく感じる人はいっそ「サー」と無声で言った方がまだましです。それからだんだんと声帯を震わせて有声にしていきましょう。

# ［n］と［ŋ］

　日本語で「ん」で表される音もいろいろ種類があることをご存知でしょう
か。「サンタ」と言う時の「ん」は，舌がしっかりと歯の裏に付く［n］の
音ですが，「さんまい」の「ん」は唇をしっかりと閉じる［m］の音で，次
の「ま」の［m］と同じ口の構えになっています。意識としては同じ音だと
思っているのに，実は違う音を出しているということがよくあります。

　このように，その言語における意味の区別に役立ち，話し手の頭の中にあ
る音のまとまりを「音素」と呼んでいます。日本語の「ん」という音，つま
り，/N/ の音素は後ろにどんな音が来るかによって［n］になったり，［m］
になったりするのです。ですから，東京の新橋駅の表示が Shimbashi に
なっているのは，日本語の音素の表記としてはおかしいのですが，実際の発
音に即したつづりになっているのですね。なお，音素を表示するときには
/N/ のように / / を使い，音声学的な音の場合は［n］のように［ ］を使っ
て表記することになっています。

　さて，/N/ は［n］と［m］だけではありません。「さん」と言ってみてく
ださい。舌は前歯には決して付かず，平らになっているはずです。そして，
口蓋垂（のどひこ）がたれて舌の根元に付き，空気が鼻に抜けて口蓋垂鼻音
（［ɴ］）と呼ばれる音ができます。日本語では語末に「ん」が来たときはこ
の音になります。

　ですから，ドイツ語で machen などの語尾 -n を日本語風に「まっへん」
と発音してはいけません。この -n はあくまでも［n］です。［na］から［a］
をとった部分ですから，「な」と言おうとして声を出さずにストップしてく
ださい。舌がしっかり歯の後ろに付いていますね。その状態で［n］ができ
ているのです。ここで，自分がこれまで正しくドイツ語の n を発音してい
るか確かめてみましょう。

**Wir <u>n</u>e<u>nn</u>e<u>n</u> ih<u>n</u> A<u>n</u>ton.**　私たちは彼をアントンと呼ぶ。

　この文を読んでください。下線部の n の音を発音して，計 6 回舌がしっ
かり付いていましたか？　Wir <u>n</u>e<u>nn</u>e<u>n</u> ih<u>n</u> A<u>n</u>ton. と 3 回しか付いていな

かったら，しっかり6回付くように練習をしてください。

　[n] を発音するとき，舌を歯に付けることに加えて，口は閉じないのだということも意識しましょう。最初のうちは，あえて口を横に広げて発音する癖をつけるといいでしょう。

　singen の真ん中に出てくる -ng- の［ŋ］もよく日本人は間違って発音しています。

　「ズィンゲン」と「ゲ」を強く言ってはいけません。カナであえて書けば「ズィンエン」という感じです。最近カナで発音を書く辞書がありますが，どうせならこう振ってほしいものです。

　日本語で「さんげん」と言うときのように，「ん」の後にカ行やガ行が来るとき，私たちもこの［ŋ］を使っているのです。だから，発音自体はできるはずです。ただし，「さんげん」のときは，［saŋgɛɴ］のように［ŋ］の後にさらに［g］を発音しているのでどうもこの癖がでてしまうのです。そこで，「さんげん」と言うつもりで「さん…」の部分まで言ってください。これで［saŋ］まで来ました。ここで，「げん」と言うのをやめて「えん」と言うと sangen の正しい発音になります（ただし，これではオーストリアなど，母音の前の s が無声になる方言の発音なので，標準ドイツ語では，もちろん語頭を [z] にする必要があります）。ともかく，-ng- には［g］は含まれていないことを肝に銘じましょう。

# ハ行とラ行

　日本語のハ行には３つの子音が含まれていることはふだん意識しないでしょう。しかし，注意深く「ハヒフヘホ」と発音してみると，「ハ」「ヘ」「ホ」の子音（[h]）と，「フ」の子音（[Φ]）と，「ヒ」の子音（[ç]）がそれぞれ違うことがわかると思います。

　まず，[f] の音と「フ」の音が違うことを一応確認しておきましょう。日本語の「フ」を発音するときは，唇を丸くしてロウソクを吹き消すときのように息を出します。このとき両方の唇に息が擦れてこの音が出るので，この音を「両唇摩擦音」と言います。発音記号は，数学の空集合みたいな [Φ] です。これに対して，[f] は上の歯を下唇に付け，その間から出す息が擦れて出る「唇歯摩擦音」です。とくに有声の [v] と [b] の違いは聞き取りにくいものです。

　「フ」の音に関して言えば，[f] との混同よりも，むしろ [x] との混同のほうが多く見られます。つまり，brauchen と言うときの -ch- の部分を [x] ではなく，日本語の「フ」で言っている人が案外多いのです。注意しましょう。ch の音は a,o,u,au の後ろで [x] になり，それ以外では [ç] になるのでしたね。この２つの音は息が当たる位置が違います。[ç] は硬口蓋での摩擦，[x] は軟口蓋での摩擦によって作り出されます。母音の説明を思い出してください。[i] や [e]，[ø]（ö）や [y]（ü）などはいずれも前舌母音です。つまり，舌の前の部分が硬口蓋に向かって持ち上がっています。この状態で上あごで空気の摩擦を作ろうとしたら，硬口蓋での摩擦になるのが自然です。逆に，a,o,u,au で表される母音を発音すれば舌の後ろが持ち上がり，軟口蓋での摩擦がしやすくなります。

　hier などに出てくる [hi:] という音も単純そうで実は気をつけなければなりません。というのも，日本語の特徴として，イ段の音は，他のア段などに比べて，発音に使われる場所が硬口蓋の方にずれるということがあります（専門的には「口蓋化」と言います）。意識することはないでしょうが，たとえば，ナ行を「なにぬねの」と発音するときには，すべて同じ [n] の音ではなく，「に」の音だけは「にゃ，に，にゅ，にぇ，にょ」の子音を使って

いるのです。カ行でも「き」だけは調音点が前にずれています。ドイツ語で
はこの口蓋化は日本語ほど起こらないので，厳密にいえば，nicht の ni- や
Kind の Ki- の部分も日本語の「に」や「き」と違うのですが，さすがにそ
こまで神経質にならなくてもいいでしょう。

　しかし，ハ行だけはやはり気をつけてほしいのです。具体的に言うと，
「ハ」と言うときは [ha] と発音しますが，「ヒ」と言うときは，大多数の
日本人は [hi] ではなく，[çi] と発音しています。息が上あご（硬口蓋）
に擦れて出る音で，ドイツ語の ich の ch の音です。それに対して [h] は，
喉の奥の声門で出される音です。ですから，[hi] と発音するときは [ha]
と発音するときの [h] と同じ子音になるように気をつけることが重要で
す。hier の hi- を China の chi- と同じ音で発音してはいけないのです。息
を硬口蓋に当てて音を出すのではなく，喉を開くようなイメージで，そこで
[h] の音を作り出してください。ちなみに，関西では「ヒ」の口蓋化はあ
まり起こらず，[h] の音を使います。他の地域の人は，関西人が「ひと」
とか「火」とか言うのをよく聞いてみるといいかもしれません。なお，この
本はドイツ語の参考書ですから英語のことは関係ないのですが，一応言って
おくと，「彼」の he の子音ももちろん [h] ですよ。

　l と r は，英語でも悩まされている人が多いと思いますが，ドイツ語のこ
の 2 つの音は日本人の耳にもかなり違って聞こえるので，英語ほどはむずか
しくないでしょう。ただ，やはり注意すべき点はあります。ドイツ語の
[l] は英語よりも舌を垂直に立てます。日本語のラリルレロの子音は舌が一
瞬上あごについてすぐ離れる「弾き音」ですが，ドイツ語の [l] では連続
して出される音です。ドイツ語の r は舌先を振動させるものと，口蓋垂（の
どひこ）を振動させるものがありますが，標準的には後者です。この音は，
ach と言うときの [x] の音によく似ています。特に，br-, kr- など，他の子
音の直後に出てくるときは [x] と発音しても大丈夫なほどです。ドイツ語
の r がうまく発音できないときは，舌を下の歯の裏に軽く付け，[x] をゆっ
くり発音していると，口蓋垂が自然と震えるようになります。「うがいをす
るように」というよりも，このやり方の方がうまく出せると思います。

# 音節とモーラとアクセント

　母音や子音は単独で発音されることはまれで，ふつうはいくつかの音がまとまって1つの単位を作り上げます。通常，母音を核にしてその前後に子音がいくつかくっ付いてまとまりを作るのですが，この音のまとまり方がドイツ語と日本語では違うので注意しましょう。

　ドイツ語の単語は音節から成り立っています。日本語はそれに対して拍（音声学では「モーラ」と言います）で成り立っているので，この違いを理解することは重要です。たとえば，「アンネ」と言う場合，日本語では，ア・ン・ネと1つ1つを等間隔で発音します。いくら早く発音してもそれぞれが均等に短くなるだけで相対的には変わりません。ここでは，母音（「ア」）や子音＋母音（「ネ」）が一拍になるだけでなく，「ン」は子音だけでも一拍を持っています。「トーマス」と言うときの長母音の部分（「ー」）や，「ユッタ」と言うときの「ッ」の部分もやはり一拍になっています。それで「アンネ」は3拍，「トーマス」は4拍，「ユッタ」は3拍となります。これに対して，ドイツ語は拍ではなく音節の言語です。Anne (An-ne), Thomas (Tho-mas), Jutta (Jut-ta) は，すべて2音節です。音節は必ず母音を核に構成されます。ドイツ語には，「母音」，「子音＋母音」，「母音＋子音」，「子音＋母音＋子音」の音節があるのですが，「子音」だけの音節というものはあり得ません。子音は必ず母音に依存して存在しているものです。ですから，n を含む語を発音するときはとくに注意してください。singen を「ジ・ン・ゲ・ン」と4拍で発音せずに，sin-gen と2音節で発音するのです。これを意識するだけでぐっとドイツ語らしい発音になります。

　拍と音節の違いで重要なのは，母音の長さの差です。日本語は今，説明したように，すべての「母音」または「子音＋母音」は同じ長さです。ですから，「トー」は「ト」の2倍の長さです。「トーマス」をゆっくり発音すれば「ト・オ・マ・ス」になることからわかりますね。ところが，ドイツ語の長母音は短母音の2倍の長さと決まっているわけではありません。

Zahl - zahle - zahlende

　この［a:］という長母音ですが，実は，Zahl から zahlende になるに従って短くなるのです。ドイツ語では，長母音の後に音節（母音）があればあるほど，その長母音は短く発音されるという性質があります。zahlende の -ah- の部分は，短母音とまでは言い切れませんが，完全に短母音になってしまう例も数多くあります。

hoch　　［o:］「高い」　→　Hochzeit ［ɔ］「結婚式」
vier　　［i:］「4」　　→　vierzig　　［ɪ］「40」

　このような現象は日本語にはないので，なかなか気づきにくいのですが，ドイツ語の長母音は環境によって長さが変わることを押さえてください。
　次にアクセントについて考えてみましょう。アクセントとは「語中の特定の音節（あるいはモーラ）におかれた強弱または高低」のことを言います。ドイツ語はいわゆる「強弱アクセント」の言語で，2音節以上の単語は，必ずその中の1つの音節が強く発音されます。Wásser では，最初の音節 was- の部分にあります（アクセントは音節にあるのですが，音節の核は母音であるので，「最初の母音」と言うこともできます）。ドイツ語の単語は強―弱または弱―強の音節が繰り返されるのが特徴ですが，これについてはのちほど説明します。
　日本語は「高低アクセント」の言語で，「雨」と「飴」は，東京式アクセントでは，「高低」と「低高」で区別します。強弱ではありません。ドイツ語は強弱アクセントですが，単語を1つずつ発音した場合は，アクセントのある音節は強く発音されるだけでなく，同時に高い音にもなります。ただし，文全体のイントネーションがあるときは，そちらの高低が優先されます。つまり，Was-ser を単独で発音するときは，「強―弱」に伴い「高―低」でもありますが，Trinken Sie Wasser? という疑問文では，「低―高」になります（もちろん「強―弱」は変わりません）。日本人は，「強」なのに「低」という組み合わせに慣れていないので，疑問文など文全体のイントネーションが上がって終わる場合に語のアクセントがおかしくなる傾向があります。常に，アクセントのある音節を強く発音することを心がけましょう。

# 文法の中の音節

　ドイツ語の音節は，強—弱—強 ... または弱—強—弱というように，強音節と弱音節が交互に現れる傾向があります。特に，弱音節の連続はできる限り避けられます。一般に「文法」事項として説明されることのなかには，この音韻的な性質から生じている現象が数多くあります。まずは接頭辞から見ていきましょう。

　接頭辞は基本的に弱音節です。接頭辞というのは語幹に付いて，さまざまな意味を付け加えるものですが，語幹（の最初）は強音節なので，弱—強を保証するためにこうなるわけです。接頭辞の代表は，非分離前つづりです。be-súchen「訪ねる」，ent-stéhen「発生する」，emp-fínden「感じる」など非分離前つづりにはアクセントは決しておかれません。同様に，過去分詞のge- も接頭辞で弱音節になります。ge-stéllt（← stellen「置く」），ge-kómmen（← kommen「来る」）など，弱—強（—弱）のパターンを構成します。この音節の性質は文法的な情報よりも優先され，非分離動詞の過去分詞に ge- が付かないことを生み出します。be-súchen を過去分詞にするとき，*ge-be-sucht となれば「弱—弱—強」という弱音節の連続ができてしまいます（*はその語や文が正しくないことを表します）。それを避けるためには過去分詞のマークである ge- さえ付けないのです。

　ちなみに分離動詞の前つづりは，接頭辞ではありません。接頭辞というのはあくまでも語幹に付着するもので，それ単独では存在できないものです。besuchen の be- だけでは単語になりませんね。それに対し，teilnehmen「参加する」の teil は，もともと Teil「部分」という名詞であることからもわかるように，独立したものです。aufmachen「開ける」の auf ももとは前置詞で，「開いた状態」という副詞的な意味を持っています。áufmáchen「強・強—弱」となるということは，つまり，これが正書法上 1 語でつづられることになっているだけで，アクセントの理屈から言ってももともと 2 語であることがわかるでしょう。

　接頭辞と同様に接尾辞も弱音節になります。Lehrer「先生」の -er，Mädchen「少女」の -chen が接尾辞です。このような接尾辞は弱音節であ

るため，2 格の語尾は必ず -s だけになり，弱音節になる -es は付きません。
\*Lehrer-es だと「強弱弱」になってしまいます。-s はそれだけでは音節になりませんから，Lehrers で「強弱」が保たれるわけです。

　また，複数形の語尾は無語尾，-e, -(e)n, -er, -s の 5 通りありますが，このうち e が含まれているものはすべて弱音節になるため，接尾辞を持つ名詞の複数形は，必然的に無語尾か -n か -s になるのです。外来語を除けば，接尾辞を持つ男性名詞・中性名詞の複数形は無語尾（der Lehrer - die Lehrer; das Mädchen - die Mädchen）で，女性名詞は -n が付きます（die Schwester「姉妹」- die Schwestern）。女性名詞は単数でも複数でも定冠詞は同じ die なので，必ず単数形と複数形は形が異ならなければなりません。接尾辞がある場合，弱音節の連続を避け，かつ語尾を付けるためには，-n しかありえないわけです。

　dunkel「暗い」など語尾が弱音節の -el で終わる形容詞に格語尾が付くと dunkles のように e が落ちるのも，やはり弱音節の連続を避けるためです。この場合，格語尾は文法的に重要な機能を持っているので，その e ではなく，語幹の e をとるわけです。比較級の語尾 -er でも同じことです。ただし，同じ弱音節でも -er で終わるもの（heiter「陽気な」→ heiterer）や -en で終わるもの（trocken「乾いた」→ trockener）などは書き言葉では -e を落とさないのが普通です。

　同様の現象は，angeln「釣る」など -eln で終わる動詞の単数 1 人称の変化が ich angle になることにも見られます。やはり弱音節の連続を避けています。この場合も人称語尾は文法的な機能を持っているのでそちらを残すのが正しいとされていますが，口語では ich angel という形も見られます。

　この規則は名詞や形容詞から動詞を派生するときにも当てはまります。Atem「息」に -en を付けて動詞にするとき，そのままでは \*atem-en と弱音節が連続してしまいます。それで，前の e をとり，atmen「息をする」にするわけです。Zeichen「記号」- zeichnen「描く」も同じです。また，offen「開いている」という形容詞に -en を付けたいときも öffnen「開ける」となります。なお，これらの動詞は 2・3 人称単数の人称語尾に口調上の e が入ります。

# 文アクセントとイントネーション

アクセントには個々の単語ごとに決まっているもののほかに，話者の意図によって文中のある語に置かれるものがあります。これを文アクセントと言います。この場合，強調される語のすべてではなく，やはりその語のアクセントを持つ音節だけを強く発音します。たとえば，「私は今日，本ではなく，新聞を買ったのだ」という文なら，Ich habe heute kein Buch, sondern eine Zéitung gekauft. と Zeit- の音節が強く読まれます。決して -ung を強くするわけではありません。

さて，もともと Zeitung のアクセントは Zeit- にあるわけですから，そこをさらに強く発音するとはどういうことかと疑問が湧くかもしれません。

文アクセントの場合は単なる強弱アクセントだけではなく，「旋律アクセント」というものを用います。これはその音節をふだんよりもより高く発音し，次の音節に向かって急に下げるという，一種のメロディーを付けるものです。さらに，その強調される音節は時間的にもゆっくり，つまりその母音をのばして発音されることもあります。こうして，聞き手の注意を向けるわけです。

文アクセントは語順と密接な関係があります。通常の語順で，特に強調がない場合は，情報的に一番価値のある部分に置かれます。そのような成分はドイツ語の場合，文末に置かれます。

**Diesen Sommer fahre ich nach Déutschland.**

　この夏，私はドイツに行くのです。

しかしながら，対立関係がはっきり意図されている場合，文頭の位置が文アクセントを担うこともあります。

**Díesen Sommer fahre ich nach Deutschland.**

　この夏は，私はドイツに行きます。

イントネーションとは文全体の上げ下げのことで，文メロディーとも呼ばれます。これには「下降」，「維持」，「上昇」の3種類があります。Ich bin

müde.「私は疲れている」などの叙述文や Bitte kommen Sie pünktlich!
「時間どおりに来てください」などの命令文は文の最後が下降し，完結した
ことを表します。また，ふつう Wo wohnen Sie?「どこにお住まいです
か？」など疑問詞で始まる補足疑問文も文の最後は下がると教科書や参考書
には書いてあります。ところが，私自身が書いた教科書の録音などで補足疑
問文の例文が出てくると，ほとんどのネィティブは上げ調子で発音します。
どうやら，最近は補足疑問文を決定疑問文ほどではないにせよ上昇イント
ネーションで発音することが非常に多くなっているようです。下降イント
ネーションはぶっきらぼうな感じを与えるという意見を聞きます。結論的に
言えば，上げても下げてもどちらでもいいようですが，みなさんも耳を澄ま
せてどちらが多いか聞いてみてください。
　「維持」というのは，最後を高い調子で維持して，次につなげていくイン
トネーションです。zu 不定句や dass 文などが主文の後に続くときは，主文
を下げるとそこで文が終わってしまう印象を与えるので，そのままの高さに
なります。

**Ich habe keine Lust, heute ins Kino zu gehen.**
　　今日，映画に行く気はありません。

　この文で keine Lust で下げると，そこで文は終わりますから，高いまま
zu 不定詞を発音し，文の最後につなげるのです。ただ，どちらかというと
日本人はこの維持イントネーションを使いすぎ，「まだ文が続くのか？」と
相手に思わせてしまう傾向にあるようです。文の最後はきちんと下げましょ
う。
　　上昇イントネーションは，ja, nein で答える決定疑問文に使われます。
Kommst du heute nicht?「今日来ないの？」ですね。Du kommst heute
nicht? と平叙文の語順でも語尾を上げれば疑問文になりますが，驚きや非
難が加わりがちなので，言い方に気をつけなければいけません。

## コラム　童謡と早口ことばで発音練習

　発音を解説しようとするとどうしても理屈っぽくなってしまいます。ここまで読んでこられた皆さん，お疲れさまでした。美しい発音を手に入れるには，理屈をきちんと理解したうえで，繰り返し練習することが大切です。さらに，それをネィティブに聞いてもらい，音声学を修めた先生に指導してもらうといいでしょう。とはいえ，そんな機会に恵まれている幸せな学習者はほとんどいませんよね。では，自分で発音を練習する効果的な方法はないのでしょうか。

　1つ，ものすごく効果的なものがあります。それは，教科書などを読みあげ，その声を録音して，CD などのネィティブの発音と比べる方法です。いかに自分の発音がネィティブと違うかわかるでしょう。そして，何度も試しているうちに，どんどん近づいていくのが実感できます。ただしこの方法は，人によってはものすごく苦痛が伴います。私なんか自分の声を聞くのが嫌で嫌でしかたありません。

　それでは楽しい方法は何か，それは歌をうたうことです。とくに，童謡はメロディーも歌詞も簡単なので練習に向いています。歌うと，自然と日本語とドイツ語の音節構造が違うことがわかります。日本語の歌ではだいたい文字1つが音符1つですが，ドイツ語は1音節で音符1つです。ist で音符1つ，これを日本語風に「イ・ス・ト」と歌っているとすぐに歌えなくなってしまうので，自分が母音を挟み込んでいるかどうかがチェックできます。

　では，ここで「ブンブンブン，蜂が飛ぶ」を歌ってみましょう。これはもともとドイツの童謡です。メロディーはおなじみですね。

Summ, summ, summ!　ブン，ブン，ブン！

Bienchen summ herum.　蜂が，ブン，ぐるぐると。

Ei, wir tun dir nichts zu leide,　おい，お前に何も悪いことはしないから，

Flieg nur aus in Wald und Heide!　森や野原に飛んでいっておくれ！
Summ, summ, summ!　ブン，ブン，ブン！
Bienchen summ herum.　蜂が，ブン，ぐるぐると。

　直訳調ですが，私の訳を付けておきました。一般の訳詞だとただ蜂が
飛び回っている様子が描かれていますが，もとの歌詞では「あっちい
け！」と言っているのが面白いですね。ドイツで夏に屋外で食事などを
していると蜂が飛んでくることが多いので，こんなところにいないで，
森に行ってくれと思うのはよくわかります。
　さて，早口ことばも発音練習にはいいですね。もっともこちらは，
ネィティブでも難しいのですから，私たちができなくても当たり前で
す。気楽にやってみましょう。まず，u の練習に役立つものから。

In Ulm und um Ulm und um Ulm herum.
　ウルムの中，ウルムのまわり，ウルムのまわりぐるっと。

　u が出てくるたびに唇をすぼめて突き出していますか？　次は e と i
の練習です。fl- の連続で母音を挟み込まないことにも注意して言って
ください。

Wenn Fliegen hinter Fliegen fliegen, dann fliegen Fliegen Fliegen
nach.　ハエがハエの後を飛ぶなら，ハエはハエの後を追って飛ぶ。

　どうですか，言えましたか？　このぐらいなら余裕でしょうか？　調
べれば，ほかにもっと難しいものも多くあります。ぜひ挑戦してくださ
い。

# 文を構成する語

　ことばはいくつかの単位から成り立っています。もっとも大きいものは文章です。言語学ではテクストと呼んでいます。これによって私たちは自分の考えを伝えたり，新しい情報を得たりします。そのテクストを構成する1つ1つの単位が「文」です。その文は1つ1つの「語」からできています。「文法」というのは，どのように語を組み合わせて文を作るかの規則のことです。これは統語論と呼ばれます。また，ドイツ語のような言語では，正しい文を作るためには，単に語の順番を変えるだけでなく，1つ1つの語を正しい形にしなければなりません。この規則を扱うのが形態論と呼ばれる分野です。つまり，ふつう「文法」と呼んでいるものは統語論と形態論のことです。さらに言うと，日本のドイツ語教育では主に形態論を扱っています。動詞の人称変化，名詞の格変化，形容詞の格変化などはすべて形態論です。また，過去形，現在完了形，関係代名詞，接続法などは，形態論と統語論の交わる分野と言えます。統語論の中心である語順に関しては主文の「定形第2位」や副文の「定形後置」ぐらいしか教えてくれず，他の語句をどう並べればよいのかわからない学習者が多いようです。言語学にはほかに語や文の意味を扱う意味論や，特定の場面で使われる言語表現がどのような意図を持ったり，効力を発揮したりするかを扱う語用論という分野もありますが，これも多くの「文法」の授業や文法書では扱っていません。確かに意味を扱う分野は非常に記述が難しい点がありますし，文法は「形」を教えることで，後は学習者本人の努力に任すという態度があるためでしょう。しかし，本書ではこのような分野も少しは触れていきます。

　この章では形態論から出発しましょう。まずは語に注目です。どんな言語でもそうですが，語にもいろいろな種類があります。小学校のときにやらされた問題で，「次の言葉のうち仲間はずれはどれですか？　青い，高い，山，美しい」というようなのがありました。これは日本語の形容詞と名詞を子どもが（たとえ，その文法用語は知らなくても）その形態と意味から分けることができるかを見ているわけですね。この形容詞や名詞など，語の種類を「品詞」と言います。同じ品詞名，たとえば，「形容詞」と言っても，日

本語とドイツ語ではその表す内容がだいぶ違っているのですが，ここではあくまでもドイツ語の話をしていきます。

　まず，ドイツ語の語は，形が変わるものと変わらないものに大きく2つに分けることができます。動詞は，たとえば，(ich) laufe「私は走る」，(du) läufst「君は走る」など形が変わりますが，mit などの前置詞は形は変わりません。そして，形が変わるものは，さらに，人称変化する動詞と，格変化する名詞，代名詞，形容詞，冠詞に分かれます。

　形が変わらないものは，全部ひっくるめて，「不変化詞」と呼ぶこともあります。副詞，前置詞，接続詞，間投詞などが主だったものです。

　個々の品詞の詳細はそれぞれの項で解説していきますが，「副詞」という用語だけここで説明しておきます。一般に，ヨーロッパの言語の文法では，名詞を修飾するものを「形容詞」，動詞と形容詞を修飾するものを「副詞」と呼びます。ein fleißiger Student「熱心な学生」の fleißig は Student を修飾しているので形容詞です。sehr fleißig「とても熱心だ」の sehr は形容詞 fleißig を修飾しているので副詞です。ここまではいいとして，Der Student lernt fleißig.「その学生は熱心に勉強する」の fleißig はなんでしょうか。実は，これは初級文法の教科書でもちょっと混乱しています。上で述べた用語の使い方からすると，この fleißig は動詞 lernen を修飾しているので「副詞」ですが，fleißig は形容詞でもあります。それで「ドイツ語の形容詞はそのまま副詞として使われる」という説明になるのです。形を見るか，意味機能を見るかということです。伝統的なドイツ語文法では，fleißig など形容詞と副詞の両方の用法を持つものは一括して「形容詞」と呼び，その形容詞が「副詞的用法」を持つと言います。そして，sehr など，形が変化しない（＝不変化詞である）ものだけを「副詞」と呼んでいます。この本でも，特に断らない限り，伝統的なドイツ語文法の用語を使うことにします。

# 語の成り立ち

　さて，文を構成する１つ１つの語は，実はさらに分解できます。たとえ
ば，wohnen「住む」という動詞は，wohn- という語幹と -en という語尾に
分かれます。しかし，さすがにこれ以上は分解できません。wohn- を w- と
-ohn に分けてみても何も得られませんね。語尾の -en も同じく，e と n に
分けてみても仕方ありません。このように，これ以上分けたら意味がなくな
るという最小の単位を「形態素」と言います。語というのは１つ以上の形態
素から成り立つものです。

　この形態素が持つ「意味」は具体的なものから抽象的なものまでさまざま
です。wohn- は「住む」という具体的な意味を持っています。それに対し，
du wohnst の -st は，主語が du であることを示すという抽象的な意味しか
ありません。「意味」という言葉に抵抗がある人は「機能」と思ってくだ
さっても結構です。これは文法的な機能です。形態素のなかには wohn- の
ように形が変わらないものと，動詞の語尾の -en や -st などのように形が変
わるものがあります。語形変化というのは，形態素が変化するということで
す。そしてこの変化は，文法的な機能を表すときに起こります。

　もう少し，動詞の成り立ちを見ていきましょう。たとえば，zerkleinern
「（ちぎって・砕いて）細かくする」という動詞はいくつの部分から成り立っ
ていますか？　大きく分ければ zer/kleiner/n の３つ，厳密に分ければ zer/
klein/er/n の４つです。zer- という非分離前つづりはそれで１つのまとまり
で，「意味」を持っています。zer- の場合は一言で言えば「分解」です。前つ
づりは，具体的であれ，非常に抽象的であれ，何かしらの意味・機能を持っ
ています。そして，その意味・機能を付加することによって，もとの動詞の
部分を拡張させていくのです。さて，-klein- の部分は，これだけでも独立
して使うことができる形容詞「小さい」ですね。次の -er は，その形容詞に
付く「比較級」を表す形態素です。最後の -n は動詞の不定詞を作る形態素
-en の別の形（「異形態」）です。-en だと，*zerkleineren と弱音節が連続す
るために，e が省略されるのです。

　この語の成り立ちがわかったところで，„zergrößern" という語がドイツ語

にあるか考えてください。zerkleinern からの類推で考えれば「ちぎったり
叩いたりすることによって大きくなる」という意味になるはずですが，SF
ならともかく現実の世界ではそういうことは起こりそうにありません。です
から，この単語は存在しないとわかるでしょう。それに対して，一般的に
「より … にする」という前つづりがあるのではないかと推測できます。実
際，ver- がそれに当たります。ver ＋ 形容詞の比較級 ＋ n で，「形容詞の比
較級が表す状態にする」というパターンを形成します。これを「語形成」と
言います。「語の文法」とも言えるでしょう。zer- には「破壊」という要素
が含まれていますが，ver- にはそのような意味は含まれていないので，いろ
いろ使いでがあります。言語学では「生産性が高い」と言います。
vergrößern「大きくする」，verschönern「美しくする」，verbessern「改良
する」など，数多くの形容詞の比較級から動詞を作り出すことができるので
す。語形成では，まずこのような「生産性の高い形態素」を押さえることが
大切になるわけです。

　それらの形態素のうち，語幹の前に付くものを接頭辞と言います。上で例
に挙げた非分離動詞の前つづりは接頭辞の代表的なものです。このほかに，
形容詞の意味を否定する un- などもそうですね。möglich「可能である」
に，un- を付ければ unmöglich「不可能である」になります。名詞に付く
接頭辞はドイツ語にはあまりありませんが，たとえば，ur- があります。「祖
先，起源」を表します。Urgroßvater「曾祖父」や Urbevölkerung「原住
民」などに見られます。面白いことに「ひ孫」はドイツ語で Urenkel と言
います。論理的には ur- を使うのはおかしいのですが，ur- の意味が拡張さ
れて世代を遡るのにも下るのにも使われるようになったのでしょう。一種の
「類推」というものです。語幹の後ろに付く接尾辞は，接頭辞よりもずっと
数は多くなります。形容詞に付いてそれを抽象名詞にしたり，具象名詞を集
合名詞にする -heit,-keit はおなじみですね。schön「美しい」→ Schönheit
「美」，Mensch「（個々の）人間」→ Menschheit「人類」です。個々の例は
そのつど紹介していきましょう。

36

# 語はかたちが変わる

　ドイツ語の語には形が変わるものと変わらないものがあり，変わるものはさらに名詞のグループと動詞に分かれることは述べました。名詞のグループの変化を「曲用」と言います。名詞，代名詞のほか，冠詞類，形容詞の変化が含まれます。動詞の変化を「活用」と言います。動詞は，主語に応じて人称語尾が変わるほか，法と時制に応じても形を変化させます。

　曲用，つまり名詞とそれに付属する要素の変化は，名詞自体のカテゴリーに由来するものと，その名詞が文の中でどのような文法的な役割を持っているかに由来するものの2つが混じり合って起こります。名詞のカテゴリーというのは，つまり男性・女性・中性という「性」です。名詞自体の持つ性質です。これによって定冠詞の der/die/das が使い分けられます。さらに，名詞が「定」か「不定」によって，定冠詞と不定冠詞が使い分けられます。これは，聞き手がその名詞で指し示される対象を特定できるかどうかという区別です。日本語は名詞の性も冠詞もありませんから，私たちにとっては習得するのになかなか骨が折れるものです。

　「名詞が文中で果たす文法的な役割」というのは，その名詞が文中で主語になっているか目的語になっているかなどを指します。それに従って，冠詞などが形を変えることを「格変化」と言うのです。日本語では，この「文法役割」は「が」「の」「に」「を」などの「助詞」と呼ばれる成分を名詞に付着させることによって表されます。つまり，名詞自体は文法的な役割が何であれその形を変えることはありません。「本」は主語でも目的語でも「本」のままで，「本が」とか「本を」となって初めて主語か目的語かがわかります。その意味で日本語には「名詞の格変化」などというものはありません。まあ，作ってもいいのですが，「本が」「本の」「本に」...，「机が」「机の」...と練習しなくても，「主語は『が』で，所有は『の』で表される」と助詞の性質を説明するほうが楽でしょう。

　活用，つまり動詞の語形変化は，一言で言うとある事柄をどのように提示するかによって決まります。たとえば，laufen「走る」という不定詞を文の述語として使おうと思うと，ドイツ語ではいろいろな情報を付け加えないと

いけません。まず，その事柄を誰がするか，つまり「誰が走るか」ということで，形が変わります。「私が走る」なら Ich laufe. ですが，「彼が走る」なら Er läuft. ですね。いわゆる「人称変化」です。この人称変化は，動詞の活用の中で唯一，「文中の要素によって引き起こされる」ものです。そして，それを引き起こすのは「主語」のみです。日本語には人称変化はありませんから，あまりピンと来ないかもしれませんが，ドイツ語では「主語」というのは特別な地位にあることがわかると思います。主語以外の要素をどう足そうと，動詞の形に影響は与えません。たとえば，「私が走る」に mit ihr「彼女と」，im Park「公園の中」という要素を足しても，Ich laufe mit ihr im Park. となるだけで，laute という形は変わりません。

　何を当たり前のことを言っているのだ，と思われるかもしれませんが，言語のなかには目的語が何かによって動詞に特別な接辞が付くものはざらにあるのです。また，日本語の動詞の活用を考えてみてください。たとえば「走る」は，後ろに否定の「ない」が続くと「走ら・ない」と「未然形」という形になり，「たい」のような「助動詞」と呼ばれる動詞成分が続くと「走り・たい」という「連用形」になりますね。つまり，「後続する成分が何か」によって活用するわけです。ドイツ語では否定になっても，Ich laufe nicht. で動詞の形は変わりませんし，助動詞と使われるときは Ich will laufen. と不定詞のままで使われます。ドイツ語と日本語で，同じ「活用」という用語を使っていても，それが指す動詞の変化のありようはかなり違います。

　人称変化以外の動詞の活用はすべて「文の外」の要因によります。まず，表す事柄が時間軸上のどこにあるか，つまり「時制」によって形が変わります。「私は走った」と過去の事柄なら，Ich lief. または Ich bin gelaufen. になりますね。それから，その事柄が現実なのか単なる想定なのかによって，つまり「法」によっても変わります。Ich wäre gelaufen. と言うと「（本当は走らなかったが）私は走った（だろう）」と，何かしらの理由で「走った」ことが事実ではないことが動詞の形として示されます。これらも日本語では「た」や「だろう」という助動詞によって表され，動詞自体の活用ではないので，ドイツ語の活用の理屈をきちんと押さえる必要があります。

# これも文，あれも文

　これまで「文」を構成する要素について見てきましたが，ここで「文」そのものを取り上げましょう。文の定義は難しいのですが，ここでは「ある特定の事柄を伝えるまとまりのある言語形式」ということにしておきます。ですから，1語だけでも文と言えます。火事を知らせる „Feuer!" というのも立派な文です。1語文ですね。子どもの言語は「マンマ」などの1語文から，2語文へと発達していきます。1語文はそれほど言語という感じはしませんが，2語文だと立派な言語メッセージですね。私事で恐縮ですが，私の娘の最初の2語文は「パパ，ネンネ」でした。よっぽど私は寝てばかりいたのでしょうか。それはともかく，これが文の基本的な形をしていることが重要です。つまり，「パパ」という主体，つまり主語が，「ネンネ」しているという述語を伴っています。「誰（何）がどうする」という構造です。この主語と述語の関係づけこそ，人間の言語能力の本質と言えるでしょう。

　さて，文には1つだけで完結している文，つまり主語と述語が1つずつしかない単文と，それらが複数組み合わさっている複文があります。たとえば，Er ist reich. 「彼は金持ちだ」は単文で，Er ist reich und deshalb heiratet sie ihn.「彼は金持ちだ。だから彼女は彼と結婚する」は複文ですね。Weil er reich ist, heiratet sie ihn.「彼が金持ちなので，彼女は彼と結婚する」も複文です。ただし，前者は主文と主文の組み合わせによる複文で，後者は副文と主文の組み合わせによる複文という違いがあります。

　主文というのは，それだけで独立しており，単独で使うことのできる文のことで，副文というのは，他の文，または他の文の一部に依存して存在する文のことです。複文と副文，口で言うと同じなので紛らわしいですね。学生のレポートでもよく漢字が間違っていたりします。複文と言わずに複合文と言う方がいいかもしれません。副文についてはあとで見ることにして，ここでは主文をさらに分類しましょう。

　主文は，それが表す意味内容と形式から，さらに平叙文，疑問文，命令文の3種類に分かれます。

　平叙文は「叙述文」とも言いますが，その名のとおり，ある事柄を叙述す

る文です。Ich bin müde.「私は疲れている」とか，Heute arbeite ich
nicht.「今日，私は働きません」とかですね。「平叙」とは「物事をありの
ままに述べること」という意味です。ドイツ語の平叙文では定動詞が2番目
の位置（第2位）に置かれます。なぜこうなっているのかの理由は究極のと
ころよくわかっていませんが，ドイツ語だけではなく，スウェーデン語，デ
ンマーク語，オランダ語など，他のゲルマン語にも見られる現象です。

　疑問文のうち，ある事柄の真偽を尋ね，答えが ja か nein になるものを
「決定疑問文」と呼びます。Lernst du gern Deutsch?「君はドイツ語を勉強
するのは好き？」とかですね。まあ，この場合の答えは Ja. に決まっている
でしょうけどね。定動詞は文の先頭に置かれます。ドイツ語は疑問文にする
ときは英語のように do/does のような助動詞は使いませんから，動詞がな
んであれ，動詞を先頭に置くだけです。というより，疑問文で助動詞を使う
英語が特殊なのであって，ヨーロッパの言語の疑問文は動詞を移動させ，か
つ／または，文末を上げるイントネーションで作られるのです。

　ある事柄において欠けている情報を得るために尋ねる「補足疑問文」で
は，求めている情報を尋ねる疑問詞を先頭に置き，その次に定動詞を置きま
す。Wann haben Sie Geburtstag?「あなたの誕生日はいつですか？」など
ですね。

　命令文は，定動詞を文の先頭に置きます。du と ihr，つまり本来の2人
称に対する命令文は「命令法」という動詞の形になります。Komm schnell!
「早く来い！」，Macht bitte das Fenster zu!「窓を閉めてちょうだい！」な
どです。Sie に対する命令文は，接続法第Ⅰ式の要求話法ですが，やはり，
定動詞が文頭に置かれるのは同じです。ただし，こちらは主語が必要です。
Nehmen Sie bitte Platz!「どうぞお座りください」などです。

　以上，平叙文，疑問文，命令文が基本的な主文の姿です。

# 寄りかかる文

　副文は，他の文に依存する文だと言いました。別の言い方をすれば，それ自体が他の文の1つの要素になっているということです。「熱があるから私は家にいます」と「だから私は家にいます」を並べて見てみしょう。

| Weil ich Fieber habe, | bleibe ich zu Hause. |
|---|---|
| Deshalb | bleibe ich zu Hause. |

　Weil ich Fieber habe という副文全体が，副詞的な要素として，主文の文頭の位置を占めているのがわかります。ですから，deshalb 1語と置き換えられるのです。もっとも，語順を変えて，「Ich bleibe zu Hause, weil ich Fieber habe. となったときも，weil の文が主文の一部なのか？」と聞かれると，少し困ってしまいます。*Ich bleibe zu Hause deshalb. という語順にはなりませんからね。ですが，これもやはり，Ich bleibe deshalb zu Hause. という文の deshalb が weil 文になり，このままの位置で，Ich bleibe, weil ich Fieber habe, zu Hause. と言うと，（文法的には正しい文ですが）わかりにくいので文の外に追いやられるのだと考えた方が，世の中平和です。「枠外配置」と言われる現象の1つです。

　とにかく，副文は主文の一部であり，それに従属する存在であるわけです。ちなみに，英語文法では主文を「主節」，副文を「従属節」と言う慣例になっているようです。ドイツ語文法では通例，主語と述語が揃っていれば「主」と「副」の区別はあってもすべて「文」と言い，「節」という用語は使いません。

　ドイツ語の主文と副文は単に従属関係だけでなく，語順によっても明確に区別されます。副文では定動詞が最後に置かれるからです。ドイツ語を習い始めた頃は文の種類によって動詞の位置が変わるのはなんと面倒なのだろうと思うものですが，そのうちに，「なんと便利な性質だろう」と思うようになります。よく英語の読解で「従属節をカッコでくくりなさい」と指導され，なかなかどこまでがそうなのかわからなかったりする経験をしますが，ドイツ語は最初からカッコでくくってくれているようなものです。最初が

weil などの「従属接続詞」で，最後が動詞です。従属接続詞には，dass
「... ということ」，da「... なので」，wenn「... ならば：... するとき」，damit
「... するために」，obwohl「... にもかかわらず」，bevor「... する前に」，
nachdem「... した後で」，während「... している間」などがあります。
　副文にはこれまで述べた従属接続詞から始まるもののほかに，「関係代名
詞」に導かれる「関係文」があります。これは主文の全体ではなく，特定の
名詞に依存している文で，それを修飾する働きをします。

**Der Roman, den ich gerade lese, ist sehr interessant.**
　私が今ちょうど読んでいる小説はとてもおもしろい。

　この文の den が関係代名詞で，それ以下のコンマまでが関係文です。
Den Roman lese ich gerade. という文が関係文のもとになっている文で，
修飾される名詞の Roman を削除し，動詞を最後に持っていけば関係文がで
きあがります。これでわかるように，関係代名詞の性・数は「先行詞」（＝
修飾される名詞）に一致し，格は関係文中の役割によって決まります。関係
代名詞は指示代名詞と同じ形をしています。すなわち，1 格と 4 格は定冠詞
と同じですが，複数の 3 格は denen になり，2 格の男性・中性は dessen，
女性・複数は deren になります。
　さて，英語の関係代名詞には「人間なら who，事物なら that/which」と
いう使い分けがありますが，ドイツ語ではそういうものはありません。ある
対象を指し示すとき，ドイツ語では，人と物の区別よりもその名詞の性の方
が決定的な役割を果たすのです。

# 主語と述語

　ドイツ語の文は基本的に主語と述語で構成されます。「何がどうする」の構造です。このことは当たり前のようで，文を作ろうとすると案外難しい点を含んでいます。見知らぬところに来てしまい，「ここはどこだ？」というのはドイツ語では何と言えばいいのでしょうか？

**Wo bin ich?**　　　*Wo ist hier?

　日本語の感覚だと，*Wo ist hier? と言ってしまいそうですが，これはドイツ語の文としてはよくありません。それはこの文に主語がないからです。hier が主語ではないかと思うかもしれませんが，hier は「ここに，ここで」という副詞です。ドイツ語で主語になることができるのは，次の2つだけです。

（1）1格の名詞あるいは代名詞
（2）名詞の機能を持った文と句

　つまり，副詞は主語にはなれないのです。wo も hier も副詞ですから，それだけをつないでも主語のない文になってしまいます。日本語でも「*どこに，ここに，いる？」と言っても意味不明になると考えればわかりやすいかもしれません。ドイツ語で「ここはどこだ？」と言いたければ，自分を中心において，Wo bin ich?, 一人ではないなら Wo sind wir? と表現します。この文だと，ich や wir という代名詞1格のちゃんとした主語があるので文として成立します。

　同様の例を挙げましょう。「今日は日曜日だ」は，Heute ist Sonntag. と言います。ですが，heute が主語ではありません。Sonntag が名詞なので，こちらが主語になれるから大丈夫なのです。それに対して，「今日は寒い」を*Heute ist kalt. とは言えません。主語がないからです。「寒い」という天候や自然現象を表す場合は，es という非人称の主語を立てるのです。Heute ist es kalt. と言えば大丈夫です。名詞の機能を持った文や句も主語になることができます。

**Dass er die Prüfung bestanden hat, freut mich sehr.**

　彼が試験に受かったことに，私はとても喜んでいます。

**Deutsch zu lernen macht mir Spaß.**　　ドイツ語を勉強するのは楽しい。

　上の方は dass 文が，下は zu 不定句が主語になっている文です。両方とも
その部分を，die Nachricht「知らせ」，die Aktivität「行為」，das などの語
で言い換えてみると，これらが1格の名詞・代名詞の機能を持っていること
がわかりますね。言わずもがなかもしれませんが，文や句が主語になるとき
は動詞は3人称単数形になります。

　さて，ここまでわかってもらったところで，例外も紹介しておきます。本
当は，「主語のない文はドイツ語には存在しない」と言い切れればいいので
すが，実は，主語のないドイツ語の文も3種類だけ存在します。最初は du/
ihr に対する命令文です。Lerne Deutsch!「ドイツ語を勉強しろ！」などで
すね。次に，「非人称受動（自動詞の受動）」です。Ihm wird geholfen.「彼
は助けられる」とか，Auf ihn wird gewartet.「彼は待たれている」などで
す。まぁ，ここまではいいとして，最後は本当に特殊です。「3格・4格の
人間の身体的・認識的知覚を表す構文」です。Mir ist kalt.「私は寒い」と
か，Mich friert.「私は凍えている」などです。「寒い」は上で述べたよう
に，Es ist kalt. で，「私は寒い」は，Es ist mir kalt. と寒さを感じる人間を
3格で表しますが，それを文頭に持ってくると*Mir ist es kalt. とは言わ
ず，Mir ist kalt. と es をとるのです。「私は気分が悪い」も Mir ist
schlecht. と言います。この構文に限ってなぜ主語の es が不要なのかはよく
わかっていませんが，事実として押さえておいてください。

　述語は主語の状態・行為を表す部分で，動詞が中心になってできあがりま
す。述語の動詞は「述語動詞」と言います。

　次は，動詞を使うために必要な成分について見ていきましょう。

# 動詞が必要とするもの

　動詞を正しく使うためには，必要な要素があります。「基本的にすべての
ドイツ語の文には主語がある」ということは，言い換えれば，「すべての動
詞は1格の要素を持つ」ということです。これは文を動詞中心に見る文法観
で，「結合価文法」と呼ばれるものです。結合価（ヴァレンツ）とはもとも
と化学の用語で，ある分子がほかにいくつの分子と結び付きうるかという性
質を表したものです。水は $H_2O$ で，H-O-H と分子は結び付いているの
で，水素分子（H）は1価，酸素分子（O）は2価というわけです。これを
動詞の記述に応用したのが，フランスの言語学者テニエールの「依存文法」
で，それがドイツ語の動詞の研究に取り入れられ，とくに外国人に対するド
イツ語教育の分野で発展しました。Helbig と Buscha という人が書いた文
法書も，基本的にこの文法の考えで記述されています。

　なぜ，動詞の給合価が便利なのかを説明していきましょう。たとえば，
besuchen という動詞を使った文を作ってみます。

**Er besucht morgen seine Tante.**　彼は明日，叔母さんを訪ねる。

　この文のうち，主語である1格の要素である er と目的語である4格の要
素 seine Tante はなくてはならないものです。たとえば*Er besucht
morgen. だけでは，ドイツ語の文としては成り立ちません。「誰を」の部分
を言わないといけないのです。この絶対に必要な要素を「補足成分」と言い
ます。それに対して，morgen のように，なくても文法的に正しくない文
（これを言語学では「非文」と言います）にならないようなものを，「添加成
分」と言います。besuchen は，1格と4格の2つの補足成分を持つ「2価
の動詞」というわけです。日本語だと，「彼は明日，叔母さんを訪ねます
か？」と聞かれれば，「はい，訪ねます」だけでいいのですが，ドイツ語だ
とこうはいきません。Besucht er morgen seine Tante? と聞かれたら，*Ja,
er besucht. ではなく，Ja, er besucht sie. と答えなければならないのです。
「彼女を」という部分は情報としてはほとんど無意味ですが，それでも文法
的に必要なのです。逆に言うと，代名詞がこれだけ使われるのは，情報的に

は無意味でも，文法的に省略できない成分を表示する際に，せめて名詞を繰り返すのはやめようという理由からだと言えます。日本語のように，わかっているものは省略できるという経済的な言語なら，代名詞の必要性はぐっと下がります。

　補足成分は，何も名詞や代名詞とは限りません。たとえば wohnen も 2価の動詞で，1 格補足成分と場所を表す副詞的な補足成分をとります。Wohnen Sie in Osaka?「あなたは大阪に住んでいますか？」と尋ねられれば，Ja, ich wohne in Osaka. /Ja, ich wohne da.「はい，私は大阪／そこに住んでいます」と答えなければいけません。この場合も，* Ja, ich wohne. とは言えません。in Osaka と前置詞句を繰り返すか，da のような場所を表す副詞を付けないといけないのです。

　このように，文脈や場面から明らかでも，絶対省略できない補足成分を，とくに「義務的補足成分」と言いますが，なかには動詞から要求されていても状況から明らかなら省略してもよい「非義務的補足成分」というものもあります。たとえば，お客さんを迎え入れるときに，Bitte legen Sie ab. とよく言います。これは，Bitte legen Sie den Mantel ab.「どうぞコートをお取りください」から，den Mantel を省略した文です。なお，この ablegen の例のように，他動詞を目的語なしで使う場合を，「他動詞の絶対的用法」と言います。

　義務的補足成分，非義務的補足成分，添加成分の 3 者に厳密に線引きすることは実はかなり困難ですが，この結合価の考え方は私たちにとってはとても有効です。ドイツ語には，「文脈や場面からたとえ明らかでも省略できない成分がある」ので，ドイツ語の「語感」の習得には各動詞についてその知識を持つことが必要です。それは日々のドイツ語学習の際に気をつけていれば少しずつ身についてくるものですが，まとまった記述が見たいという方は，Valenzlexikon やドイツ語研究所（Institut für deutsche Sprache; IDS）から最近出版された VALBU という本を参考にするといいでしょう。

# 語順

　動詞とそれが要求する成分が決まったら，後はそれをどう並べるかの問題になります。英語をやったことのある方は，ドイツ語の語句の並び方になんとなく違和感を覚えるかもしれません。たとえば，次の文の語順を見てください。

**Ich spiele heute zwei Stunden Klavier.**　私は今日２時間ピアノを弾く。

　Klavier「ピアノ」は spielen「弾く」の目的語なのに，文の最後にきています。これを，*Ich spiele Klavier heute zwei Stunden. とはドイツ語では絶対に言いません。ここに語順の鍵があります。実は文のもとになる句の形が英語とドイツ語ではまったく逆になるのです。

英語：　　 play the piano for two hours today

ドイツ語：　heute zwei Stunden Klavier spielen

日本語：　　今日　　２時間　　　　ピアノを弾く

　この句の並び方を見てわかるように，ドイツ語と日本語の句の並び方は同じと言っていいほど似ています。どちらも動詞が最後に来るのが特徴です。目的語など動詞と密接に関係する成分が動詞のすぐ前に来ます。ここまでは日本語とドイツ語は同じなのですが，ここから先が違います。すでにご存じのように，ドイツ語の平叙文では動詞が２番めの位置に移動するのです。

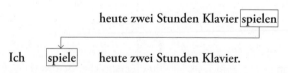

**heute zwei Stunden Klavier │spielen│**

**Ich　│spiele│　heute zwei Stunden Klavier.**

　句の段階では，動詞のすぐ前にあった目的語の Klavier が今では文の最後にありますね。２番めに動詞があり，動詞と密接な関係にある成分でその文が締めくくられます。この２つの要素が「枠」を作っているように見えるので，よくこれを「枠構造」と言います。

　さらに話法の助動詞を使った文でこの枠構造を確認しましょう。たとえば「彼女は流暢にドイツ語が話せる」という文はこのように作られます。

→ Sie **kann** fließend Deutsch sprechen.

　句の段階で最後にある話法の助動詞が定形になって２番めの位置に移動します。その結果，助動詞（kann）と最後にある本動詞（sprechen）で枠構造ができあがります。現在完了形や受動態の文でも同じ原理で作られ，たとえば，gestern zu viel Bier getrunken haben という句から Ich habe gestern zu viel Bier getrunken.「私は昨日ビールを飲み過ぎた」という文ができあがります。

　最後の動詞が移動するという原理は，どんな複雑な構造にも当てはまります。たとえば，受動態を現在完了にする場合は，「過去分詞 + werden」を「過去分詞 + worden sein」にします。これにさらに，話法の助動詞を付け加えるとどうなるでしょうか。

→ Der Antrag **muss** sofort bearbeitet worden sein.
　　　その申請はすぐに処理されたにちがいない。

　句の段階での語順が日本語とまったく同じなのに驚きますが，実はそれほど不思議なことでもありません。多くの言語で，「本動詞＋態（能動か受動か）＋アスペクト（出来事が完了しているかどうかを表す要素）＋モダリティ（話し手がその事柄をどのように判断しているかを表す要素）」という順番で並ぶのです。ドイツ語はそこから最後の要素が移動することだけが特殊なのです。

# 枠構造のもとになるもの

枠構造を作り出すもとになる「強い結び付き」には，大きく言って，4つあります。1つめは，前に見た「本動詞と助動詞」です。話法の助動詞を使った文，完了形の文，受動態の文など，いずれもそうですね。

2番めのケースは「動詞と自立性のない目的語や副詞的成分の結合」です。前に挙げた Klavier spielen「ピアノを弾く」の Klavier は確かに spielen の目的語ではありますが，冠詞類は付かず，自立性がなくなっています。つまり，Klavier spielen というひとかたまりの動詞と考えた方がいいものです。Auto fahren も「車を運転する」という一般的意味を表し，特定の車を運転することではありません。

### jeden Tag Auto fahren

→ **Er fährt jeden Tag Auto.**

彼は毎日，車を運転する。

これを，*Er fährt Auto jeden Tag. とは言えません。Auto fahren はこれで1つの概念ですから切り離すことはできないのです。分離動詞に限りなく近い存在だと言えるでしょう。

3番めは「動詞と方向規定句の結合」です。この結び付きの強さもドイツ語では突出しています。次の例を見てください。

### mit meiner Mutter in die Stadt gehen

→ **Ich gehe mit meiner Mutter in die Stadt.**

私は母と街に行く。

日本語では，「私は母と街に行く」とも「私は街に母と行く」とも言えますが，ドイツ語の動詞句では，移動を表す動詞の直前に方向を示す句を置かなければなりません。mit meiner Mutter in die Stadt gehen という句しかできないのです。*in die Stadt mit meiner Mutter gehen という句はないので，当然，*Ich gehe in die Stadt mit meiner Mutter. とも言えないのです。

　他動詞で,「ある物をある場所に移動させる」という意味を持つものでも
同じことが言えます。

### die Bierflaschen in den Kühlschrank stellen
→ **Er stellt die Bierflaschen in den Kühlschrank.**
　　　彼はビール瓶を冷蔵庫に入れる。

　stellen の目的語は die Bierflaschen ですが, 動詞の結び付きとしては方向
規定句の in den Kühlschrank の方が強いのです。概念としては「冷蔵庫の
中に入れる」というかたまりがあり, その対象が「ビール瓶」なのです。
「ビール瓶を入れる」という概念が最初にあり, それが「冷蔵庫の中に」とい
う方向と結び付くわけではないと考えるとわかりやすいかもしれません。
　最後に,「コピュラ動詞と述語句」も緊密に結び付いています。コピュラ
動詞というのは,「AはBである」というように, 主語と述語をイコールの
関係で結び付けるような動詞で, 典型的には sein 動詞のことです。ほかに
は, bleiben「... のままでいる」や werden「... になる」も広い意味でコピュ
ラ動詞です。

### noch Student sein
→ **Er ist noch Student.**
　　　彼はまだ学生です。

### immer jung bleiben
→ **Sie bleibt immer jung.**
　　　彼女はずっと若いままだ。

　これも, Student sein, jung bleiben という概念があり, それが他の副詞
類と結び付くと考えればいいでしょう。ですから, *Er ist Student noch.
とか, *Sie bleibt jung immer. などとは言わないのです。
　以上の4つの場合をしっかり認識してください。特に, 方向を表す句と動
詞の結び付きは, その感覚が日本語ではわかりにくいだけに大切です。これ
は次に見ていく nicht の位置に直接結び付いていきます。

# nicht の位置

　今から，否定文にするときの nicht の位置について説明します。その前に，前提として，不定の名詞（不定冠詞が付いている名詞と冠詞が付いていない名詞）を否定するときは nicht ではなく，kein を使うことに注意してください。

**Das ist ein Buch.**
→　**Das ist kein Buch.**　　これは本ではありません。

**Ich habe Zeit.**
→　**Ich habe keine Zeit.**　私は時間がありません。

　これ以外の場合は nicht を使うわけです。そこで，よく「nicht をどこに置いたらいいかわからない」という声を聞きます。その答えはズバリ「否定したい句の前に置く」です。もちろん不定句で考えてください。

　　　　　　　nicht das Buch lesen
→　**Ich lese nicht das Buch.**　　　　私はその本は読まない。

　　　　　　　das Buch nicht lesen
→　**Ich lese das Buch nicht.**　　　　私はその本を読まない。

　上の文では，nicht は das Buch の直前に置かれてそれを否定しています。ですから，「（他の本は読むけど）その本は読まない」という「部分否定」ができます。それに対して，文中の特定の要素ではなく全体を否定したいときは動詞の前に nicht を置きます。それが下の文です。ただ，平叙文では動詞が 2 番めに移動するので，結果的に nicht が文末に置かれることに注意してください。

　さて，ここからが重要ですが，これまで挙げてきた結び付きの強い 4 つのケースでは，nicht はやはりその両者の間に割って入れません。従って，その前に置かれることになります。

①本動詞＋助動詞：

　schwimmen können　→　nicht schwimmen können

　Ich kann nicht schwimmen.　私は泳げません。

②自立性のない目的語＋動詞：

　Klavier spielen　→　nicht Klavier spielen

　Sie spielt nicht Klavier.　彼女はピアノを弾きません。

③方向規定句＋動詞：

　in die Stadt gehen　→　nicht in die Stadt gehen

　Wir gehen nicht in die Stadt.　私たちは街に行きません。

④述語句＋コピュラ動詞：

　müde sein　→　nicht müde sein

　Ich bin nicht müde.　私は疲れてはいません。


　これらから，＊Ich spiele Klavier nicht. とか，＊Ich gehe in die Stadt nicht. などの文が間違いであることがわかるでしょう。付け加えると，②のケースの最たるものは分離動詞なので，当然その否定は，nicht mitkommen「一緒に行かない」→　Ich komme nicht mit. のように，分離前つづりの前に nicht があるということになります。
　これらのケースでは，部分否定と全文否定の区別もなくなります。ちょっと哲学的な話になりますが，④の場合で考えてみましょう。仮に，müde nicht sein という句があったとします。そうすると，sein という存在そのものが否定されるわけです。存在がそもそもないのにそれが疲れているかどうかなど言えるわけがありません。あくまで müde sein「疲れていること」が否定できるだけです。③の方向規定句の場合はわかりにくいかもしれませんが，すでに述べたようにドイツ語では移動は方向と結び付いて 1 つの概念なのです。それを理解すればばっちりです。

## コラム　ウムラウトの点

　ドイツ語を勉強して最初の驚きは，アルファベットにウムラウトがあることでしょう。ä, ö, ü の点はなにやら謎めいています。もともと Umlaut は，ヤーコプ・グリムの命名によるものだとされています。言うまでもなく，彼は弟のヴィルヘルムとともに Kinder- und Hausmärchen「子どもと家庭のためのメルヘン」，いわゆるグリム童話の編纂者として有名ですが，本来，言語学者で，ドイツ語学の発展に多大な貢献をしたのです。さて，ウムラウトは，ドイツ語を含むゲルマン語の古い段階から見られる現象で，もともとは後ろに /i/ の音があるときに，前にある a などが影響を受けて「前舌化」することから起きました。a→ä, o→ö, u→ü など，すべて前舌の母音になっていることがわかるでしょう。

　その理屈と発展の詳しいことはドイツ語史の本に譲るとして，ウムラウトの文字にはなぜ点を打つのかは気になるところです。今でも，ウムラウトが使えないメールなどでは，ä→ae, ö→oe, ü→ue と書くことになっていますが，これは単なる苦し紛れではありません。それどころか，ウムラウトはもともとこのように e の文字を足して書いていたのです。いわゆる，ひげ文字の Fraktur という活字体では，合字が使われるようになり，a,o,u と e を一筆書きのようにつなげる段階を経て，a,o,u の上に e を載せた活字ができました。その後，その e が 2 つの点として簡略化され，現在に至っているというわけです。「人に歴史あり」と言いますが，点にもちゃんとした歴史があるのです。

　さて，筆記体で書くとき，2 つの点の代わりに横線を引く人もいます。まぁわかればいいのですが，ちょっと混乱するときもあります。というのも，筆記体では u と n の区別がつきにくいので，u の上に右上がりに軽く弧を描いた線を付ける人もいるからです。他の部分を読めば，u か ü なのかはわかりますが，あまりに悪筆だと苦労します。

## コラム　日本語の否定とドイツ語の否定

　ドイツ語と日本語の否定の一番の違いは，ドイツ語では名詞自体が否定できるということでしょう。この本でも，当たり前のように Das ist ein Buch.「これは本である」の否定文は，Das ist kein Buch. であると説明しています。しかしあるとき，この文は「これは『本でないもの』である」と言っているので，もしかしたら肯定文かもしれないという疑惑がよぎりました。それでいくと，Ich habe keine Zeit. は，「私は時間でないものを持っている」となります。

　こんなことを考えたのは，日本語では「否定文」というのは，動詞の否定しかありえないからです。たとえば，Niemand ist da. は「誰もいない」ですよね。では，niemand とは何者なんでしょう。そんな哲学的なことの前に，この語の訳語はどうしたらよいのでしょうか。ふつう，仕方がないので，「誰も...ない」としてあります。しかし，これは文にしたときの訳であって，この代名詞 1 語としては変です。

　日本語でも「非...」とか「不...」とかを付ければ，名詞を一応否定できます。しかし，「非国民」もやはり「国民」であって，その当時のイデオロギーからして，「国民としてはふさわしくない者」ということですよね。否定というより，差別です。

　この感覚はドイツ語の形容詞に付く un- という否定の接頭辞に見られます。たとえば，unchristlich というのは「キリスト教の観点からふさわしくない」という意味です。unchristliche Handlungsweise「非キリスト教的行動様式」などですね。客観的な意味で，「キリスト教ではない」と言いたければ，nichtchristlich と言います。nichtchristliche Religionen「キリスト教ではない宗教」です。

　この nicht- は形容詞だけでなく，名詞にも付きます。Nichtraucher「非喫煙者」は有名ですね。最近，Nicht- から始まる名詞がやたら目につきます。否定的な世の中になったということなのでしょうか。

# 情報伝達

　具体的にドイツ語の文を作っていくときに，語句をどのように並べるかが問題になります。ドイツ語の語順を決定する要因は大きく分けて2つあります。1つは，すでに見た「動詞との結び付き」という文法的要因です。たとえば，方向規定句と移動の動詞は密接に結び付いているので，句の段階ではすぐそばになければいけません。しかし，この「密接な成分」以外の要素はどう並べるかの問題になると2つめの要因が働いてきます。それが「情報伝達」です。

　一般的に，どの言語でも情報は「定—不定の順番」で提示します。「既知—未知」と言い換えてもいいです。相手が知っていることを最初に言ってから，知らない情報を言っていくのです。「彼は女性に指輪を贈る」ことを表す文を見てください。

①Er schenkt der Frau einen Ring.
②Er schenkt den Ring einer Frau.
③Er schenkt ihr den Ring.
④Er schenkt ihn der Frau.
⑤Er schenkt ihn ihr.

　定冠詞の付いた名詞句は，聞き手が特定できるものですから，不定冠詞の付いた名詞句より先に言った方が，聞き手に負担をかけなくて済みます。つまり，①の文では［彼がその女性に何かを贈る］［それは1つの指輪］という定—不定の順番で並んでいます。指輪が定なら②のようになります。「その指輪を誰に贈るかと言えば，ある女性だ」という構造です。③，④でわかるように，代名詞は定冠詞の付いた名詞よりもさらに「定」の度合いが高いので（いちいち何を指しているか言わなくてもわかるから代名詞になるのです），先に言われます。代名詞が連続するときは，1格—4格—3格の順番です。これはそのまま覚えてください。まとめると，「代名詞1格—4格—3格—定の名詞—不定の名詞」となります。

　では，名詞，代名詞以外の前置詞句や副詞などの要素はどうなるのでしょうか。この場合も，新しい情報ほど後に言います。たとえば，Wann hast du das Buch gekauft?「君はいつその本を買ったの？」という質問に対する答えなら，Ich habe das Buch heute gekauft.「私はその本を今日買った」と言い，?Ich habe heute das Buch gekauft. はピントがはずれている答え方になります（今，文の前に付けた「?」は，この文は文法的には可能なものの，非常に奇妙であることを示しています。ドイツ人に聞くと，もしこのように答えると，その人は質問をまったく理解していないことになるとのことです）。das Buch は目的語だとはいえ，動詞と密接に結び付いている Auto fahren のようなケースではないので，必ずしも動詞の直前にあるわけではなく，この場合は質問の答えである heute を後に言うわけです。

　さまざまな副詞的な成分の間の順番については決定的なことは言えないのですが，一般に「テカモロの規則」というものがあります。

　Te(mporal)-Ka(usal)-Mo(dal)-Lo(kal)，つまり「時間―理由―様態―場所」の語順が確率的に多いという実践的な覚え方です。

**Ich habe heute( = Te) wegen der Prüfung( = Ka) sehr fleißig( = Mo) in der Bibliothek( = Lo) gearbeitet.**

私は今日，試験のためにとてもまじめに図書館で勉強した。

　この規則はなかなか便利ですが，あまり頼りすぎるのも問題です。テカモロの規則は日本よりむしろドイツでのドイツ語教育で使われています。Sie ist heute wegen der Prüfung sehr aufgeregt ins Klassenzimmer getreten.「彼女は今日，試験のためにとてもあがった状態で教室に入った」というようなものです。おわかりのように，最後の場所を表す句は，方向規定句ですから，動詞との結び付きから必然的にここにあるわけです。上の図書館の例文はそのようなものではないのですが，実は sehr fleißig と in der Bibliothek は交換可能です。それは fleißig arbeiten が「まじめに勉強する」という1つの概念を作りやすいからです。動詞との結び付きと情報の流れはせめぎ合って語順は決まるので，いつでも当てはまる規則というものはなかなか言うことができません。

# 文頭の位置

　ドイツ語の主文はその構造から3つの部分に分けられます。定動詞より前，つまり文頭の位置である「前域」，定動詞から枠構造の最後までの「中域」，そして枠構造からはみ出した「後域」です。後域は特殊なケースで現れます。

　中域の語順についてはすでに触れたので，前域，つまり文頭がどのような役割を果たすか見ていきましょう。

　何かについて述べようとするとき，まず，「何について述べるか」を言うとわかりやすいですね。これを「テーマ」（「主題」）と言います。それについて述べる部分を言語学の用語では「レーマ」（「陳述」）と言います。情報伝達の観点から見た文の基本的な構造は，「テーマ・レーマ構造」です。つまり，文頭にテーマを置き，次にレーマを言うのです。次の文を見てください。

**Im Juni regnet es viel.**　　6月はよく雨が降る。

　この文ではまず「6月に」をテーマとして提示しています。そして「雨がよく降る」というレーマを述べます。Es regnet viel im Juni.「雨はよく降る6月に」という文も文法的に間違いとは言えませんが，誰もがすぐに思い浮かべることができる時や場所をテーマにする方が自然な発想です。

　文のテーマには，不定より定のものがなるのがふつうです。聞き手にまずわかってもらうのが大切だからです。

**Gestern ist ein Mann gekommen.**　　　　(Ein Mann ist gestern gekommen.)

　日本語でも「ある男は昨日来ました」という文がおかしいように，ドイツ語でも ein Mann をいきなりテーマとして提示するのは不自然です。ですから，誰でもわかる「昨日」を最初に言った方がいいのです。もちろん，der Mann が主語なら，Der Mann ist gestern gekommen.「その男は昨日来ました」という文はごくふつうです。この場合でも，gestern を文頭に置くこともできます。

　さて，何もテーマにするものがない場合もあります。たとえば，メルヘンでは次のように始まることが多いです。

**Es war einmal ein König.**　　昔々，ある王様がいました。
**Er hatte drei Töchter.**　　王様には３人の娘がいました。
**Sie waren alle sehr schön.**　　彼女たちは皆とても美しかったのです。

　これから話が始まるのですから，テーマになるものがなくて当たり前です。いっそのこと，動詞から始めてしまえば簡単なのですが，ドイツ語は「定形第２位の法則」でどうしても動詞を２番めに置かなければなりません。そこで文頭の位置を確保するため，内容がない es を文頭に置くのです。この es を「穴埋めの es」と呼びます。特に存在を表す文や出来事を表す文に現れます。

　文頭の位置は，前の文との連結点でもあります。上の２番めの文では，すぐ前に出てきた ein König が er として新しいテーマになっています。そしてそれがまた「３人の娘がいた」というレーマを持ち，その drei Töchter が sie として３番めの文でテーマになり，次のレーマの「皆とても美しかった」と続きます。これは「単純テーマ・レーマ展開」と呼ばれる文のつながりです。さすがに単純すぎて，こればかりだと文字どおりお話にならないのですが，このパターンが最もわかりやすいことは確かです。文頭が連結点としてずっと機能しています。

　これまでの話で，ドイツ語の文頭の位置は日本語の「は」の機能と似ていることにお気づきかもしれません。「は」もテーマの表示に使われます。それだけでなく「英語は嫌いだけど，ドイツ語はとても好きだ」というように，２つの事柄の対比を明示するためにも使われますね。ドイツ語の文頭もまさしくそうです。

**Englisch mag ich nicht, aber Deutsch mag ich sehr.**

　Englisch と Deutsch が対比されています。もちろん，これらには強調アクセントが置かれます。

# 文頭に移動する疑問詞

　ここで疑問詞について勉強しましょう。ドイツ語の疑問詞はすべて w- から始まるので覚えやすいですね。まずは，wer「誰」と was「何」の文です。

**Wer hat das gemacht?**　誰がこれをしたのですか？

**Was ist das?**　これは何ですか？

　wer と was は，主語や目的語になるものです。つまり，疑問詞の中でも代名詞の機能を持っているものですから，文法的には「疑問代名詞」と呼ばれます。これ以外の疑問詞は副詞の機能を持つ「疑問副詞」です。wann「いつ」，wo「どこ」，woher「どこから」，wohin「どこへ」，wie「どのように」，warum「なぜ」があります。

**Wann kommen Sie zurück?**　いつあなたは戻ってくるのですか？

**Wo warst du gestern?**　君は昨日どこにいたの？

**Woher kommen Sie?**　あなたはどこの出身ですか？

**Wohin ist er gegangen?**　彼はどこに行ったのですか？

**Wie ist das zustande gekommen?**　それはどのようにして起こったのですか？

**Warum hat er das gesagt?**　彼はなぜそれを言ったのですか？

　「主語と述語」のところで述べたように，副詞は文の主語にはなれません。「ここはどこですか？」は，*Wo ist hier? と言えないように，「今はいつですか？」も*Wann ist jetzt? とは言えないわけです。これは es を入れて，Wann ist es jetzt? と言えば正しい文になります。

　今まで挙げた文はすべて補足疑問文で定動詞は 2 番めの位置にありますが，それを最後に持ってきて副文にすると，「間接疑問文」として主文の要素にすることができるので便利です。

　たとえば，Ich weiß nicht「私は知らない」の目的語として上の例文を使ってみましょう。

Ich weiß nicht, wer das gemacht hat.

woher Sie kommen.

warum er das gesagt hat.

　ここでも主文と副文の語順が違うことで，両者がはっきりと区別されています。ですから，たとえばWer hat … と文が始まればそれは疑問文ですし，Wer das … となれば副文にちがいないという前提で読み進めることができます。ドイツ語はこのようにきちんとした文法知識を持っていれば，文の展開が予測できることが多く，解釈しやすい言語だと言うことができるでしょう。

　さて，ドイツ語では疑問詞は必ず文頭に置かなければいけません。日本語ではたとえば，「PeterはMariaが図書館で手紙を書いていると言っている」という文では，「PeterはMariaがどこで手紙を書いていると言っているの？」など，すべての要素を語順はそのまま疑問詞に置き換えることができます。ところがこれはドイツ語ではなかなかやっかいです。

Peter sagt, Maria schreibt in der Bibliothek einen Brief. という文で，in der Bibliothek, einen Brief を尋ねる疑問文をさっと言えますか？

**Wo sagt Peter schreibt Maria einen Brief?**

**? Wo sagt Peter, dass Maria einen Brief schreibt?**

**Was sagt Peter schreibt Maria in der Bibliothek?**

**Was sagt Peter, dass Maria in der Bibliothek schreibt?**

　やはり疑問詞は先頭に置かなければいけません。問題は「ペーターが言っている」の部分ですが，いわば（sagt Peter）とカッコに入れるような感じで疑問詞の後に付けるのが一般的です。また，後半を dass 文にする言い方もありますが，方言差が大きく，これをすべてのドイツ語話者がよしとはしません。特に目的語ではない副詞句などを先頭に置く場合は抵抗が大きいようです。

# 無生物主語

　ドイツ語は，日本語に比べて，無生物の主語を持つ他動詞構文が多くあります。日本語では「冬景色が私を悲しくさせた」というのは，ヨーロッパ語の直訳調で「変な日本語」とされてきましたが，最近では少しずつこのような言い方も許容されてきているようです。

　ドイツ語でも他動詞構文ではもちろん人間が主語になる文が多く，何でもかんでも無生物主語が使われるわけではありません。多くの場合は，無生物とはいえ，組織など「人間の代わり」になっています。

**Der Richter/Der Betrieb/Das Gesetz berücksichtigt die Rentner.**

　裁判官／企業／法律は，年金生活者を考慮する。

**Der Junge/Das Regime/Die Kritik reizte ihn.**

　その少年／その政治体制／その批判は，彼を苛つかせた。

**Der Lehrer/Die Organisation/Die These vertritt unsere Meinung.**

　その教師／その組織／そのテーゼは，私たちの意見を支持している。

　最初の文では，「年金生活者を考慮する」のは，「裁判官」という人間，「企業」という組織，そして「法律」という人間の作り出したものという3つがあります。2番め，3番めの文でも同様のことが言えます。組織は人間が集まってできたものですから，たとえ分類上は「無生物主語」とするにせよ，人間の主語とあまり変わらないことがわかるでしょう。そして，「法律」，「批判」，「テーゼ」はいずれも人間が作ったものや人間の行為です。つまり，「批判が彼を苛つかせる」というのは，「批判している人間が彼を苛つかせる」と言うのと同じです。ですから，これらの例を見ると，これらはいずれも「人間」を主語とする表現が基本で，それが「人間の集合：組織」，さらには「人間の生成物・行為」へと拡張していくのだと考えられます。つまり，純粋な意味での「無生物主語」ではないのです。

　それでは「純粋な」無生物主語はないのかというと，もちろんあります。

**Ein Unfall beendete ihre Karriere.**　ある事故が彼女のキャリアを終わらせた。

**Die Tabletten haben die Schmerzen nicht gelindert.**

　錠剤は痛みを和らげはしなかった。

　共通するのは，無生物の主語が「原因」となって，「状態変化」を引き起こしているということです。「事故が」というのは，「事故が起こって」ということですね。次の文の「錠剤」は原因だけでなく，「錠剤を飲んでも」という人間の行為を簡潔に言い表したとも考えられます。

　無生物主語の構文でもう1つ多いのは，心理的な変化を表す構文です。

**Ihre Nähe beängstigte ihn.**　彼女のそばにいると，彼は不安になった。

**Seine Worte haben uns tief berührt.**　彼の言葉は私たちを深く感動させた。

**Das Geschenk hat das Kind sehr gefreut.**

　そのプレゼントがその子をとても喜ばせた。

　「無生物主語＋人間目的語」は，ほとんどが無生物が「原因」となって，人間の心理状態を変えるという構文です。freuen のように，人間を主語とする再帰構文ができるものもあれば，そうではないものもあります。また，心理状態そのものが主語となるものもあります。

**Ein Schreck durchfährt ihn.**　驚きが彼の身体を貫く。

**Uns überkam ein Grauen.**　私たちはぞっとした。

　以上をまとめると，無生物主語は，「人間」の代わりか，それが事柄の「原因」になっている場合に使われるということです。この点に留意して，効果的に無生物主語を使うと，ドイツ語らしい表現ができるようになりますよ。

# man とは誰?

　man というのはドイツ語でとてもよく使われる主語です。まず，形式的なことから確認しましょう。

**Was man nicht weiß, macht einen nicht heiß.**

　　知らないことは興奮させない。(→知らぬが仏)

　これは「私」を主語にして，Was ich nicht weiß, macht mich nicht heiß. と言われることも多い慣用句です。これからわかるように，man は1格の形しかなく，4格は einen を使います。3格は einem です。不定代名詞 einer の3格，4格を借りてくるのです。2格はありません。ですから，ある文で man が出てきたら，それは必ず主語だとわかります。

　さて，man とは一体何を表すのでしょうか。実は，一言では言えないので，訳語を挙げるのは不可能です。ですから，代表的な用法を見ていきましょう。

　man の中心的な機能は「行為だけを述べて，特定の人間を言わないこと」にあります。

**Wenn man diesen Weg geht, kommt man zu einem See.**

　　この道を行くと，湖に出ます。

**Auf dem Turm hat man eine tolle Aussicht.**　塔の上は見晴らしがよい。

　要するに，「誰がやっても同じ」ということですね。「私がこの道をまっすぐ行けば湖に出るけど，君が行くと山に着くよ」ということは小説の中ならともかくふつうは起こりません。塔の上の見晴らしも特定の人のものではありません。ここから，教科書などではよく「man は一般の人を表す」と説明しています。直訳調では「人は ...」となりますが，美しい日本語ではないので，翻訳では「使ってはいけない表現」の筆頭です。

　「一般」というのは，また「まっとうな」というニュアンスを帯びます。「単なる行為」ではなく，「社会通念上要求される行為」を man はすることにもなります。

**So etwas tut man nicht.**　　そんなことはするものではない。

**Sagt man so ein böses Wort?**　そんな悪いことを言ってもいいの？

man はまた不特定の人，つまり jemand「誰か」の意味でも使われます。

**Man hat mir das Fahrrad gestohlen.**　誰かが私の自転車を盗んだ。

面白いことに，会話の中の当事者である自分や相手を man で言うことがあります。

**Kannst du nichts mehr trinken?**　もうそれ以上，飲めないのかい？

**Nein, man ist ja schließlich nicht mehr der Jüngste.**
　　いや，いつまでも若くはないんだよ。

なんか私もこの表現をよく使うようになってしまいました。直訳すると「人は結局のところ最も若い人ではない」ですが，これを ich bin ... と言わないところがミソですね。自分のことなのですが，それを一般的な man を使うことによって，「歳をとるのは私だけじゃないでしょ」ということを言っているわけです。

　語源的に言えば man はもちろん Mann「男」からの派生です。それで，この語はフェミニストから「男尊女卑の象徴」と言われることがあります。最近は見かけなくなりましたが，80 年代後半に私が初めてドイツに留学した時は，学生食堂のテーブルに，So was erlaubt frau nicht!「こんなことは frau は許さない」と書かれたビラがまかれていました。man ではなく，小文字書きの frau です。これによって女性の権利を主張しているのです。「そんなことして意味があるのかなぁ」と私は思いましたが，So etwas sagt man nicht. です。

# 非人称の話

天候などを表す場合，es を主語とした表現が使われます。

**Es regnet.**　雨が降っている。
**Es schneit.**　雪が降っている。

　この es はよく「漠然とした状況一般を指す」とか言われます。同じ es でも，Ich habe ein elektronisches Wörterbuch. Es ist sehr praktisch.「私は電子辞書を持っています。それはとても便利です」と言うときの es は電子辞書という指示物を持っており，ちゃんとした 3 人称ですが，天候の es は指示物を持たないので「非人称」と呼ばれます。ただし，動詞の形は 3 人称単数形です。それ以外の形はないので，いくら人称変化の練習が好きでも，*ich regne, *du regnest などとはやらないでください。

　「雨が降る」は英語で It rains. で，フランス語では Il pleut. と言い，ドイツ語と同様に非人称の it や il を使います。イタリア語では動詞だけで Piove. と言います。英語，ドイツ語，フランス語はイタリア語と違い，文法的に主語が省略できないので it/es/il を使うのです。非人称とは要するに「論理的に主語がない」ときに出てくる表現です。日本語でも主語がない文もたくさんあります。たとえば，「雪がとけたら何になる？」に対して「春になる」と答えた子どもがバツをもらってしまう。「正答」は「水」だからだ，だから日本の教育はいけないのだ，という話をよく聞きます。これは実は単なる創作だとも聞きますが，言語学的に面白いのは「春になる」という文には最初から主語がないので，この応答があり得るということです。「もうすぐ 6 時になる」などもそうですね。こういうケースで，文法上主語がどうしても必要な言語ならば非人称の es のようなものが出てくるというわけです。

　日本語のこの「... になる」という感覚が非人称に一番近いわけですが，私が非人称で一番好きな表現はこれです。

**Es weihnachtet.**　だんだんとクリスマスになる。

　ドイツで冬を越したことがある方はおわかりでしょう。12月の最初の日曜日から Advent が始まり，ろうそくに1本ずつ火を灯します。クリスマス市が開かれ，街中がクリスマス色に染まっていきます。日本のように無理矢理ジングルベルを鳴らすのではなく，静かに，しかし，うきうきとした気持ちに皆がなっていく。これが Es weihnachtet. です。非人称に意味があると思いませんか？

　さて，身体的・心理的な表現も非人称です。

**Es ist mir kalt. / Mir ist kalt.** 　私は寒い。

**Es friert mich. / Mich friert.** 　私は凍えています。

「私は寒い」を Ich bin kalt. と言ってはいけません。それは心が冷たいとか，卑俗な言い方では，死んで冷たくなっているということです。es が私にとって冷たいのです。「主語と述語」のところで述べましたが，身体的・心理的な表現の場合は，es は文頭に置かれなければ省略されることにも注意してください。

　非人称の es を使った熟語的表現のうち重要なものを見ておきましょう。

**Es gibt nichts Neues.** 　新しいものは何もない。

**Es handelt sich dabei um ein großes Problem.** 　それは大きな問題だ。

**Es kommt darauf an, was er dazu sagt.** 　それは，彼がなんと言うかによる。

es gibt + 4格はもうおなじみですね。存在を表す表現です。es handelt sich bei A um B は「A では B が問題となっている」という意味ですが，多くの場合，「A は B だ」という意味で用いられます。es kommt auf + 4格 + an で，「... が重要だ，... 次第だ」という意味になります。例文のように，文が続くことが多くあります。これらの「非人称熟語」には重要なものが多いので，出てくるたびに覚えていってください。

# 行為を出来事にするとき

主語に es をとる動詞について見ましたが，es はこれらのいわゆる「非人称動詞」にのみ使われるのではなく，ふつうの主語をとる動詞でも使われます。

**Jemand klopft an die Tür.**　誰かがドアをノックする。
**Es klopft an der Tür.**　　　ノックの音がする。

上が人を主語にした表現なのに対して，下は es を主語にしています。この es は非人称で，特定の指示物はありません。ふつうの主語をとれるのに，わざわざ非人称にするので，これを「人称動詞の非人称化」とか「非人称用法」と呼びます。これから，この現象を考えてみたいと思います。

非人称化される動詞はいくつかありますが，わかりやすそうなので klopfen を例に挙げました。これは，とんとんと叩くという意味の動詞ですが，「ドアをノックする」という場合，an die Tür klopfen とも，an der Tür klopfen とも言います。用例をコーパス（ドイツ語の新聞などの資料を電子化した大量のデータ）で調べてみたところ，an der Tür klopfen が 22 例だったのに対し，an die Tür klopfen は 171 例でした。圧倒的に「an ＋ 4 格」が多いということですね。ドアをノックするときは，拳が実際にドアに対して移動していくわけなので，「an ＋ 4 格」を選ぶ方が自然なのでしょう。

しかし，とても面白いことに，es を主語にした非人称表現だと，「an ＋ 3 格」が 17 例中 16 例と圧倒的になるのです。非人称化というのは，行為者を背後に追いやり，行為表現から出来事表現を作り出すものです。誰がノックしているかわからないにせよ，jemand を主語にすると，それはあくまでも人間の行為です。それに対して，Es klopft an der Tür. と言うと，これは「ノックの音がする」という出来事としてとらえているということになります。それに応じて，「an ＋ 3 格」が圧倒的になるということは，出来事はある場所において生起するという事態のとらえ方と実によく適合しています。

動詞を非人称化することをさらに一歩進めると，「ドアを叩くこと」とい

う不定詞（あるいは抽象名詞）になります。当然，Klopfen an der Tür と
3格になるものは 16 例見つかり，4格は1例でした。圧倒的に「an＋3
格」です。

　Es klopft an der Tür. と似て非なるものが，Es wird an die Tür geklopft.
という非人称受動構文です。受動文では行為者は文法的には必要なく，多く
の場合，文中にはもはや出てきませんが，受動文というのはあくまでも人間
の行為が前提です。ですから，「出来事文」ではありません。この場合「an
＋4格」が優勢です。事例が4例対1例と少ないので，少し統計的には弱い
のですが，非人称受動文はなかなか見つからないので，まあよしとしてくだ
さい。

　説明が長くなりましたが，要するに，非人称化というのは，ある人が何か
を「する」というのを，あることが「起こる」と表現するプロセスだという
ことです。他の例を挙げましょう。

**Es brennt!**　火事だ！

**Es klingelte an der Wohnungstür.**　　玄関のベルが鳴った。

**Es zieht.**　　すきま風が入ってくる。

**Es stinkt nach Gas.**　　ガス臭い。

　これらの例に共通しているのは，いずれも視覚，聴覚，嗅覚など人間の五
感で知覚できる事柄を表しているということです。「誰かが何かをする」と
いうのは，行為者を中心にした物事のとらえ方ですが，この非人称表現は，
知覚者である自分の感じ方を中心にしているとらえ方だと言えます。実は，
日本語はこの知覚者中心の表現や出来事表現をとても好む言語です。たとえ
ば，自分がパーティに行かないと決めただけなのに，「パーティに行けなく
なりました」と言うのが日本語的表現です。これは一種の非人称表現です
ね。行けないということに「なった」のですから。無責任と言えば無責任な
言い方です。ドイツ語では Ich kann nicht zur Party gehen. と助動詞を使う
ぐらいで，さすがに非人称化はできません。あくまでも知覚可能な出来事だ
けです。非人称表現はドイツ語では少数派です。

# 省略と言い換え

　私たちがあるまとまったことを伝えようとするには，どうしても1つの文では足りません。多くの文がまとまって1つのテクストを構成します。その際に，文と文がちゃんとつながっていなければなりません。その連結器の役割を文頭の語句が果たすことをこれまで見ましたが，もちろん他の手段もいろいろあります。

**Peter arbeitet nachlässig. Ich vertraue ihm nicht.**

　　ペーターはいい加減に働く。私は彼を信用しない。

　2番めの文では ihm という代名詞が使われています。Peter という名詞を繰り返さないためという機能もありますが，この2つの文が意味的につながっていることも示しています。そのため2番めの文に deshalb「だから」などの語がなくても論理関係が保証されるのです。

　省略も文と文の結び付きがあるからこそ可能になります。

**Anton geht ins Theater und Anne in die Disko.**

　　アントンは劇場に，アンネはディスコに行く。

**Ursula schreibt und Eckhart korrigiert die Artikel.**

　　ウルズラが記事を書き，エックハルトが校正する。

　und で文が結び付けられるときは，原則として同一の成分は省略可能です。

　動詞が同一のときは，2番めの文で省略します。*Anton ins Theater und Anne geht in die Disko. とは言いません。目的語が同一の時は，最初の文で省略します。Ursula schreibt die Artikel und Eckhart korrigiert. は間違っているとまでは言い切れませんが，最初に目的語を言うならば，2番めの文でも代名詞 sie を付ける方が自然です。この省略の仕方はちょうど日本語と逆になるのが面白いですね。「アントンが劇場に行き，アンネがディスコに」や「ウルズラが書き，エックハルトが記事を校正する」は日本語としては不自然ですよね。

　さて，省略の反対と言えるのが，「同格」です。同格とは Herr Meyer, ein renommierter Physiker, hält morgen einen Vortrag.「マイヤー氏，著名な物理学者ですが，彼は明日講演を行います」のように，ある名詞の説明をすぐ後に付け加えることです。文字どおり，同じ格の形になります。これは同じ文の中でのものですが，これの応用で，文をまたいで語句の「言い換え」を行うことによって，文と文とのつながりが表されることがあります。ドイツのメルケル首相のドレスが話題になったという記事を読んでみましょう。

Mit ihren weiblichen Reizen geht Bundeskanzlerin Angela Merkel normalerweise eher sparsam um. Umso größer nun das Medienecho auf Fotos, die die 53-Jährige mit tiefem Ausschnitt zeigen. Zur Eröffnung der neuen Oper in Oslo trug die CDU-Politikerin am vergangenen Samstag nämlich ein bläulich-schwarzes Abendkleid mit Schalkragen, das tiefe Einblicke ermöglichte.

　自分の女性としての魅力をアンゲラ・メルケル首相はふだんあまり見せることはない。それだけに，この53歳の女性の胸元が大きく開いた写真に対するメディアの反応は大きい。オスロの新しい歌劇場の開会式にこの CDU の政治家はこの前の土曜日に胸元を深くのぞき込める襟付きの紺のドレスを着ていたのだ。（2008年4月14日，netzzeitung.de の記事より）

　記事の内容に関するコメントは差し控えるとして，言語的に面白いのは，Bundeskanzlerin Angela Merkel が，die 53-Jährige, die CDU-Politikerin と言い換えられていることです。これは日本語ではほとんどしない表現方法ですが，ドイツ語では特に新聞などで頻繁に用いられるテクニックです。これによってさまざまな情報を自然に提供し，かつ，テクストのまとまりも生まれるのです。

# 結論から先に言う

　これまではテクストの構成を主に文法的な側面から検討してきました。「自然なドイツ語」の文章を書くには，実はそれだけでは足りません。ドイツ語らしい論旨の展開やテクストの構成にすることが大切です。それはどういうことか実例を見て検討しましょう。Hueber 社の „Themen neu 2" という教科書から採った「結婚したら子どもをすぐに欲しいか？」というインタビューに対する次の2つのテクストを読んでください。

A.

(A-1) Also, ehrlich gesagt: Kinder fehlen überhaupt nicht.

(A-2) Ich meine, mein Mann und ich, wir sind auch ohne Kinder total glücklich.

(A-3) Wer sagt denn, dass ein Ehepaar unbedingt Kinder haben muss?

(A-4) Zum Beispiel, also wenn wir Kinder hätten, dann könnten wir ja nicht mehr oft ins Konzert gehen, verstehen Sie?

(A-5) Also ich glaube, Kinder würden uns nur stören.

(A-6) Wir lieben die Musik, wissen Sie...

（えー，正直言って，子どもはいなくてもまったくかまいません。つまり，夫と私は子どもがいなくてもすごく幸せなんです。夫婦がどうしても子どもを持たなければいけないなんて誰が言ってるのですか？　たとえば，子どもがいたら，私たちはコンサートにもあまり行けなくなるでしょう？　だから，子どもがいても邪魔になるだけだと思うんです。私たちは音楽が好きですし，わかるでしょ...)

B

(B-1) Ja, sicher, wir wollen ein Kind, unbedingt.

(B-2) Äh, in drei Jahren.

(B-3) Ja. Dann können wir uns nämlich vielleicht eine Wohnung mit Garten leisten.

(B-4)　Ohne Garten kann man doch in der Stadt nicht leben mit einem
　　　　Kind!

(B-5)　Und außerdem ist meine Frau noch in Ausbildung.

(B-6)　Sie soll erst ihren Abschluss machen.

（ええ，もちろん，子どもは欲しいですよ，どうしても。まあ，３年後に。はい，その頃には庭付きの家が買えるかもしれませんし。庭がなければ街で暮らせませんよ，子どもがいれば。それからまだ妻は職業訓練中なんです。それを修了してもらわないと）


　意見は違いますが，このテクストをよく読むと両者ともほとんど同じパターンで喋っていることがわかります。つまり，最初に質問に対する自分の考えをはっきり述べています（A-1，B-1）。その次に自分の意見を補足したり（A-2/3），保留をつけたりしています（B-2）。そして，自分がそのような意見を持っている理由を述べます（A-4,B-3）。さらに，その理由に対してさらに理由が付け加わり，全体として最初の発言に対する理由になっていることもあります（B-4/5/6）。

　つまり，重要なのは，「まず意見を言って，次に必ずその理由を述べる」ということです。次に，その理由はweilで導入されるとは限らず，話法の助動詞などで「必ず...だからだ」とほかに選択肢がないように言うことがドイツ語（またはドイツ人）らしい表現です（日本語では，まず理由を「...したいので」という願望で表してから，意見を述べるというパターンが普通ですが，ドイツ語では反対ですね）。つまり，何かの意見が述べられると，次には，多くの場合，その言い換えや例示が来て，それからほとんど必ずその理由がくるのです。

　私たち日本人がドイツ人と話すとどうも言い負かされるような気がするのはこの論理展開や論証の仕方の違いからなのではないでしょうか。たとえば，（B-4）で子どもがいれば庭付きの家でなければ街に住めないと言っていますが，冷静に考えると，そんなことはドイツでもありません。この人がそう思っているだけです。それをあたかも永遠の真理のように言い切っています。これを逆手にとって私たちも使ってみましょう。

**コラム　コーパスは便利！**

　自分でドイツ語の文を書くと、「果たしてこれで合っているのだろうか？」とか「こういう言い方はあるのだろうか？」と誰しも不安になると思います。私ももう何年もドイツ語を勉強し、研究しているにもかかわらず、「これが本当に自然なドイツ語か？」と聞かれると、恥ずかしながら自信がないことも多いのです。それを解決する1つの手段はもちろんドイツ人に聞くことです。ネィティブの語感というものはやはりたいしたもので、「そういうときは、私ならこう言う」という答えが即座に返ってきます。ただし、誰に聞いても所詮はその人の主観であるわけですし、人によって意見が割れることも多々あります。

　そのようなとき、大量のデータを検索して、ある語が他のどんな語とよく使われるかを調べたり、自分が言いたい表現がずばり存在するかどうかを確かめられたりしたら便利ですよね。それを可能にするのが「コーパス」です。これは一言で言うと、言語資料を電子化したものです。最近のパソコンは高性能ですから、自宅に居ながら、あっという間に大量のデータを操ることができます。昔は、といっても、私がドイツ語を研究し始めた頃でさえ、例文を探すには本を1ページずつ読んでいって、「あ、見つけた！」と言っては、カードに書いていくという方法しかありませんでした。今ではパソコンがそれをやってくれます。

　さて、ドイツ語で、誰でも無料で使える大型のコーパスは2つです。1つは Institut für deutsche Sprache（「ドイツ語研究所」、略して IDS）が提供しているコーパスで、COSMAS II というシステムで検索します。無料の登録が必要ですが、Web 画面でも検索できますし、専用のソフトをダウンロードして使うこともできます。

http://www.ids-mannheim.de/service/

　このコーパスは、2008 年時点で 12 億 6 千万語以上が公開されています。そのなかの「書き言葉コーパス」は、内容が新聞や文学作品に

偏っているきらいはあるものの，私たちドイツ語研究者にとっては，宝の山みたいなものです。慣れるとさまざまな検索ができます。

　もう１つは，ベルリン・ブランデンブルクアカデミーが推進している「20 世紀ドイツ語の電子辞書プロジェクト (DWDS)」が公開しているコーパスです。http://www.dwds.de/ にあります。こちらは，「電子辞書」と謳っているだけあって，ある単語を入れると，辞書の記述とともにその語を含む文例をコーパスから提示してくれます。さらに，その語が他のどんな語と使われるかという情報（「コロケーション」と言います）を，なんとグラフィックでも表してくれるという優れものです。コーパスの大きさは IDS には劣るものの，いろいろなジャンルのコーパスを集めています。中級以上のドイツ語学習にもとても役立ちます。

　もっと手軽に何かを調べようと思ったら，とりあえず google を使いましょう。たとえば，「文法の中の音節」で，angeln「釣りをする」など，-eln で終わる動詞は，１人称単数形で ich angle となるのが標準的ですが，口語では ich angel という形も見られると書きました。もし，皆さんが「本当にそうか，聞いたことないぞ」と思われたなら，google で検索してみてください。このように２単語以上の語をかたまりとして調べるときは，"ich angel" のように，引用符に入れるのがポイントです。今，私が調べてみたところ，ich angle が 11,700 件で，ich angel が 20,600 件でした。なんと，angel という形の方が２倍近く使われているのです。ネット上にある情報で，文法的にちゃんとしたドイツ語でないかもしれませんが，これだけの数が存在するのなら，この言い方も十分，市民権を得ていると言えるでしょう。これだけの手間で，こんな情報が得られるのはすごいと思いませんか？　皆さんも google を駆使する「コーパス言語学者」になってドイツ語の語感を磨いてください。

第 2 部 | **ドイツ語の発想**

# 動詞とは時間を持つことば

　ドイツ語の教科書はたいてい動詞の現在人称変化から始まり，「ドイツ語の動詞は主語に応じて語尾を変える。主語の決まっていない動詞の基本の形を不定形と言い，主語に応じた語尾が付いた形を定形という。不定形の語尾は -en または -n で終わる。語尾をのぞいた部分を語幹と言う」という説明の後に，人称に応じた語尾の表が載っています。

　この説明はもちろん正しいのですが，「動詞」，「主語」，「人称」という概念の理解が前提とされています。しかし，往々にしてこれらの概念はきちんと説明されていません。ここではまず，そもそも動詞とは何か，どのような性質を持っているかについて考えることから始めましょう。

　私たちが言語を用いて何かを伝えるときには，ある対象を取り上げて，その描写をするのがふつうです。つまり，「XはYだ」や「XはYする」と表現するわけです。このとき，「Xは」の部分が主語になり，「Yだ／Yする」の部分が述部になります。ドイツ語では基本的に主語になれるのは，名詞と代名詞（およびその機能を持つ句・文）で，述語は動詞によって表されます。Die Blume blüht.「その花は咲いている」という文では，Blume という対象物を挙げ，それが blüht であると言っています。さて，すでに「述語は動詞」という段階でドイツ語と日本語の違いが現れています。日本語では，述語は動詞だけなく，形容詞や形容動詞によっても表されるからです。「その花は赤い」は，Die Blume ist rot. で，「その花はきれいだ」は，Die Blume ist schön. ですね。つまり，「赤い」や「きれいだ」という日本語の形容詞・形容動詞には，rot sein, schön sein というように，ドイツ語の sein 動詞の機能が含まれているわけです。それが証拠に，過去を表す形にしてみるともっとはっきり違いがでます。

　　その花は赤かった。　　**Die Blume war rot.**

　日本語の「赤い」という形容詞は「赤かった」と「過去形」にできますが，ドイツ語の形容詞 rot は過去形どころかいかなる時制も持ちません。このように品詞の名前がたとえ「動詞」，「形容詞」というように同じものを

使っていても，それが指すものが同じ機能を持っているわけではありません。たとえば，日本語では形容詞を使って「赤かった花」と言えますが，ドイツ語では，die Blume, die rot war などと，関係文でないと同じことは言えません。

　さて，動詞に関して日本語とドイツ語で共通しているのは，述語として使われるときにどちらも時間の概念を内包していることです。たとえば，「花が咲く」という出来事が起こったのが，この文を言った時点よりも前なら，「花が咲いた」となるわけです。ドイツ語でも Die Blume blühte. や Die Blume hat geblüht. となります。この「時間」とは，その文が表す出来事が，その文が述べられた時点（＝発話時点）から見て，時間軸上どこにあるかということです。これをどのように表すかは言語によって違うわけですが，日本語もドイツ語も動詞の形を変化させることによって示します。もちろん，その変化のさせ方は異なります。日本語では「た」という「助動詞」（この「助動詞」という品詞が意味するものも日独でだいぶ異なります）を動詞に付加することによって形成されるのに対し，ドイツ語では -t(e) という形態素の付加および動詞の幹母音の変化によって「過去形」にするか，助動詞 haben/sein と過去分詞を組み合わせて作る「現在完了形」によって表現します。

　このように，事象の時間軸上の位置を動詞の形態変化で表すシステムのことを「時制」と言います。逆に言うと，時間関係を動詞の形態変化で表すことだけを時制と言います。この意味で日本語とドイツ語はどちらも時制を持つ言語ですが，中国語は時制を持たない言語と言うことができます（「時制」を持たないということは時間を表せないことでは決してありません。中国語でももちろん過去のことは表せます。ただ，動詞の語形変化で表さないだけです）。

　ドイツ語の動詞とは一言で言うと「時間を持つことば」と言えます。ドイツ語で動詞のことを Verb だけでなく Zeitwort とも言うことにそれは表れているのです。

# 動詞のかたち

　前のページでは、ドイツ語の動詞は時間を持つと言いましたが、正確に言うとそれは定形の動詞のことです。つまり、定形は「主語が定まった形」であるだけではなく、時制の定まった形でもあるわけです。逆に、不定形というのは、主語が決まっていないだけでなく、時制も持たない形式です。

　動詞が時制を持つのに対し、名詞は時制を持ちません。「花」は、「花が咲く」という文でも「花が咲いた」という文でも不変です。ここからわかるように、時制を持たない不定詞は動詞というよりも名詞として考えた方がいいとも言えます。

**Mein Hobby ist Tennis.**　　　　私の趣味はテニスです。

**Mein Hobby ist Tennis spielen.**　私の趣味はテニスをすることです。

　実際、この２つの文で、Tennis と Tennis spielen は文の中で同じ機能を果たしています。正書法上は、「テニスをすること」を不定句としてとらえれば Tennis spielen とつづり、名詞ととらえれば Tennisspielen と一語でつづるということになっていますが、この場合はどちらも可能です。

**Ein Tier quälen ist böse.**　動物を虐待することは悪いことだ。

**(Das) Quälen eines Tieres ist böse.**　動物の虐待は悪いことだ。

　ドイツ語の代表的な辞書である Duden の規則によると、上の文のように目的語がある場合は、動詞は小文字で書き始め、下の文のように２格の修飾語句が付いて完全に名詞と見なせるときは大文字で書くということになっています。しかし、上の文の動詞句もかなり名詞的であることはわかるでしょう。日本語訳に「こと」という形式名詞が使われることにもそれは現れています。

　前に述べたように、ドイツ語の形容詞は時制を持たないのに対し、日本語の形容詞は時制を持ちます。Die Blume war schön. という文において時制を表すのは動詞ですが、「その花は美しかった」という文では形容詞が時制を担っています。「その花は咲いた」という文で動詞が時制を担っているの

と同じ構造です。このことにより，形容詞はドイツ語では名詞の仲間であるが，日本語では動詞の仲間であると言えます。名詞の変化を「曲用」と言い，動詞の変化を「活用」と言いますが，ドイツ語の形容詞の変化は名詞と同じく「曲用」と言います。本書や多くのドイツ語文法書で名詞と形容詞を1つのグループとして説明するのはこのためです。日本語文法の本では名詞と形容詞を同じ章で説明することは考えられません。

　さて，名詞にはなく，動詞しか持たない性質が時制なのですが，動詞の語尾を決める要素はそれだけではありません。

**Ich backe Kuchen.**　私はケーキを焼く。

　この文で，動詞 backen の語尾が -e であるのは，①主語が1人称，かつ，②単数で，③（想定ではなく）事実を表し（直説法），④現在の事柄で（現在），⑤主語が行為の主体になっている文（能動態）だからです。つまり，動詞の語尾は，「人称」，「数」，「法」，「時制」，「態」という5つの文法カテゴリーを一遍に表しているのです。このように，1つの要素（形態素）が複数の文法カテゴリーを表すことを言語学では「屈折」と呼んでいます。それに対し，基本的に1つの要素が1つの文法的機能しか持たず，各要素を次々にくっ付けていくことで複数の文法的機能を表すことを「膠着」と言います。大まかに言って，ドイツ語は屈折言語で日本語は膠着言語です。

　ドイツ語の動詞を正しく使うためには，今述べた5つの文法カテゴリーが何を表しているかをきちんと理解しなければなりません。次から順に説明していきましょう。

# 人称と数

ドイツ語文法でおそらく最初に習うのが，「動詞の現在人称変化」でしょう。そこでは当然のように，ich は 1 人称単数の「人称代名詞」と呼んでいますが，よく考えるとこの名称は奇妙です。代名詞というのは名詞の代わりになるものですが，ich や du は何かの名詞の代わりではないですね。それに対して，er, sie, es などの 3 人称は正真正銘「代名詞」と言えます。

ich というのは，話している人間が自分のことを指す言葉ですから，話し手が替われば ich が指す人物も当然替わります。このように，指し示す対象が，話し手や発話場面によって変わる表現を「ダイクシス（場面指示的）表現」と言います。たとえば，「ここ」や「そこ」は場所のダイクシス表現，「今」や「昨日」は時間のダイクシス表現です。つまり，1 人称と 2 人称の「代名詞」と呼ばれているものは人称のダイクシス表現というわけです。

だから何だ？と思われるかもしれませんが，このことから「人称代名詞」の「複数」のしくみが出てきます。「彼」と「彼」を足すと「彼ら」になりますが，「私たち」は「私」＋「私」ではもちろんありません。「私」と誰か他の人です。人称の組み合わせを以下にまとめてみましょう。

| | |
|---|---|
| 1 人称（ich）＋ 2 人称（du） | → 1 人称複数（wir） |
| 1 人称（ich）＋ 3 人称（er など） | → 1 人称複数（wir） |
| 2 人称（du）＋ 3 人称（er など） | → 2 人称複数（ihr） |
| 3 人称（er など）＋ 3 人称（er など） | → 3 人称複数（sie） |

ich と誰かの場合は必ず 1 人称複数にしかなりません。du と（ich 以外の）他の人は 2 人称複数になります。つまり，1 人称＞ 2 人称＞ 3 人称という階層ができているわけです。1 人称複数には，聞き手（du）を含むものと含まないものがあります。たとえば，恋人に向かって「僕たち結婚しよう」と言えば，この「僕たち」は話し手と聞き手の 2 人ですが，会社の上司のところにその 2 人が挨拶に行って「僕たち，来月結婚します」と言ったら，聞き手であるその上司はもちろんその「僕たち」には含まれていません。言語学では，聞き手を含むものを包合的，含まないものを排他的と言い

ますが，1人称複数で，必ずこの区別をする言語もあります。日本語の「私たち」や「僕たち」にはこの区別はありませんが，「手前どもではこの商品は扱っておりません」と言うときの「手前ども」は，聞き手を含まない排他的な用法です。ドイツ語の wir も包合的と排他的の両方の場合があります。あえて，ドイツ語における排他的な用法としてよく使われるものを挙げれば，bei uns という言い方で，Bei uns in Japan gibt es diesen Brauch nicht.「私たちの日本では，そういう習慣はありません」などと使います。

　ちなみに，「私たち」が「私 + α」であるのと同様，「田中さんたち」は「田中さん + α」ですが，ドイツ語にはこの用法はありません。Tanakas は，Tanaka + Tanaka，つまり，田中家を指します。ただし，Tanaka und Co. という表現はあります。会社の名前みたいで，話し言葉で用いられ，ユーモラスなものです。正式なものではありません。

　さて，この人称の階層ですが，du und ich や du und er など，主語が異なる人称を und でつなげているときに，動詞との一致で問題になります。「君と私はいい友達だよね」，「君と彼はいい友達だよね」を見てみましょう。

**Du und ich sind gute Freunde, nicht wahr?**
**Du und er seid gute Freunde, nicht wahr?**

　2人称（du）と1人称（ich）が組み合わされると wir になるので，動詞は sind になります。なお，日本語では「私とあなた」という方が「あなたと私」というよりもどちらかというと多いと思いますが，ドイツ語では礼儀として du und ich の順番で言うことになっています。

　du と er が組み合わされると ihr ですから，動詞は seid という形になります。ただし，口語では Du und er sind ... となることもよくあります。また，Du und er, ihr seid gute Freunde, nicht wahr? のように，もう一度，ihr で受け直すのが最も自然な形です。

82

# 人称語尾の秘密

　ドイツ語の動詞は，人称（1，2，3），数（単，複），法（直説，接続，命令），時制（現在，過去，現在完了，過去完了，未来，未来完了），態（能動，受動）により語尾を変えるわけですが，単純計算して，3 × 2 × 3 × 6 × 2 = 216 通りの語尾があるわけではありません。多くの箇所で同じ語尾を使ったり，複合形式（現在完了形が，「haben/sein + 過去分詞」で作られることなど）を用いたりします。

　人称変化で特徴的なことは，2 人称（du/ihr）は，（命令法を除く）すべての法・時制で，それぞれ -st と -t という語尾が付くことです。これに対し，1 人称単数（ich）と 3 人称単数（er/sie/es）は，助動詞を除く動詞の直説法現在形においてのみ語尾が -e と -t で異なり，その他ではすべて同じになっています。ドイツ語の人称変化の特徴を簡単にまとめるとこうなります。

①2 人称は（命令法を除く）すべての変化形で，-st と -t の語尾が付く。
②1 人称単数と 3 人称単数は直説法現在形でのみ語尾が異なり，あとは同じである。
③1 人称複数と 3 人称複数は必ず同じ語尾である。

　人間のコミュニケーションの根本はある人とある人が 1 対 1 で話すことでしょう。すなわち話し手である ich と聞き手である du の関係です。ドイツ語の du に対する人称語尾の表示が他の人称に対して際だっていることは，話し手にとって聞き手がそれだけ大切であることを示しています。人称語尾の歴史を辿っていくと面白い事実があります。ラテン語の単数の人称語尾はこのようになっていました。

**amo = ich liebe, amas = du liebst, amat = er liebt**

　ドイツ語も古高ドイツ語の時代までは du に対する語尾はラテン語と同じ -s だったのです。ところが，相手に話しかけていることをもっとはっきり示

すためだと思われますが，動詞の後にもう一度 tu（du の古い形）を付けていたのです。それが弱まって -t になり，動詞の語尾は -st になったのです。du liebs + du → du liebst というわけです。人称代名詞を動詞の後に繰り返してそれが語尾になっていくという現象は，世界の言語をみると，ものすごく珍しいというわけでもないのですが，ドイツ語の場合は du だけにそれが起こったということは特筆すべきです。それだけ，du は大切だったのです。

　さて，ドイツ語の 2 人称には，もう 1 つ「敬称 2 人称」と呼ばれる Sie があります。これは，3 人称複数の sie を転用したものです。敬称 2 人称は中世フランス語で tu の代わりに 2 人称複数の vous を使ったことに始まり，それがヨーロッパ諸国語に広がったと言われています。ドイツ語の敬称も 18 世紀までは，2 人称複数形の Ihr が使われていました。Was wünscht Ihr, eure Majestät?「何をお望みですか，陛下？」などです。

　18 世紀初頭からこの Ihr が Sie にとって代わられていきます。はじめは真の意味で「敬意」を表し，身分の高い人に対して使われましたが，現代ドイツ語では，敬意というよりも，自分と相手の社会的・心理的距離を表しています。du は逆に相手に対して心理的な隔たりがない場合に用いられます。16 歳ぐらいまでの子どもに対しては初対面でも du を用います。面白いことに動物も神様も du です。神は自分にとって一番身近とも言える存在だからです。それに対して，大人同士の場合は，最初は Sie で話し，相手と自分が社会的・心理的に同じ場に属していると感じるようになったら，du で話しかける関係（duzen）に移ります。この時，一般には社会的，年齢的に上と見なされる人間から Wollen wir uns duzen? のように du で話すことを提案します（これを das Du anbieten と言います）。重要なのは，du の関係は一種の契約であるということです。いくら自分が相手のことを親しく感じていても，たとえば学生が教授に du で呼びかけることは，教授の方からそれを持ちかけない限り，絶対に不可能なのです。日本では，だんだんとこの種の規範意識が希薄になり，先生に対していわゆる「ため口」をする学生が増えてきているようですが，ドイツ語では少なくとも du を使うことによって親しみを表すということはありえません。

## コラム　ドイツ語はプラス思考で！

　巷には英語の参考書が溢れています。私もあまり買いはしないもの
の，本屋でよく立ち読みするので，かなり多くの本に目を通しました。
そこで気がついたのですが，英語業界は「否定」から入るのが好きなよ
うです。「あなたの英語はそこが間違っている」「そんなことではネィ
ティブに通じない」から始まります。そして最終的には「この本を読み
なさい」「これが英語の本当の姿だ」となるわけです。一方，ドイツ語
業界はそんなことはまずありません。否定するほどの材料がないからで
す。「あなたのドイツ語はそこが間違っている」と言えるためにはまず
ドイツ語を勉強してもらわなければなりません。しかし，昨今は大学で
のドイツ語の授業はどんどん減らされていますし，またそもそもドイツ
語には「難しい」というイメージがつきまとっているので，それを払拭
するのがドイツ語の商売の基本です。「やさしくラクラク」とか「楽し
く勉強しましょう」とか，とにかく読者を勇気づけるのが重要です。本
書も中級以上の文法知識を扱っている以上，内容的には高度ですが，そ
れをいかに苦痛と感じないで読んでいただけるかを常に考えて書いてい
ます。

　あるとき，社会人入学で大学に入ってこられた方に，最初のドイツ語
の授業で，「先生，この教科書に書いてあるドイツ語はそのまま通じる
のですか？」と聞かれてびっくりしたことがあります。「通じるも何も
『あなたはどこに住んでいるのですか？』は，Wo wohnen Sie? としか
言いませんよ」と答えると，その方は「安心しました。私は英語は何年
も勉強しましたが，学校で習う英語はまったく通じないと言うでしょ
う。私はドイツ語では，そんな無駄な努力はしたくないんです」とおっ
しゃるのです。私は学校で習う英語も通じると思うのですが，日本人が
外国語教育全般に否定的なイメージを持っているとしたら，それはとて
も不幸なことです。

　とにかく，ドイツ語はプラス思考で頑張りたいと思う毎日です。

## コラム ドイツ語の勉強のしかた

　よくドイツ語をどうやって勉強したらいいか聞かれるので，私のオススメの勉強法を書いておきましょう。あくまでも私の意見ですが，参考になれば幸いです。

　多くの学習者が「ドイツ語がペラペラ話せるようになりたい」と言います。そのために，話す機会を持つことは大切ですが，それよりもまず「聞く」ことの訓練を徹底的にすることが必要です。人間知らないことでも理解できますが，知らないことは言えません。インプットがないのにアウトプットするのは無理というものです。そこで聞き取りの練習ですが，「意味がわかるものを徹底して何度でも聞く」ことが有効です。どうも学習者は自分を苦しめるのが好きなようで，聞き取れないような難しい教材を一生懸命聞いて，少しでも聞き取れるようになろうとします。それは忍耐力の養成にはいいかもしれませんが，効率としてはよくありません。適当な長さの音声教材で，スクリプト（文字におこしたもの）が付いているものを探してください。2〜3分程度のものがいいでしょう。それをまずは1，2回聞いてください。聞き取れない部分があったら，さっさとスクリプトを見て，辞書を引いたりして，内容を完全に把握しましょう。重要なのはここからです。その内容がわかった教材を何度も聞きこんでください。内容がわかっているのだから100パーセント聞き取れるはずですが，実際は聞き取れなかったりあやふやだったりするので，そういうときはまたすぐにスクリプトをみて確かめてください。

　教材としては Deutsche Welle が無料でドイツ語学習者用に提供している Langsam gesprochene Nachrichten や Top-Themen mit Vokabeln がオススメです。http://www.dw-world.de/dw/ をご覧ください。これを iPod などに入れて通勤通学時などのスキマ時間を有効に活用してください。Tagesschau などのニュースもビデオとしてダウンロードできます。私も毎日，見ています。

# ドイツ語の時制

　事象の時間軸上の位置を動詞の形態変化で表すシステムのことを「時制」と言うことは第1章ですでに述べました。伝統的なドイツ語の文法記述では，ドイツ語には6つの時制があるとされています。

| | | |
|---|---|---|
| 現在： | **Er liest ein Buch.** | 彼は本を読む／読んでいる。 |
| 過去： | **Er las ein Buch.** | 彼は本を読んだ。 |
| 現在完了： | **Er hat ein Buch gelesen.** | 彼は本を読んだ。 |
| 過去完了： | **Er hatte ein Buch gelesen.** | 彼は本を読んでしまっていた。 |
| 未来： | **Er wird ein Buch lesen.** | 彼は本を読むだろう。 |
| 未来完了： | **Er wird ein Buch gelesen haben.** | |

　　　　　　　彼は本を読んでしまっているだろう。

　最初に断わっておかなければならないのは，「現在」，「過去」，「未来」という時制が，必ずしもその名称どおり，現在，過去，未来を表すわけではないということです。後で詳しく見ますが，現在形の Er spielt morgen Tennis.「彼は明日テニスをする」という文は，文法上の形式としては「現在」ですが，それが表している事象は「未来」です。また，「未来」や「未来完了」は，それぞれ現在のことに関する推量（Er wird jetzt zu Hause sein.「彼は今自宅にいるだろう」）や，過去のことに関する推量（Er wird zu Hause gewesen sein.「彼は自宅にいたのだろう」）を表すことが多いので特に問題になります。

　この混乱はドイツ語文法がラテン語文法を下敷きにして作られていることに大きな原因があるのですが，ここでは特に，「形式」，「事象の時間軸上の位置」，「事象のアスペクト（事象が完了しているのか継続しているのかの区別）」，「モダリティ（話者が事象をどうとらえているかの表現）」の4つが問題になります。

　それぞれについては後ほど詳しく述べますが，ここではまず「形式」について確認していきましょう。

　単純時制：現在形，過去形
　複合時制：現在完了形，過去完了形，未来形，未来完了形

　単純時制とは，もとになる動詞の活用変化だけで表されるものです。現在
形と過去形がこれに当たります。規則動詞なら，er raucht/rauchte「彼はタ
バコを吸う／吸った」のようになりますし，不規則動詞なら，er schläft/
schlief「彼は眠る／眠った」のようになります。過去形で -te という形態素
を付加するのと，幹母音が変化するという違いはありますが，その動詞 1 つ
で変化が行われることは共通しています。

　これに対し，複合時制は，もとになる動詞と他の助動詞によって作られる
ものです。現在完了形は，haben/sein の現在形と動詞の過去分詞，過去完
了形は，haben/sein の過去形と動詞の過去分詞で作られます。Er hat/hatte
das Buch gelesen.「彼はその本を読んだ／読んでしまっていた」，Sie ist/
war nach Japan gekommen.「彼女は日本に来た／来ていた」などです。未
来形は werden の現在形と動詞の不定詞，未来完了形は werden の現在形と
完了不定詞（動詞の過去分詞 + haben/sein の不定詞）によって作られます。
Er wird das Buch lesen.「彼はその本を読むだろう」，Er wird das Buch
gelesen haben.「彼はその本を読んでしまっているだろう」などです。これ
らはいずれも，本動詞以外に 1 つ以上の助動詞を使っています。

　純粋に形式的に言えば，ドイツ語には「現在形」と「過去形」しかありま
せん。現在完了形は「haben/sein の現在形 + 過去分詞」と考えられます。
もちろん，現在完了形は過去のこと全般に使われるので，時制の 1 つとして
扱うべきですが，その助動詞である haben/sein が現在形であることには意
味があるのです。それは後ほど見ていきましょう。

# 発音から見る現在人称変化

　時制の概略の後は，各論に入りましょう。まずは現在形の形からです。といっても，人称変化語尾はもうおなじみですね。動詞の語幹に，ich -e, du -st, er -t, wir -en, ihr -t, sie -en の語尾を付けると現在形の人称変化になります。前に述べたように，2人称単数・複数の語尾である -st/-t は，直説法，接続法のすべての時制，すべての動詞に共通するものです。それに対して，3人称単数の -t は，直説法現在にしか現れません。

　ここでは現在人称変化で注意すべきものだけをまとめていきましょう。不定詞が -n で終わる動詞のうち，語幹が -el になるもの（angeln「釣りをする」, lächeln「微笑む」など）は，1人称単数の語尾 -e が付くときに語幹の最後の -e が省略されるのが普通であることはすでに説明しました。

　なお，語幹が -er で終わる動詞は，1人称単数で，語幹の -e を省略しない方がふつうです。wandern「ハイキングをする」は，ich wandere になるわけです。ただし，ich wandre と発音されることもあります。

　現在人称変化で注意するものは，結局のところ，発音の都合と言えます。「口調上の e」がその代表です。arbeiten「働く」, finden「見つける」など語幹が -t/d で終わるものは，2人称単数と3人称単数で語尾に -e が加わります。du arbeitest, er arbeitet, du findest, er findet です。これは，語幹と語尾の同化を避けるためです。たとえば，arbeiten で -e の挿入がなかったとしたら，3人単数は er *arbeitt となり，音声的には arbeit と聞こえることになります。これは語幹だけを言っていることになり，人称の区別の機能をもはや持たなくなってしまいます。

　口調上の -e はさらに，語幹が「閉鎖音または摩擦音＋鼻音」の組み合わせになっているもの，具体的には，-tm/-dm, -chn, -ffn, -gn になっているものにも挿入されます。第1部の「文法の中の音節」で解説したように，語幹がこれらの子音の組み合わせで終わる動詞は，語尾が -en で終わる名詞から派生した動詞です。Atem「息」→ atmen「息をする」で見られるように動詞の語尾 -en をそのまま付けると *atemen と弱音の e が連続することになるので，名詞の最後の e，つまり動詞の語幹の最後の e を省いて作られて

います。そのため，-st や -t のように子音が語尾として付くと，その語幹の
e を省略しておく理由がなくなるわけです。ですから，これらのタイプの動
詞は「口調上の e の挿入」というよりは，理屈から言うと，「語尾にははじ
めから e が含まれている」という方がいいかもしれません。

　今まで見たケースでは，発音の都合で e が挿入されるのですが，それが起
こらない場合もあります。それが，語幹が［s］と［ts］で終わる動詞で
す。2人称単数では，-st の -s が融合（同化）し，単に -t だけを付けます。
reisen「旅行する」→ du reist，heißen「... という名前である」→ du
heißt，tanzen「踊る」→　du tanzt という具合です。s が融合せず，口調
上の e をはさむ変化も古いドイツ語では見られました。つまり，du reisest
や du tanzest という形です。しかし，これは現代のドイツ語では使われま
せん。

　また，動詞のなかには現在形で主語が 2 人称単数（du）と 3 人称単数
（er/sie/es）の場合，幹母音が変化するものがあります。これを強変化動詞と
言います。変化の仕方は，主に a が ä になるものと e が i/ie になるものの 2
つです。

schlafen「眠る」→ du schläfst, er schläft
lesen　　「読む」→ du liest, er liest

　これらには，「口調上の e」が入らないことに注意してください。たとえ
ば，halten「保つ」は，du hältst, er hält と変化します。
　動詞の変化は複雑に見えることも多いのですが，音の理屈がわかれば，案
外すっきりしているものです。言語は音声が主体なのです。

# 時間的広がり

　現在形の形がわかったところで，ここからは用法を見ていきましょう。ドイツ語の現在形はとても大きな時間的な広がりを持っています。

**Ich wohne seit zehn Jahren hier.**

　　私は 10 年前からここに住んでいます。

　現在形だとはいえ，ここで表されているのは，「10 年前から現在に至り」，かつ「現在も進行中」の事柄です。ちなみに，英語では I have been living here for ten years. のように，現在完了進行形という複雑な形式になるのはこのためです。しかし，ドイツ語では過去に始まっていようが，現在行われている動作や現在の状態を表すためには現在形を用いるのです。もし，現在完了形を使って，Ich habe zehn Jahre hier gewohnt. と言えば，「私は 10 年間ここに住んでいた」と現在の時点では完了してしまって，もう行われていない事柄，つまり過去に属する事柄を表すことになります。

　もちろん，今現在のことを表すのも現在形です。

**Sie spielt jetzt Klavier.** 　　彼女は今，ピアノを弾いている。

**Er hat jetzt Kopfschmerzen.** 　　彼は今，頭が痛い。

　ドイツ語には英語のような進行形がありません。ですから，spielen のような行為を表す動詞でも，haben のような状態を表す動詞でも現在の時点において当てはまる事柄なら等しく現在形を使います。日本語では，「する」と「している」を区別するので，この 2 つを区別する進行形のような形式がないのはなんとなく心許ないと感じられるかもしれませんが，フランス語でも進行形はありませんし，なくても意思疎通に支障をきたすことはありません。この点については後ほどさらに詳しく述べます。

　ドイツ語の現在形は，さらに未来のことも表します。

**Anne fährt morgen nach München.** 　アンネは明日，ミュンヘンに行く。

　英語だと未来を表す特別な表現（will など）を使わなければいけません

が，日本語でも「アンネは明日，ミュンヘンに行く」と現在形で未来を表すのでドイツ語と同じですね。morgen とか「明日」という未来の時点を表す語句があればそれで十分です。もちろん，werden を使ったいわゆる「未来形」も使えないわけではありません。Anne wird morgen nach München fahren. とも言えます。しかしこれは単なる未来ではなく，「アンネは明日，ミュンヘンに行くでしょう」と「推測」が含まれています。未来のことは不確実なことが多いので推測と結び付きやすいのですが，ある程度確実だと思えば「明日，行く」と言えばよいのです。

このように，ドイツ語の現在形は，「過去に始まっているが現在も引き続き続いている状態」，「現在進行中の出来事・状態」，「（確定的だと思われている）未来の出来事」のいずれをも表すのです。図示してみましょう。

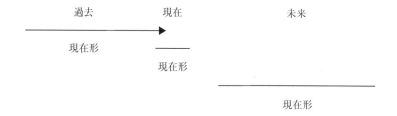

ドイツ語の現在形はとても大きな広がりをもっていると言えます。実はこれだけでなく，時間と関係ない事柄，つまり，普遍的に妥当することも現在形です。Das Dreieck ist eine Fläche, die von drei geraden Linien begrenzt ist. 「3 角形は 3 つの直線に囲まれた平面である」とかですね。現在形はもっとも基本的な動詞の形なのです。

# 時間の幅

　現在形の表す時点や期間がさまざまならば，ある現在形の文が具体的にどの時点・期間を指しているかはどうやって決まるのだろうか，という疑問が当然出てくると思います。そのときに問題になるのが，動詞が表す時間的幅で，言語学の用語ではアスペクト（相）と言います。次の文のペアを見てください。

**Das Kind schläft schon.** 　その子どもはもう寝ている。

**Das Kind schläft schon ein.** 　その子どもはもうちょっとで眠るところだ。

　上の文の schlafen は「寝ている」という状態を表していますが，einschlafen「眠り込む」は瞬間的な状態の変化を表す動詞です。重要なのは，「現在形で言った場合，基本的に，状態を表す動詞は現在を，瞬間的な状態の変化を表す動詞は未来のことを表す」ということです。日本語には状態を表す動詞はほとんどありません。「ある」，「いる」ぐらいです。ですから，「寝る」など多くの動詞は，「私は毎日8時間寝る」と習慣的なことを表す以外は，「私はもう寝る」のようにこれから起こる未来のことを表すのです。状態や現在進行している行為を表すには「... している」を付けて「その子はもう寝ている」というわけです。

　状態を表す動詞でも未来を表す副詞などを付ければドイツ語でも日本語でも未来のことを表します。Ich bin morgen im Büro.「私は明日オフィスにいます」と言えば，「明日」という「未来」の，「オフィスにいる」という状態を述べています。もし副詞がなく，Ich bin im Büro. とだけ言ったら，現在か未来かは文脈次第です。その文脈さえ不明ならばふつう現在のことです。

　lesen などドイツ語の動詞の多くは日本語の「読む」と「読んでいる」の両方の意味を持ちます。この意味で，sein や haben など純粋に「状態」を表す「状態動詞」とは少し異なります。状態動詞の場合はその状態の「始まり」と「終わり」がはっきりしませんが，lesen はある時点で読み始めて，ある時点で読み終わります。ただ，その行為には「時間的幅」があり，それ

が継続中であることも表すわけです。それでこのような動詞を「継続相」の動詞と呼んでいます。

　ドイツ語には状態動詞も継続相の動詞も多く存在します。継続相の動詞の場合,「その行為をまさに行っている」ということを一義的に表すのは非常に困難です。Ich lese jetzt ein Buch. と言えば,だいたいは「私は今,本を読んでいる」ということですが,「私は今から本を読む」という可能性もあります。別に無理して両者を区別する必要は実際問題ほとんどありません。文脈からわかるからです。それでも,日本語の「テイル」の形,英語の進行形の意味をどうしても出したいという場合には,次のような形式があります。

**Ich bin gerade dabei, ein Buch zu lesen.**

　　私はちょうど今,本を読んでいるところだ。

**Ich bin gerade am Lesen.**　　私はちょうど読書中だ。

　このように,dabei sein + zu 不定句や,am + 不定詞 + sein という形があります。

　このほかに,なぜかほとんどの文法書や教科書にはまったく載っていませんが,口語でよく使われる形式に,不定詞 + sein があります。

**Ich bin jetzt schwimmen.**　　私は今,泳いでいるところです。

**Er ist heute mit Julia essen.**　　彼は今日,ユーリアと食事をしている。

　これは英語の be 動詞 + ...ing の現在進行形に似ていますが,この用法で使われる動詞は「泳ぐ」,「食べる」などの行為を表すものにほぼ限られる点が異なります。また,自分の家で行っていることではなく,それをするために外に出かけているという意味で用いられます。

# 動詞の3基本形と過去形

　動詞の不定形，過去基本形，過去分詞の3つを動詞の「3基本形」と呼びます。ドイツ語のすべての時制はこれらのいずれか，およびその組み合わせをもとに作られるからです。なお，わざわざ過去「基本形」というのは，ドイツ語では，過去形も人称変化するからで，1人称単数の形を基準にするのが説明上，都合がよいからです。

　ここではそれらをさっと復習しましょう。

　動詞はその変化の仕方によって大きく「規則変化」と「不規則変化」の2つに分かれます。規則変化をする動詞を一般に「弱変化動詞」と言い，過去基本形は，不定詞の語幹に -te を付けて作り，過去分詞は語幹を ge- と -t ではさんで作ります。

| | | | |
|---|---|---|---|
| **lernen** | 学ぶ | **lernte** | **gelernt** |
| **spielen** | 遊ぶ | **spielte** | **gespielt** |

　現在人称変化と同じように，語幹が -t, -d, -ffn, -chn, -tm, -dm で終わる場合は，過去形の -te，過去分詞の -t の前に e を挿入します。現在形と同じ理屈です。

| | | | |
|---|---|---|---|
| **warten** | 待つ | **wartete** | **gewartet** |
| **reden** | 語る | **redete** | **geredet** |
| **öffnen** | 開く | **öffnete** | **geöffnet** |
| **zeichnen** | 描く | **zeichnete** | **gezeichnet** |
| **atmen** | 息をする | **atmete** | **geatmet** |

　この規則に当てはまらないものをすべて「不規則変化」と言い，それは「強変化」と「混合変化」の2つにさらに分かれます。

　強変化動詞の過去基本形は，不定詞の語幹の母音（＝幹母音）を変音させて作ります。過去分詞は（多くの場合，変音させた）語幹を接頭辞 ge- と接尾辞 -en ではさんで作ります。

　語幹の子音も変化することがあります。

| kommen | 来る | → | kam | gekommen |
| schreiben | 書く | → | schrieb | geschrieben |

　混合変化動詞の過去基本形は，幹母音を変音させ，語幹に -te を付けます。過去分詞は変音させた語幹を接頭辞 ge- と接尾辞 -t ではさんで作ります。語幹の子音も変化することがあります。

| nennen | 名付ける | → | nannte | genannt |
| bringen | 持っている | → | brachte | gebracht |

　ちなみに混合変化という名称は，幹母音が変化するという強変化の特徴と，過去形に -te，過去分詞に ge-，-t が付くという弱変化の特徴を合わせ持つことによります。なお，混合変化動詞は，話法の助動詞を除くと，上の２つのほかには，brennen「燃える」，denken「考える」，kennen「知っている」，rennen「駆ける」，senden「送る」，wenden「向きを変える」，wissen「知っている」の９つ（今はほとんど使われない dünken「思われる」を入れても 10）しかないので，全部覚えてしまった方が早いですね。

　過去形の人称変化は，１人称・３人称単数形に語尾が付かないことが特徴です。ich -，du -(e)st，er -，wir -(e)n，ihr -(e)t，sie -(e)n ですね。

　過去形は過去のことを表すのに使われますが，詳しくは現在完了形との比較で説明します。

# 現在完了形の形態

現在完了形は，動詞の過去分詞と haben/sein で構成される「完了不定詞」をもとに作られます。この場合の haben や sein は助動詞として機能しています。平叙文では，その haben/sein が第2位に移動して文ができあがります。その結果，文末にある過去分詞と「枠構造」を形成します。

<table>
<tr><td></td><td>das Buch gelesen haben</td><td>その本を読んだ</td></tr>
<tr><td>→</td><td>Ich habe das Buch gelesen.</td><td>私はその本を読んだ。</td></tr>
<tr><td></td><td>nach Deutschland geflogen sein</td><td>ドイツに飛び立った</td></tr>
<tr><td>→</td><td>Er ist nach Deutschland geflogen.</td><td>彼はドイツに飛び立った。</td></tr>
</table>

完了の助動詞として haben を使う動詞を haben 支配の動詞，sein を使う動詞を sein 支配の動詞と呼びます。その使い分けを確認しておきましょう。

①他動詞は haben 支配（再帰動詞，話法の助動詞もすべて haben 支配）

| | |
|---|---|
| Er hat den Aufsatz geschrieben. | 彼はその論文を書いた。 |
| Ich habe mich ausgeschlafen. | 私はたっぷり寝た。 |
| Das habe ich tun müssen. | 私はそれをしなければならなかった。 |

②自動詞のうち，移動や状態変化を表すものは sein 支配。その他の自動詞は haben 支配。

| | |
|---|---|
| Ich bin auf den Fuji gestiegen. | 私は富士山に登った。 |
| Er ist an Krebs gestorben. | 彼は癌で亡くなった。 |
| Sie hat sehr gut gesungen. | 彼女はとても上手に歌った。 |

③sein と bleiben は，自動詞で状態変化を表さないが，例外的に sein 支配。

**Wer ist hier gewesen?** 誰がここにいたのだ？

**Gestern bin ich den ganzen Tag zu Hause geblieben.**

昨日，私は一日中，家にいた。

　もともと，ドイツ語には過去形しかなく，現在完了形は，10世紀頃，一種の状態表現から出発したとされています。つまり，das Buch gelesen haben は，「その本を読まれた状態で持っている」という意味だったのです。それが，時代とともに「その本を読んだ」に変化していきました。getanzt haben「踊った」など，haben で完了形を作る自動詞は，他動詞の現在完了形をまねる形で（言語学では「類推による形成」と言います），後からできあがってきました。sein 支配の動詞の完了形は，もともと，「...した者（物）である」という意味です。たとえば，Er ist gestorben. は，Er ist ein Gestorbener.「彼は死んでいる人だ」という意味でした。

　こんなドイツ語の歴史のことをわざわざ書いたのは，現代ドイツ語でも，haben 支配の動詞と sein 支配の動詞には決定的な違いがあることを理解していただきたいからです。それは，過去分詞を形容詞として，名詞を修飾してみるとわかります。sein 支配の動詞の過去分詞は，「...した」という意味を表します。

| | |
|---|---|
| das untergegangene Schiff | 沈没した船 |
| ← Das Schiff ist untergegangen. | その船は沈没した。 |
| das eingeschlafene Kind | 眠り込んだ子ども |
| ← Das Kind ist eingeschlafen. | その子どもは眠り込んだ。 |

　これに対して，同じ自動詞でも haben 支配では，この用法はできません。たとえば，Das Kind hat geschlafen.「その子どもは眠った」という文から，*das geschlafene Kind「眠った子ども」などということは絶対に言えないのです（ちなみに，現在分詞の形を使って，das schlafende Kind「眠っている子ども」とは言えます）。もともと，sein 支配の自動詞だけが「...した」という意味の完了形を作っていたことが，こういうところにまだその性質をとどめているのです。

# 他動詞の過去分詞は受動

　前のページで，sein 支配の動詞の過去分詞は本来的に完了を表すこと，他動詞の過去分詞は受動を表し，「目的語＋過去分詞＋haben」で「目的語を … された状態で持つ」というところから，現在完了形が発達したことを述べました。他動詞の過去分詞は名詞を修飾する形容詞として使われても「… された」という受動の意味になります。das gekochte Ei「ゆで卵」は，Das Ei ist gekocht worden. がもとですし，die bestandene Prüfung「合格した試験」も，Die Prüfung ist bestanden worden. ということですね。日本語では修飾語句にしたとき，必ずしも能動か受動かははっきりしませんが，こういう表現を知っておくと，たとえば，「試験合格おめでとう！」は „Herzlichen Glückwunsch zur bestandenen Prüfung!" と言えばいいのだとわかるでしょう。

　すこし話がそれてしまいましたが，haben 支配と sein 支配にもちゃんと理屈があるということがわかっていただけたと思います。

　同じ動詞でも，行為を表すか移動や状態変化を表すかで haben 支配と sein 支配が変わるものもあります。たとえば，基本的な動詞ですが，fahren は，「（乗り物で）行く」という自動詞の意味のほかに，「車を運転する」という他動詞の意味もあります。

**Er ist mit dem Bus nach Bonn gefahren.**　　彼はバスでボンに行った。

**Er hat gestern das Auto gefahren.**　　　　　彼は昨日その車を運転した。

**Er hat acht Stunden ohne Pause gefahren.**

　　彼は8時間，休憩なしに運転した。

nach Bonn fahren は sein 支配，das Auto fahren は haben 支配であることは当然ですが，この「運転する」という意味のときに，必ずしも目的語が必要だというわけではありません。日本語でも「8時間，車を運転した」と言わなくても「8時間，運転した」で十分わかるように，ドイツ語でもそうです。それでも，haben 支配であることに注意してください。ただし，Auto fahren は sein 支配です。Ich bin heute Auto gefahren.「私は今日，

車を運転した」。これまで説明したことと矛盾するようですが，Auto fahren
は完全に自動詞のように意識されるのです。Ski fahren「スキーをする」，
Schlittschuh fahren「スケートをする」が sein 支配であるのと同じです。
これらの目的語は完全に自立性を失っているのです。

　haben/sein の使い分けは動詞の意味が拡張するときも問題になります。

**Er hat zwei Stunden getanzt.**　　彼は2時間踊った。

**Er ist in den Saal getanzt.**　　　　彼は踊りながらホールに入ってきた。

　tanzen は基本的に haben 支配の動詞ですが，in den Saal「ホールの中
に」などの方向規定句を付けると，「踊りながら移動する」という意味に拡
張されます。その場合は移動動詞になるので，sein 支配になるわけです。
　参考までに，haben 支配か sein 支配か母語話者でも揺れる場合があるこ
とも紹介しておきましょう。たいていの参考書は，schwimmen「泳ぐ」と
いう動詞に関して，「移動に焦点が当たれば sein 支配，行為に焦点が当たれ
ば haben 支配」ということで，Er ist ans andere Ufer geschwommen.「彼
は向こう岸まで泳いだ」に対して，Er hat zwei Stunden geschwommen.
「彼は2時間泳いだ」となると記述しています。方向規定句が付いた移動の
表現ならば sein 支配になるというのは 100 パーセント正しいのですが，行
為に焦点が当たったら必ず haben 支配になるかというとそうでもありませ
ん。私がコーパスで調べたり，まわりのドイツ人に聞いたところによると，
8割以上の確率で，行為に焦点が当たっていても，Er ist zwei Stunden
geschwommen. と言うことがわかりました。これは「泳ぐ」という行為を
どうとらえるかという問題です。たとえば，spazieren gehen「散歩する」
という動詞を考えてみましょう。方向規定句を付けず，zwei Stunden など，
時間の長さを表す語句を付けたとしても，この動詞は絶対に sein 支配で，
Er ist zwei Stunden spazieren gegangen. としか言いません。これはやは
り，gehen という動詞はどんな副詞句が付こうと「移動」という概念がドイ
ツ語母語話者の頭の中にあるからでしょう。sein と haben の使い分けは，
「移動」や「変化」を認めるかどうかという物事のとらえ方の問題なので
す。

# 完了とは?

　それでは，ここから過去形と現在完了形の用法を比較しながら，確認していきましょう。両者とも過去のことを表し，どちらを使ってもたいした違いがないことも多いのですが，微妙な違いもあります。初級の教科書などにはよく，「過去形は書き言葉に使われ，現在完了形は話し言葉で使われる。ただし，sein, haben，話法の助動詞は話し言葉でも過去形が使われる」と書かれています。もう少し詳しい参考書だと，「過去形は過去に身を置いて物事を描写するのに対し，現在完了形は現在の立場から過去を描写する」と載っていることもあります。どちらもこれで正しい説明ですが，ここでは順序だてて1つ1つ理解していきましょう。

　「そもそも」というところから始めましょう。そもそも，過去形は完全に「時制」ですが，現在完了形は「アスペクト」の表現形式です。つまり，その名の示すように，「完了」している事柄を表すわけです。次の文を見てください。

**Wenn ich dieses Buch von Thomas Mann gelesen habe, dann lese ich ein Buch von Kafka.**

私はこのトーマス・マンの本を読んでしまったら，次はカフカの本を読みます。

　wen の文が現在完了形になっていることに注意してください。これを過去形で言えないことは明らかです。* Wenn ich dieses Buch las, ... と言えるわけがありません。なぜなら，過去形は，発話時点を起点にして，過去の事柄を表すからです。すでに述べましたが，「時制」とは，発話時点（話し手や書き手がある文を述べている時点＝「今」）と，述べられている事柄が時間軸上でどのような関係にあるか，つまり前か後ろか同じかを表すものです。それに対して，アスペクトとは，述べられている事柄の持っている時間的性質，つまりそれがすでに完了しているか継続しているか，瞬間的なのか幅を持つのか，を表すものなのです。ですから，上の例のように，「ある事柄が完了したら」ということを表すには完了形しか使えないことになります。

さて，ここからがちょっとややこしいのですが，現在完了形の時制を純粋に考えると「現在」です。現在完了形＝「現在時制」＋「完了アスペクト」ですからね。これは形式の説明でちょっと述べました。つまり，助動詞のhaben/sein は現在時制で，それに過去分詞が組み合わさっているわけです。wenn に導かれる文は条件を表すので，時制としては「中立」です。もちろん，その条件が満たされるのは，現在から見て「未来」であることが多いのですが，「条件」というのは本来，時間軸上に位置づけられるものではありません。その「中立」である事柄はドイツ語では「現在形」で表されるのです。決して未来形ではありません。「彼が来れば」は，wenn er kommtであって，＊wenn er kommen wird とは言えません。時制的に「中立」で，かつ，アスペクトとして「完了」している事柄が，現在完了形で表されるのは当然のことです。

ドイツ語では時間軸上は未来に位置する事柄でも，それを特に推量として表す必要がないときは，ふつう現在形で表すのでした。それと同様，未来において完了する事柄も現在完了形で表されます。

**Bis morgen habe ich diesen Artikel geschrieben.**

　明日までに私はこの記事を書き終えています。

よく「現在完了形は未来完了形の代用としても使われる」と説明がされます。確かに，上の文は，Bis morgen werde ich diesen Artikel geschrieben haben. とも言えます。しかし，「代用」というと，未来完了形を使う文の方が基準になっているようですが，実際は，現在完了形の方がよく使われます。ただし，bis morgen など，未来の時点を示す語句が必ず必要です。そうでなければ，やはり現在の時点で完了していることを述べていると思われてしまいます。

英語とは違うとはいえ，ドイツ語の現在完了形も完了している事柄を表すのです。それで，wenn に導かれる文など，時間が中立になる場合では，純粋にそのアスペクト的な特性が前面に出るというわけです。

# 過去形と現在完了形の視点

ドイツ語の現在完了形もやはり「完了」というアスペクトを根本に持っているのですが，英語との違いは，その事柄が完全に「過去」に属していて，gestern「昨日」など過去の一時点を明示的に表す副詞などとも一緒に使われることです。ここから，同じ過去を表すのに，過去形と現在完了形の両方が使われ，両者に違いがあるのかないのかが問題になるわけです。「私は昨日，本を読んだ」は，現在完了形でも過去形でも言えます。

**Ich habe gestern ein Buch gelesen.**
**Ich las gestern ein Buch.**

実際，表している事柄は同じです。話し言葉では現在完了形が使われるのはそのとおりですが，過去形がまったく出てこないわけではありません。sein, haben, 話法の助動詞は話し言葉でも過去形の方が使われるぐらいですし，下の文のように過去形でも言えます。ただ，その場合，「私は本を読んでいた。すると，...」と話が続くような感じを受けます。これはどこから来るのでしょうか。

現在完了形と過去形の違いは，一言で言うと「物事のとらえ方」の違いです。過去の出来事をどの「視点」から眺めているかの違いとも言えます。過去の出来事を語るときに，自分はあくまでも「現在」にいて，そこから過去を振り返るときに，現在完了形が使われます。現在に立脚していると言ってもいいでしょう。話すときはふつうはそうですよね。Gestern habe ich zu viel Bier getrunken. 「昨日はビールを飲み過ぎた」というと，現在から振り返って言っています。英語とは違いドイツ語の現在完了形は，その出来事がたった今まで続いていることは表しませんが，やはり何らかの影響を及ぼしていることを表すのです。Deshalb habe ich einen Kater. 「だから二日酔いだ」とかですね。

これに対して，過去形は，自分は過去の時点に視点をおいて，その出来事を現在とは切り離されたものとして表すときに使うのです。ですから，「回想の時制」とも言われます。まさしく「物語」がそうですね。ここでは少し

高尚な例を挙げて説明しましょう。ゲーテの『若きウェルテルの悩み』（Die Leiden des jungen Werther）の最後の2文には過去形と現在完了形の両方が使われています。

**Handwerker trugen ihn. Kein Geistlicher hat ihn begleitet.**
職人たちが彼を運んでいった。僧侶は誰も付き添わなかった。

　この作品は，失恋の末，自殺をしたウェルテルについて親友が語るという形式をとっています。そしてその語りの中に，ウェルテル自身の書簡が使われているという「書簡小説かつ枠物語」という独特の構造をしています。さて，この文はその最後，友人がすべてを語り終えたところです。「彼を運んでいった」とは自殺したウェルテルの遺体を運んでいったということです。前の文が過去形，後の文が現在完了形になっていますね。なぜか考えてみてください。語りの最中は視点が過去にあるので過去形，そしてここで話を締めくくるという最後の行では視点は再び現在に戻ってきたので現在完了形を使ったのです。しかし，理由はそれだけではないでしょう。自殺はキリスト教では許されない行為ですから，ウェルテルは葬儀を行ってはもらえません。語り手である友人は，それまで淡々と過去を回想してきたのですが，僧侶にも同行してもらえなかったということを語るときはさすがに友人として耐え難かったのでしょう。現在の自分の視点に戻らざるを得なかったのです。この箇所は形式と内容が見事に融和していることがわかると思います。文法はとかく無味乾燥と思われますが，こうして理屈がわかるとドイツ文学を原語で読むときの味わいも違ってきます。

　日本語にはこのような視点の違いによる時制の使い分けはないので，なかなかわかりにくいですが，このことを頭に入れてドイツ語に触れていくにつれ，納得できるようになると思います。

## コラム　九州弁でアスペクトを考える

　この章では「アスペクト」という用語が何度も出てきて，ちょっと読むのが疲れたかもしれませんね。理解を深めていただくために，あえて日本語を例にとって説明しましょう。新たな発見があるかもしれません。

　日本語で，動作が継続中であることを示すには「テイル」を使います。「あなたは何しているの？」「本を読んでいるよ」とかですね。ところが，この「テイル」という形は，このように継続の意味だけでないところがややこしいのです。

　　　①トカゲが走っている。　　　②トカゲが死んでいる。

　同じ「テイル」形なのに，①は継続（進行）の意味で，②は完了の意味ですね。不思議ですが，実はこれは動詞の表す時間的な幅，つまりアスペクトが関係しているのです。「走る」という行為には時間の幅があります。それに対して，「死ぬ」というのは一瞬です。生物は生きているか死んでいるかのどちらかで，「死ぬ」というのはその間の一瞬の変わりめです。そして，「走る」のような動詞を「継続相」の動詞，「死ぬ」のような動詞を「瞬間相」の動詞と呼んでいます。

　もうおわかりのように，瞬間相の動詞に「テイル」が付くと完了の意味になるわけです。継続相の動詞だとふつうは継続の意味になります。今，わざわざ「ふつうは」と書いたのは，完了の意味になることもあるからです。「私は今，その本を読んでいる」は継続ですが，「もうすでに」など，完了を表す語句を付けると「私はもうすでにその本を読んでいる」と，完了の意味になります。ややこしいですね。

　さて，日本の中にも，継続か完了かを一義的に区別している方言があります。それが九州方言，とくに福岡から熊本にかけてです。私は９年間熊本大学の先生をしていたのですが，そこで熊本弁に触れて感動しました。そこでは，「テイル」にあたる助動詞が２つあり，継続（進

行）を表す場合は「ヨル」を，完了を表す場合は「トル」を使うのです。「その本ば読みよる」と言うと継続で，「その本ば読んどる」と言うと完了です。これは便利です。さらに面白いことは，この継続に使われる「ヨル」がなんと瞬間相の動詞にも使われるのです。「ゴキブリの死による」と言うと，「ゴキブリがまさに今，死につつあるところだ」の意味です。瞬間相の動詞でも継続になるのです。私にはこのアスペクトが実感できず，くやしいところですが，教えてもらったところ，この文を聞いた九州人は，流しに迷い込んで走り回っているゴキブリに食器用洗剤をかけたら，窒息して今にも死にそうにもがいているような場面が浮かぶそうです。「死んでいるところ」なんだそうです。

　さらに，状態を表す「ある」にも「ヨル」は付くのです。「今，授業がありよる」と言えば，「今，授業が行われているところだ」という意味です。また「ヨル」を「テイル」に直して，「今，授業があってる」ともよく言います。標準語ではこんなことは絶対言えないと九州人に指摘するとびっくりされます。とはいえ，言語形成期を関西で過ごした私は，「いる」にさらに「テイル」を付けて，「あの人，教室にいてたよ」と言うので，あまり変わりませんが。とにかく，同じ日本でも，動詞の表す時間的幅のとらえ方が違うのはとても面白いことだと思います。

　日本語（標準語）では，瞬間相の動詞に「テイル」が付くと完了の意味になるのですが，ドイツ語の動詞でも瞬間相のものは sein 支配で完了形を作ることを思い浮かべてください。「イル」はもともと存在を表す動詞，つまり sein です。sein 支配の完了形はもともと「... した者（物）だ」というところから発達したとはいえ，日独で瞬間相の動詞の完了形が存在を表す動詞で作られるのは，単なる偶然ではないだろうと私は思っています。時間という目に見えないものを表すときでさえ，言語間に類似点が多くあります。

# 話法とは?

　動詞のなかには他の動詞（＝本動詞）と組み合わさって使われるものがあり，それらを「助動詞」と言います。

　完了の助動詞 haben/sein と受動の助動詞 werden は本動詞の過去分詞と結び付きますが，他の助動詞は本動詞の不定形と結び付きます。その中でも，dürfen, können, mögen, müssen, sollen, wollen は，「話法の助動詞」と呼ばれます。この章ではこれらの動詞について見ていきますが，そもそも「話法」とは何かについて最初に簡単に説明しておきましょう。

　たとえば，Er schwimmt jetzt. という文は「彼は今，泳いでいる」という出来事を事実として描写しています。それに対して，Er kann schwimmen. という文は出来事ではなく，彼に泳ぐ能力や可能性があると言っています。難しい言葉で言えば，「彼が泳ぐ」という「命題」に対する話し手の判断やとらえ方を表しているのです。これを「話法」と言います。この「可能」のほか，「許可」「必然」「推量」「願望」などが，これらの助動詞によって表される話法です。概念的に言えば，話法は命題を包んでいると言えます。

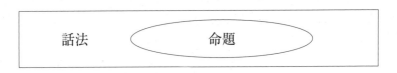

　命題の外に話法があるのは，単なる概念上のことだけでなく，実際の語句の並び方に反映されています。実は，ドイツ語と日本語で文法的な役割がどのような順番で表現されるかはほとんど同じなのです。次の例を見てください。

**Der Bericht muss schon geschrieben worden sein.**

　その報告書はすでに書かれたにちがいない。

　ドイツ語では定動詞が第２位に置かれるのでちょっとわかりにくいのですが，句の順番で書いてみるとこうなります。

| | 受動 | 完了 | 推量（話法） |
|---|---|---|---|
| 書か | れ | た | にちがいない |
| geschrieben | worden | sein | müssen |

　どこまでを命題と考えるかは難しいのですが，とりあえず，その中心的な部分は「書く」という動詞で表されています。そのすぐ右側に「受動」を表す成分が付き，さらに「完了」を表す成分が続きます。そして，最後に「話法」が来ます。この順番を国語文法では「承接（順序）」と呼びますが，それが見事に一致しているのがわかるでしょう。英語だと，must have been written となります。語順は鏡写しで逆ですが，並び方は同じです。どの言語でもだいたい同じなのです。これは驚くべきことだと思いませんか？

　ここで見たように最後は話法で終わるのですが，厳密に言うと，後述するように話法の助動詞には「客観用法」と「主観用法」があり，最後に来るのは「主観用法」の方です。Er muss Deutsch sprechen können.「彼はドイツ語が話せるにちがいない」で，können が「客観用法」，müssen が「主観用法」です。同じ話法でも，「客観―主観」の順番で並ぶわけです。

| | 客観用法 | 主観用法 |
|---|---|---|
| 話 | せる | にちがいない |
| sprechen | können | müssen |

　話法とはこのように助動詞で表されるほか，wohl「おそらく」などの副詞でも表されます。これらは「話法詞」と言います。また，非常に密接に結び付いているものとして「法」があります。これは動詞自体の活用で表される話法のことです。直説法，命令法，接続法の 3 つがドイツ語にあります。これがドイツ語の話法の体系です。

# 話法の助動詞の人称変化

　最初に，6つの話法の助動詞の人称変化を確認しましょう。現在形の単数は特殊な形をしています。dürfen は ich/er darf, du darfst, können は ich/er kann, du kannst, müssen は ich/er muss, du musst, mögen は ich/er mag, du magst, sollen は ich/er soll, du sollst, wollen は ich/er will, du willst です。複数は規則変化です。

　話法の助動詞は，現在形の1人称単数と3人称単数に語尾が付かないことが特徴です。これは過去形と同じですね。それもそのはず，これらの助動詞と wissen は，ゲルマン語の古い段階では過去形だったものが現在形として使われるようになったものです（正確にいうと wollen の will だけは直説法過去形ではなく，希求法という接続法の一種だったそうですが）。それでこれらの動詞を「過去現在動詞」と呼ぶこともあります。

　話法の助動詞は，句の段階で本動詞の後に来ます。したがって，平叙文では，それが第2位に移動し，文末の本動詞とともに枠構造を作るのは，もう説明することもないでしょう。

流暢に　　ドイツ語を 話すことが　できる

**fließend Deutsch sprechen　　können**

→　**Er kann fließend Deutsch sprechen.**

　否定文にするときは，本動詞＋助動詞の固まりの前に nicht が置かれます。これも大丈夫ですね。Er kann nicht Deutsch sprechen. であって，\*Er kann Deutsch sprechen nicht. ではありません。

　ドイツ語の話法の助動詞は，英語の助動詞，can や must に比べて，まだ動詞としての性質を保持しています。英語の助動詞には不定詞（原形）がありませんが，ドイツ語の話法の助動詞にはあります。たとえば，助動詞を2つ（以上）組み合わせることもできますし，zu 不定詞にもできます。

**Er muss Deutsch sprechen können.**

　　彼はドイツ語が話せるにちがいない（話せなければならない）。

**Es ist schön, Deutsch sprechen zu können.**

ドイツ語が話せることはいいことだ。

　英語の助動詞には不定詞がないので，*to can とか*to must とかは言えません。to 不定詞にするなら意味が近い to be able to ... や to have to を使うわけです。英語の must は，不定詞がないどころか，過去形もないので，「... しなければならなかった」と言いたいときは，have to の過去形 had to を使わなければならないのです。

　補足すると，このように不定詞があるのは，次のページで説明する「客観用法」だけで，「主観用法」の不定詞は英語と同様，ドイツ語にもありません。

　ドイツ語の話法の助動詞が本動詞として単独でも使われるのは，やはり動詞としての性質を保持しているからです。

**Sie kann Deutsch.**　　　彼女はドイツ語ができます。

**Ich mag keinen Fisch.**　私は魚が嫌いだ。

**Er will ein Auto.**　　　彼は車がほしい。

　このような目的語をとる他動詞としての用法のほか，方向規定句があるときも，話法の助動詞は単独で用いることができます。

**Ich muss nach Hause.**　　　私は家に行かなければならない。

**Du musst weg von hier.**　　君はここから立ち去らないといけない。

　なお，話法の助動詞の過去基本形はそれぞれ，dürfen が durfte，können が konnte，müssen が musste，mögen が mochte，sollen が sollte，wollen が wollte で，人称語尾は他の過去形と同じです。

# 話法の助動詞の客観用法と主観用法

話法の助動詞の用法で注意しなければならないのは，客観と主観の2つの用法があることです。müssen を例にこれを見てみましょう。müssen には，「... しなければならない」という意味と「... にちがいない」という意味があります。

**Er muss fleißig Deutsch lernen.**

彼は一生懸命ドイツ語を勉強しなければならない。(客観用法)

**Er muss krank sein.** 彼は病気にちがいない。 (主観用法)

「... しなければならない」の方が客観用法です。「彼」がドイツに留学するため，ドイツ語の能力試験に合格しなければならないなどの事実から，話者が客観的な判断を下して発言しているものです。

それに対して，「... にちがいない」の方は，話し手が，「彼」が当然来るはずの場所に来ないなどの理由から主観的な判断を下して言っています。

こう言っても「客観」，「主観」という言葉はわかりにくいかもしれません。この2つの用法を説明するとき，ドイツ語では objektiv, subjektiv とはふつう言わず，客観用法の方を deontisch「義務的」，主観用法の方を epistemisch「認識的」と言います。両者とも，命題に対するある種の判断を行っているのですが，それが「誰が判断しても必ずそうなる」という「義務的」なものか，「あくまでも判断する人間の認識ではそうである」という「認識的」なものかという違いです。ますますわからなくなったかもしれませんが，とにかく主観（認識）用法の方は，話者がその文を発している時点で，自分の判断を下しているわけです。判断を下す対象である事柄が過去の出来事である場合に客観用法と主観用法の差ははっきり出てきます。

**Er musste fleißig Deutsch lernen.**

彼は一生懸命ドイツ語を勉強しなければならなかった。

**Er muss krank gewesen sein.** 彼は病気だったにちがいない。

客観用法の場合は，「勉強しなければならなかった」と過去の時点におけ

る必要性を表しています。その必要性が過去の時点で存在していたわけですから，müssen 自体が過去形になるわけです。

　それに対して，主観用法の場合は，「病気だった」という事柄は過去に属しますが，「ちがいない」と判断しているのはあくまでも現在の自分です。そのため，müssen は現在形で，かつ事柄が過去に属していることも表さなければなりません。このとき過去形を使おうとしてもそれはドイツ語の文法上できません。なぜなら，müssen という助動詞が使われている以上，残りの動詞の部分は不定形でなければならないからです。そこで使われるのが，「完了不定詞」です。krank gewesen sein「病気であったこと」を müssen の中に埋め込めばいいのです。過去形という「時制」を持ち込めないので，完了不定詞という「アスペクト」で代用するというしくみです。

```
┌─────────────────────────────────────────────────┐
│ 命題   アスペクト（完了不定詞）   話法（主観用法）   │
└─────────────────────────────────────────────────┘
```

　このように，話法の中でも主観用法の助動詞は，必ず最後に置かれます。話法性が高い，「真の」話法と言ってもよいでしょう。

　話法の助動詞はどれも客観用法と主観用法を持ちます。使われる頻度からすれば客観用法の方が多いのですが，どちらも重要です。

　なお，状態を表す動詞が話法の助動詞と使われるときは，ふつう主観用法と判断されます。上で述べた例の Er muss krank sein. でも sein という状態動詞が使われています。これが「彼は病気であらなければならない」と解釈できる場合が絶対ないかと言われれば，そうも言い切れませんが，「彼は病気にちがいない」と解釈するのが自然です。しかし，Er muss kommen. のように状態を表す動詞でない場合は，「彼は来なければならない」と「彼は来るはずだ」の両方がありえます。

# müssen の用法

　話法の助動詞が表す意味は，往々にして日本語の訳語を単に当てはめるだけではきちんととらえられません。müssen と「... ねばならない」もそのうちの1つです。この訳語はもちろん間違いではありませんが，なまじこれで通してしまうと危険です。まず，具体的な例から見てみましょう。

**Als er das sagte, musste ich lachen.**

　　彼がそれを言ったとき，私は思わず笑ってしまった。

　これを「私は笑わねばならなかった」と訳すと義務のように聞こえて変です。müssen の本質は「義務」ではなく，「必要性」，「必然性」です。つまり，ほかに選択肢がない，ということです。「笑わないでいる」という選択肢は自分にはなかった，とうことですから，「笑うしかなかった」と訳してもいいですね。

　この意味をうまく使うと時には丁寧な言い方にもなります。たとえば，ある家庭に招待されていて，「そろそろおいとまします」と言うときは，Ich muss langsam gehen. と必ずmüssen を使わなければいけません。「私はもっといたいのだけれど，状況がそれを許さない」というわけです。wollen は，話者の意志を表すので，Ich will langsam gehen. と言うと，「もうここにはいたくない」ということを意味し，非常に失礼な表現になるわけです。

　このことから，ドイツ語では一般に相手にとって悪いことや失礼にあたることを伝えるときには，müssen を使います。

**Ich muss Ihnen mitteilen, dass Sie die Prüfung nicht bestanden haben.**

　　あなたが試験に合格しなかったことを，私はお伝えしなければなりません。

**Ich kann Ihnen mitteilen, dass Sie die Prüfung bestanden haben.**

　　あなたが試験に合格したことを，お伝えすることができます。

　このように，試験結果は，最初に können か müssen のどちらが使われているかを見るだけで，後は読まなくても合否がわかるぐらいです。

　相手に対する要求があるとき，müssen を使うと，失礼になる場合も多い

ですが，かえって丁寧な表現になることもあります。

**Du musst mir gehorchen.**　私に従え。

**Du musst mir helfen.**　　どうしても手伝って。

　上の gehorchen「従う」のような動詞を使うと確かに高圧的ですが，helfen の場合はそうでもありません。まあ，言い方にもよりますが，「手伝ってもらわないととても困る」という意味が出て，丁寧ではないにせよ，懇願している感じが出ます。たとえば，相手に聞きたいことがあるとき，Ich möchte dich etwas fragen. とも言いますが，「どうしても聞きたい」というときは，Ich muss dich etwas fragen. と言います。これは別に高圧的だとか，尋問しているわけではありません。

　ドイツの家庭にお茶に呼ばれると，必ずと言っていいほど，そこの奥さんの手作りのケーキが出ますが，それが自信作の時は，よくこう言われます。

**Sie müssen den Kuchen unbedingt mal probieren.**

　このケーキをどうぞちょっと味わってください。

　良かれと思っての発言なのですが，ドイツのケーキは巨大で，一切れ食べれば十分なときに，3種類ものケーキが焼いてあると，たしかに müssen という言葉が重くのしかかってくることもあります。

　müssen は「必要性」ですから，それを否定した nicht müssen は「必要性がない」，つまり「... しなくてもよい」ことを表すのは自然なのですが，英語の must not が「禁止」を表すので，ドイツ語を勉強したてのころはよく間違えます。dürfen が「許可」を表すので，nicht dürfen が「許可しない＝禁止」を表すのです。

114

# wollen と sollen の表す「意志」

　sollen は「...べきだ」と訳されることが多いのですが，これには注意が必要です。正確に言うと，sollen は「主語以外のものの主語に対する意志」を表すのです。まず，次の例を見てみましょう。

a.　Ich will ihr ein Buch schenken.
b.　Ich soll ihr ein Buch schenken.

　wollen は，主語の意志を表しますから，a. はもちろん，主語である ich の意志を表して「私は彼女に本をプレゼントしたい」という意味です。これに対して sollen は，主語以外のものが主語に対して持っている意志を表します。つまり，b. の文では「彼女に本をプレゼントする」ことを主語である ich 以外の誰か（何か）が望んでいるということです。それが具体的に誰・何を指しているかは文法的には決められず，いつも状況から判断することになります。この文の場合，可能性として以下のようなことが考えられます。

　(A) ihr として出てきている「彼女」：つまり「彼女」が私が本をプレゼントすることを望んでいる場合で，これが最も可能性としては高いでしょう。つまり「彼女は私に本をプレゼントしてもらいたがっている」ということです。

　(B)「彼女」以外の誰か（もちろん「私」ではない人間）：もしかしたら，私は誰かに頼まれて「彼女」に本をプレゼントしなければならないのかもしれません。「私は彼女に本をプレゼントするように頼まれている」ということになります。

　(C) 状況一般：具体的にはわかりませんが，「私」が「彼女」に本をプレゼントすることを「一般的な状況が」望んでいる（ちょっと日本語としては変ですね），つまりそうした方が好ましいことになるという場合です。この場合，「...べきだ」と訳すのがふさわしいことになります。逆に言うと，sollen を「...べきだ」と訳すとちょうどいいのはこの場合だけで，その他の場合には当てはまりません。割合的に言うと，sollen の用法の中ではかなり

少数派だと言えます。それでも辞書などで，sollen の訳語としていつも書かれているのは，日本語ではほかに1語で挙げられるものがないからでしょう。辞書泣かせの言葉なのです。

　もちろん，誰の意志であるかほぼ特定できる場合もあります。Ich soll dir schöne Grüße von Renate ausrichten. 「レナーテからの挨拶を伝えるように言われています」という場合，それをするのを望んでいるのは常識的に考えてレナーテしかいませんね。それで，この文は「レナーテがくれぐれもよろしくと言っていました」と訳すのがいいのです。同様の例です。

**Dein Vater hat angerufen. Du sollst ihn zurückrufen.**

　　君のお父さんが電話してきたよ。かけ直してくれって言っていたよ。

　この例では，文のつながりから言って，「君が彼に電話を折り返しすること」を望んでいるのは，その父親しか考えられません。

　sollen はまた相手に「...しましょうか？」と申し出たり，提案したりするときにも非常によく使われます。Soll ich Ihren Koffer tragen? 「荷物をお持ちしましょうか？」のようにです。これは相手の意志を尋ねているわけです。

　これまで説明してきた例と違い，誰か特定の人の意志ではないときに限ってはじめて，「...べきだ」という意味になります。

**Man soll zu älteren Leuten immer höflich sein.**

　　年長者にはいつも礼儀正しくするべきだ／ものだ。

　この種の文は普通，一般論で，主語には man などの特定のものを指さない語が来ます。また，文中に「意志」を特定化する対象が表現されません。このようなときは，世間一般の人がそのような意志を持っている，と考えればよいでしょう。

# können の表す「可能性」

können の中心的な意味は「可能性」です。そこから「能力」も出てきます。

**In diesem See kann man (nicht) schwimmen.** この湖は泳げる（泳げない）。
**Sie kann sehr gut schwimmen.** 彼女はとてもうまく泳げる。

湖の例でわかるように，泳ぐという可能性が存在しているかどうかを述べているわけです。実際に，人が泳いでいるかは問題になりません。それは「能力」を表した文でも同じことです。ですから，能力的にはとてもうまく泳げるのに，実際は泳ぎたがらないということもあるわけです。

この本を書いている時点で，アメリカ民主党のオバマ氏がヒラリー・クリントン氏との指名競争に勝って，民主党の大統領候補になったというニュースが流れています。ドイツのニュースでは次のフレーズがしきりに言われています。

**Herr Obama kann der erste schwarze Präsident der USA werden.**

これを「オバマ氏はアメリカ合衆国の最初の黒人大統領になることができる」と訳すと，なんとなく大統領になることが約束されたように聞こえますね。そうではありません。あくまでもその可能性を手に入れた，と言っているのです。

ここからわかるように，können を機械的に「…することができる」と覚えているとまずいことが多くあります。

たとえば，ドイツ人の学生の推薦状や評価を書く際に，「彼は素晴らしい論文を書くことができました」と書きたいとします。これを，Er konnte eine hervorragende Arbeit schreiben. とは書けません。これでは，彼は書く可能性を持っていた，と言っているだけで，本当に素晴らしい論文を書いたかどうかわからないからです。

こういうときは，gelingen「人³に…が成功する」という動詞を使うとよい表現になります。

**Ihm gelang es, eine hervorragende Arbeit zu schreiben.**

　もちろん，実現した事柄に対して können を使わないかというとそうでも
ありません。たとえば，「週末，とてもよい天気を楽しむことができた」と
いう意味で，Am Wochenende konnten wir sehr schönes Wetter genießen.
とは言えます。しかし，この文は単独で使われるのではなく，「だから，ピ
クニックに行った」とか「私たちは幸せだった」など，言いたいことがほか
にあるときに使うのです。
　これまでの例は客観用法のものですが，主観用法でも当然「可能性」の表
現になります。

**Es kann sein, dass sie davon schon etwas weiß.**
　　彼女がすでにそのことを知っている可能性がある。

**Hier kann niemand gewesen sein.**　　ここには誰もいたはずがない。

　können の場合，主観用法と客観用法の意味の違いは大きくはありませ
ん。ただし，上の2番めの文のような過去のことに対する推量では完了不定
詞を伴います。
　最後に少し mögen について補足しておきましょう。この話法の助動詞
は，標準的なドイツ語では肯定文の客観用法では使われません。Er mag
das nicht tun.「彼はそれをしたがらない」と否定では言えますが，肯定な
ら，接続法第Ⅱ式である möchte を使います。主観用法では，können と同
様，可能性の判断を示します。Das mag sein.「そうかもしれない」です。

## コラム　ドイツ人は悔しがらない？

　私は1年生向けのドイツ語の授業で期末試験の代わりに劇を上演させることにしています。学生たちは数人のグループに分かれ，それぞれ自分で脚本を書き，それをドイツ語にして，2か国語の脚本を作ります。上演も2か国語です。これが結構面白いのです。Liebst du mich nicht? というセリフの後に間髪入れず「あなた，私を愛してないの？」と言うのです。

　さて，学生たちは最初，日本語で脚本を書いて，それをドイツ語に訳します。それを私が添削するのですが，多くの場合はドイツ人留学生と相談しながらやります。往々にして，添削というよりも最初から訳し直しているような感じもするのですが，それは仕方ないでしょう。

　そのときにいつも思うのですが，学生は日本語で言えることがすべてそのままドイツ語で言えるという前提を持っているようです。そんなことは決してありません。どう考えても，その概念にぴったり合う一語をドイツ語の中に見つけるのが不可能なこともあるのです。上演作品の1つに太宰治の『走れメロス』のバリエーションがありました。そこにこんな一文があり，私と手伝ってくれているドイツ人学生のミヒャエル君は頭を抱えることになりました。

　「メロスは悔しがった。」

　王に，どうせ命が惜しいのだから，約束の日までに返って来ないで友人を死なせたらいいと言われたメロスがそれを聞いて悔しがるというのです。どう考えてもドイツ語が浮かんできません。ミヒャエル君が「悔しいって何？」と聞くので，信用してもらえないことに対して，非常に不満足に感じる状態とかなんとかいろいろ説明してみました。その結果の訳はこうなったのです。

　Meros ärgerte sich über das Misstrauen des Königs.

　sich ärgern は授業でも教えて学生も知っています。すかさず，「先生，sich ärgern は『怒る』でしょ？　『悔しい』とは違うじゃないですか？」と言います。そうなんだ，君の言うとおり。しかし，このときのメロスの感情をどうミヒャエル君に説明しても，それは sich ärgern としか言わないと言うのです。それを学生に説明するとすかさず次の質問。

「じゃあ，ドイツ人って，悔しがらないんですか？」

　本当にドイツは悔しがらないのでしょうか。もしかすると，私たち日本人は，たまたま「悔しい」という言葉があるから悔しがるのかもしれません。

　このように，言語が思考を規定するという考えを「言語相対論」と言います。別名サピア＝ウォーフの仮説。サピアという人とウォーフという人がアメリカの原住民の言語など非ヨーロッパ言語を研究しているうちに，彼らの世界のとらえ方が自分たちと大きく異なることを発見し，それを発表したことからこう呼ばれるようになりました。

　日本人の私は「悔しい」というのは人間の持つ感情のうち最も基本的なものの１つであるように感じます。その言葉を持たないドイツ人には心の機微が感じられないのだろうかとも思ってしまいます。いやいや，それは早急すぎる結論です。単に私たちがドイツ語をきちんと理解していなかっただけかもしれません。sich ärgern ＝「自分が肯定したい価値観や物事の成り行きが否定されることによって引き起こされる不満足感や感情の高まりを感じること。怒る，悔しがる，むかつく」と辞書に記載したらどうでしょうか。

　結局，私たちはドイツ語を理解しているようでも，最初に覚えた日本語の訳語でドイツ語の解釈を規定していることが多いものです。これこそが，「言語相対性」と言うべきものかもしれません。

# 命令法

　ここからは話法のうち，動詞の活用で表される「法」を見ていきます。最初は「命令法」です。du で話しかけている人と，ihr で話しかける人たちに対して（こう書くと長いのでふつう文法書では「du/ihr に対して」と書いてあります）命令をするときは動詞は特別な形になり，それを命令法と呼びます。

　du に対しては，不定詞の語幹に -e を付けて作ります。主語は通常付けません。sagen「言う」なら，sage となります。と書いておいて，すぐにただし書きをしなければならないのですが，話し言葉ではほとんどこの -e は省かれます。要するに，語幹だけを言うのがふつうです。

**Sag(e) die Wahrheit!**　本当のことを言え！
**Komm(e) schnell!**　　　早く来い。

　注意しなければならないのは，du に対する直説法現在人称変化で口調上の -e が挿入される動詞では，命令法の -e は省略できないことです。Warte einen Moment bitte!「ちょっと待っていて」，Öffne das Fenster!「窓を開けろ」などですね。現在形の 2・3 人称単数形で幹母音を e から i/ie に変える動詞は，du に対する命令形も同様に幹母音を変えます。このときには，語尾は付きません。また，sein の命令形は sei になります。

**Lies dieses Buch!**　この本を読め。
**Sprich langsam und deutlich!**　ゆっくりはっきり話せ！
**Sei nett zu ihr!**　彼女に優しくしなさい。

　どうも命令形の説明になると，「ただし」ばっかりでわかりにくいですね。どう説明しても，ただし書きを付けることになってしまうのです。今，上で書いた説明の仕方が日本のドイツ語の教科書で一般的に採用されているものです。ドイツで出版されている外国人向けのドイツ語の教科書では，違う説明の仕方も多くあります。結局，同じことを言っているのですが，参考までに紹介しておきます。

「du に対する命令形は，現在人称変化から語尾の -st をとったものである。du kommst → Komm!, du sprichst laut → Sprich laut!, du wartest einen Moment → Warte einen Moment!」

　どうですか？　初めてこの説明を知ったとき，ちょっと「目から鱗」の感じがしました。なんとシンプル！と思ったのですが，でも，こう説明してもやはりただし書きは必要なんですね。

「ただし，現在人称変化で a が ä になる動詞は，もとの a のままにして命令形にする。du fährst langsam → Fahr langsam!」
「なお，現在人称変化で e が i/ie になる動詞以外は命令形に -e を付けてもよい（Warte! など，すでに付いているものは除く）」

　皆さんはどちらの説明の仕方がお好きですか？　ドイツ式は新鮮ですが，教え方として優れているかはなんとも言えません。
　わざわざ2つの説明を書いたのは，文法の説明というのは1つに決まっているものではないということをわかっていただきたいからです。また，別にドイツ語の先生になる人でなくても，「自分ならドイツ語の文法をどう説明するか」という意識を持っているだけで，文法の知識の身につき方が格段に向上すると思います。
　ちょっと話がそれてしまいました。ihr に対する命令法がまだでした。これは現在形と同じです。こちらも通常主語は付けません。

**Kommt püktlich!**　　時間どおりに来なさい。
**Seid bitte vorsichtig!**　　注意してください。

　これで命令法は終わりです。え，Sie に対する命令形がないですって？これは命令法ではないからです。次の接続法のところでちゃんと説明します。

# 要求話法

　接続法の用法は分類次第では非常に数が多くなりますが，基本的には，「要求話法」，「間接話法」，「非現実話法」の３つに分かれます。このうち，「要求話法」には第Ⅰ式だけが使われ，「間接話法」には第Ⅰ式と第Ⅱ式の両方が使われ，「非現実話法」には第Ⅱ式だけが使われます。接続法第Ⅰ式は，不定詞の語幹に，ich -e, du -est, er -e, wir -en, ihr -et, sie -en の語尾を付けて作ります。幹母音の変化などはなく，きわめて規則的です。第Ⅱ式は，規則動詞では直説法過去形と同形，不規則動詞では直説法過去形の幹母音を変化させて作った基本形に接続法の語尾を付けます。

　２人称（du/ihr）に対して何かを要求するには，命令法を用いますが，１人称や３人称に対する要求や願望を表すには接続法第Ⅰ式を用います。たとえば，「何かをしましょう」という表現は，１人称複数に対する要求や願望を表していると言えます。

**Gehen wir jetzt!**　　　今から行きましょう。
**Seien wir pünktlich!**　時間に遅れないようにしましょう。

　初級文法では便宜上，「Wir gehen jetzt. の主語と動詞をひっくり返して，Gehen wir ... とすると勧誘や提案の表現になる」と教えることが多いようですが，実は接続法第Ⅰ式です。ですから，sein 動詞を使うときだけは Seien wir ...! となることに注意しなければなりません。

　３人称に対しては直接的に命令はできないので，要求や願望という形で接続法第Ⅰ式を使うことになります。同様に「主語と動詞をひっくり返す」と便宜上言っている２人称敬称 Sie に対する命令文も，接続法第Ⅰ式を用いた要求話法です。Sie「あなた・あなた方」はもともと sie「彼ら」ですから，直接的には命令できずに，「... であれ」と願うわけです。

**Sprechen Sie bitte langsamer!**　どうかもっとゆっくり話してください。
**Seien Sie bitte vorsichtig!**　　どうぞ注意してください。

　実際上は，sein 動詞の時だけ注意すればよく，わざわざ接続法第Ⅰ式だ

と教える必要もないので，初級の教科書ではわざと伏せてあることが多いのです。しかし，教科書に嘘は書けないので，接続「法」の章と命令「形」の章があるのです。つまり，命令「法」と書いてしまうと，du と ihr に対する命令の形しか扱えなくなってしまい，Sie に対する命令は別項目にしなければならなくなってしまうからです。それは教え方としてはうまくないので，「命令形」という名称で，命令法と接続法第Ⅰ式の両方を扱う「業界の知恵」です。

この要求話法では主語は省略できません。すでにおわかりのように，wir と Sie に対する要求・命令を表すときは必ず定動詞から始めます。sein 以外は直説法と同じ形なので，普通の語順だと平叙文と区別がつかなくなってしまうからですね。

さて，これ以外の要求話法は，現在では慣用表現や特定の言い方にしか見られません。

**Man nehme dreimal pro Tag eine Tablette.** 1日に3回錠剤を服用のこと。
**Gott sei Dank.** やれやれ。
**Gegeben sei das Dreieck ABC.** 3角形 ABC があるとせよ。
**Möge es vorbei sein!** 早く終わりますように。

最初の表現は，使用説明書や料理のレシピなどで指示を与える表現で，今でもときどき見かけます。もっとも，Nehmen Sie dreimal pro Tag eine Tablette. と，2人称の「命令形」になっている方が一般的です。Gott sei Dank. の Gott は3格で，「神に感謝あれ」という意味から，安堵の表現になりました。3番めは，数学の本にある表現。最後の文のように，要求話法では mögen の接続法第Ⅰ式が使われ，しかも文頭に置かれることがあります。

このように要求話法は文法というよりも言い回しとして覚えてしまった方が早いものばかりです。ついでに，sein の接続法第Ⅰ式を使った表現を2つ覚えておいてください。sei es A, sei es B「A であれ，B であれ」と es sei denn, dass ...「... の場合を除いて，... なら話は別だが」です。よく使われます。

124

# 間接話法

　ある人の発言を伝える場合，その人が言ったとおりを繰り返すのを「直接話法」，話者の立場で引用するのを「間接話法」と言います。「彼は『僕は熱があるんだ』と言っている」は直接話法で，「彼は自分は熱があると言っている」は間接話法ですが，日本語では両者の区別はあまりはっきりしません。しかし，ドイツ語では両者ははっきりと区別されます。

**Er sagt: „Ich habe Fieber".**　　　（直接話法）
**Er sagt, er hat/habe/hätte Fieber.**　（間接話法）

　直接話法と間接話法の最大の違いは人称です。直接話法は発言者が1人称（ich）ですが，間接話法では話者が1人称です。直接話法は，書くときには引用符を付けます。話すときは，その人の声色を使って演じることになるでしょう。そうでもしなければ誰の話をしているかわかりません。ですから，間接話法を使うほうが一般的です。

　間接話法の動詞の形は，直説法，接続法第Ⅰ式，接続法第Ⅱ式の3種類があり，その使い分けは，話者がその引用した発言内容をどう思っているかによります。直説法は，「命題の内容を真だとして提示する法」ですから，これを使うと，発言内容が話者から見ても正しいということになります。Er sagt, er hat Fieber. は，「彼は自分は熱があると言っている」し，「私（話者自身）も，彼に熱があるのはその通りだと思う」と表明しています。それに対して，接続法第Ⅰ式を使うと，発言内容に対して話者は「中立」の立場を取ることになります。事実かどうかについての自分の意見は留保して，発言内容を伝えるのです。Er sagt, er habe Fieber. は，「彼は熱があると言っているが，私（話者自身）は，それが本当だとも嘘だとも言わない」ということです。接続法第Ⅱ式は，基本的に「非現実話法」で使われる形で，現実にはないことを想定して言うときの形です。それが間接話法に使われると，話者は引用した発言内容が事実ではないと表明していることになります。Er sagt, er hätte Fieber. は，「彼は自分には熱があると言っているが，私（話者自身）はそうは思わない」と言っているのです。

　これが間接話法の「原理」です。しかし，実際は，日常会話では間接話法で直説法を使うのがふつうです。接続法第Ⅰ式は確かに「中立」ですが，わざわざ，「私はその真偽に関しては中立ですよ」と言うことは，どちらかというと疑っているニュアンスになるからです。だいたい，ある人の発言が本当かどうかはなかなかわからないので，日常会話では，本当のこととして他人に伝えておけばいいのです。これに対して，新聞やテレビなどの報道では，「事実」の認定は重みを持っています。「首相は，この戦争の遂行は正しいと言っている」という場合，直説法でいうと，マスメディアもその戦争の遂行を支持したことになってしまいます。逆に，「正しくない」と断言するのも報道機関としてはまずいというのであれば，中立を表す接続法第Ⅰ式の出番になるわけです。

　これまで説明したように，「中立」を表すには，ふつう接続法第Ⅰ式が用いられますが，主語が1人称単数・複数と3人称複数では，接続法第Ⅰ式の形が直説法（現在形）と同形になってしまうので，接続法だということを明示するために，接続法第Ⅱ式が用いられます。ですから，これらの人称では接続法第Ⅱ式が用いられていても，単に「中立」なのか，「事実だと思っていない」のかは区別がつかないということになります。しかし，マスメディアでは基本的に，「中立」を表すために接続法を用いるので，第Ⅱ式は単に間接話法だということを明示するために用いられていると考えられますし，日常会話では，接続法を用いることはそもそも発言内容を疑っていることが多いので，接続法第Ⅱ式もそのために使われていると考えられます。

　また，接続法の存在によって引用がどこまでかを示すことが可能になります。

**Er sagte mir, ich solle sofort kommen. Er brauche meine Hilfe.**
　　彼は私に，すぐに来るように言った．私の助けが必要だと言うのだ．

　2つめの文の定形 brauche が接続法であることによって，この文も彼の発言だと示されます。接続法は本当に便利です。

# 非現実話法

　ドイツ語には，非現実であることを示すための専用の動詞の形があります。それが接続法第Ⅱ式です。たとえば，「時間があれば，映画を観に行く」という文でも直説法と接続法第Ⅱ式の両方のパターンがあります。

**Wenn ich Zeit habe, gehe ich ins Kino.**

　　私は時間があれば，映画を観に行きます。

**Wenn ich Zeit hätte, würde ich ins Kino gehen.**

　　もし時間があるなら，映画を観に行くのになぁ。

　下の文が接続法第Ⅱ式です。直説法の Wenn ich Zeit habe は単なる条件です。つまり，「私は時間があれば」という条件が満たされれば，「映画に行く」ことが起こるのです。それ以上でも以下でもありません。ところが，Wenn ich Zeit hätte と言うと，「時間がある」ということが現実ではないことを同時に表しているのです。「私は時間がない」が，あえて「時間があると仮定する」と，「映画に行く（のになぁ）」という想定を表現します。

　「もし ... ならば」の部分を「前提部」，「... だろう，... なのになぁ」の部分を「帰結部」と言います。帰結部には未来の助動詞 werden の接続法第Ⅱ式 würde がよく使われます。2番めの例文も，Wenn ich Zeit hätte, ginge ich ins Kino. と言っても文法的には正しいのですが，堅い文章ならともかく，話し言葉ではほとんど使われません。ただし，sein, haben, 話法の助動詞は würde を使わない方がふつうです。

**Mein Leben wäre perfekt, wenn ich nur noch Geld hätte.**

　　金さえあれば，私の人生は完璧なのだが。

　このように，wenn による前提部を後ろに置くことも可能です。また，wenn を省略し，動詞から始める言い方もあります。上の例文なら，Hätte ich nur noch Geld, wäre mein Leben perfekt. となります。

　「... ならば」という前提部だけを言うと，「... ならなぁ」と願望を表す言い方になります。nur, bloß, doch という強めの副詞がよく使われます。

Wenn sie doch hier wäre!　　彼女がここにいたらなぁ。

Wäre ich doch noch mal jung!　もう一度若くなれたらなぁ。

　この前提部だけの願望文に「だったら何だって言うの？」なんてつっこん
ではいけません。願望を言うことに意味があるのです。人生そういうもので
す。

　さて，前提部，つまり条件は，wenn に導かれる文であるとは限りませ
ん。句や語になっていることも多いので注意しましょう。文の先頭にあるの
が一般的です。

An Ihrer Stelle würde ich das nicht machen.

　　あなたの立場なら，私はそれをしませんね。

Ohne dich wäre die Welt ganz schwarz.　君がいなかったら，世界は真っ暗だ。

Nur ein Dichter könnte meine Gefühle in Worte fassen.

　　詩人だったら私の気持ちを言葉にできるのに。

　最後の例のように不定冠詞の付いた名詞を使うと「... だったら」という
意味が出せるので覚えておくといいですね。

　接続法第Ⅱ式は婉曲な表現にも使われます。「非現実」ということから，
「そんなことはあり得ないだろうけれど」という気持ちが出るのです。

Ich hätte eine Frage.　質問があるのですが。

Wäre es möglich, dass du mir dein Auto leihst?

　　君の車を貸してくれるなんて，できたりする？

　丁寧すぎて，場合によっては慇懃無礼になることもあるのでご注意を。

# 接続法の「時制」

接続法には，直説法のような時制はなく，主文あるいは基準となる時点に比べて，「それ以前」か，「同じ」か，「それ以後」かの3種類しかありません。

間接話法では，主文の時制と同じならば基本の形が用いられ，それ以前なら完了形が用いられます。

**Er sagte: „Ich habe Kopfschmerzen".**
→ **Er sagte, er habe Kopfschmerzen.**　彼は頭が痛いと言った。
**Er sagte: „Ich hatte Kopfschmerzen".**
→ **Er sagte, er habe Kopfschmerzen gehabt.**　彼は頭が痛かったと言った。

これからわかるように，ドイツ語では英語のような「時制の一致」はありません。接続法があるのでそれが不要なのです。er habe Kopfschmerzen は，前の主文が現在形（er sagt）でも過去形（er sagte）でも，とにかくその主文と同じ時点を表すからです。日本語でも，「彼は『頭が痛い』と言っている」と「彼は『頭が痛い』と言った」の2つの文は『頭が痛い』の部分は同じですよね。逆に言うと，この『頭が痛い』がいつの時点かは主文の時制次第です。このようなシステムを「相対時制」と言います。その反対に，間接話法内の時制も発話時点からの時間軸上の位置で決まるものを「絶対時制」と言います。ドイツ語と日本語は相対時制の言語で，英語は絶対時制の言語です。

主文よりも後のことを表すには，接続法第I式または第II式の基本形を使うこともできますし，werden の接続法第I式または第II式を使うこともできます。

**Er sagte, „Ich werde morgen kommen".**
→ **Er sagte, er werde/würde am nächsten Tag kommen.**
彼は翌日来ると言った。

なお，morgen などの副詞は意味を考えて am nächsten Tag「翌日」など

に変える必要があります。もちろん，その発言があった日のうちに伝えるならば morgen のままで大丈夫です。

　接続法では，直説法における過去と過去完了の区別はできません。そこまで厳密に考えないということでしょう。両者とも完了で表されます。

**Er sagte, „als ich nach Hause kam, war meine Frau schon ausgegangen".**
**→ Er sagte, als er nach Hause gekommen sei, sei seine Frau schon ausgegangen.**
　　彼は，自分が帰宅したときは，妻はすでに出かけた後だったと言った。

　非現実話法の時制でも同じ原理が働きます。「… だったら，… だったのになぁ」と過去のことに対する非現実の想定をしたいときは，完了形を使い，その助動詞の haben/sein を接続法第Ⅱ式にします。

**Wenn ich Zeit gehabt hätte, wäre ich ins Kino gegangen.**
　　もし，私に時間があったなら，映画に行ったのになぁ（←時間がなかったので，行かなかった）。

　未来のことを非現実話法で言うことはあまりしません。未来は不確定なので，「非現実」と決めつけていいものかわからないからです。しかし，あえてそのように表現するのならば，やはり，würde を使って表すことになります。

**Wenn mein Sohn die Prüfung bestehen würde, würde das ein Wunder sein.**
　　もし私の息子が試験に合格するのならば，それは奇跡ということだろう。

　このような場合でも wenn に導かれる文では，bestehen の接続法第Ⅱ式の bestünde を使う方が文体的にはよいドイツ語です。

　なお，「万が一 … なら」を表すにはむしろ sollte を使います。Wenn mein Sohn die Prüfung bestehen sollte です。wenn の代わりに falls もよく使われます。これも一種の「未来」の想定と言えるでしょう。

# 体験話法

　ある人の発言を伝えるとき，それを直接引用する「直接引用」と，話者の立場から言い直す「間接引用」をこれまで見てきました。そして，間接引用には基本的に接続法第Ⅰ式が使われることも確認しました。

　実は，小説などではそれだけでなく，この両者の中間の性格を持つ「体験話法」という引用の仕方があります。体験話法といっても新たな動詞の変化形があるわけでなく，使用されるのは直説法です。そして，人称と時制は語り手からのものとなります。小説はふつう過去形で，かつ3人称で書かれるのが一般的なので，体験話法でもこの「3人称過去形」となるわけです。通常の地の文と異なるのは，その内容が作中人物の心の中で考えたことだということです。この手法により，語り手が作中人物に視点を寄せ，作中人物の思考をいわば一緒に体験するように，本来，外からはうかがい知れない作中人物の心理や意識の動きを内側から描き出すことができるようになるのです。一見すると，形式上，地の文と同じなので，客観的な描写と区別しにくいようですが，いくつか手がかりがあります。次の例を見てください。トーマス・マンの『トニオ・クレーガー』の一節です。なお原文を尊重して，旧正書法のまま引用します。訳文は私によるものです。

„Kommst du endlich, Hans?" sagte Tonio Kröger, der lange auf dem Fahrdamm gewartet hatte; lächelnd trat er dem Freunde entgegen, der im Gespräch mit anderen Kameraden aus der Pforte kam und schon im Begriffe war, mit ihnen davonzugehen ...
„Wieso?" fragte er und sah Tonio an ...
„Ja, das ist wahr! Nun gehen wir noch ein bißchen."
Tonio verstummte, und seine Augen trübten sich. <u>Hatte</u> Hans es vergessen, <u>fiel</u> es ihm erst jetzt wieder <u>ein</u>, daß sie heute mittag ein wenig zusammen spazierengehen <u>wollten</u>?

「やっときたね，ハンス？」と車道で長い間待っていたトニオ・クレーガーは

言い, 微笑みながら友人に近づいた。彼のほうは他の級友と話しながら門から出て, 帰ろうとするところだった。

「どうして?」と彼は尋ね, トニオを見つめたのだった ...

「そうだ。そうだったね。じゃあ一緒にちょっと歩こう」

 トニオは黙った。彼の目は曇った。ハンスは忘れていたのだろうか。今になってやっと, 今日のお昼にちょっと散歩をしようと言ったのを再び思い出したのだろうか?

 下線の部分が体験話法です。これを見るとわかるように, 動詞は地の文と同じ直説法過去形になっており, 視点が語り手のものになるよう, 人称代名詞が置き換わっています (トニオとハンスが〝wir〟ではなく〝sie〟として表されています)。それにもかかわらず, それ以外は登場人物の視点が保持されています。上の例では heute mittag「今日のお昼」となっているのがそれです。完全に地の文ならば,「今日」ではなく「その日」となっていなければなりません。体験話法の直前には, ふつう体験話法を導入する地の文があります。ここでは, Tonio verstummte, und seine Augen trübten sich. がそれです。このように登場人物の心理状態がわかるような記述があることによって, 読者の注意をその内面に向けることができます。そして, 読者は, 片方で小説の3人称の文体を追いつつ, もう片方で登場人物に感情移入をするのです。

 ドイツ語では1人称小説と3人称小説は「語りの視点」がまったく違うものです。それに対して, 日本語で書かれた文学では, この差はあまり大きくありません。日本語には文法的に人称がないということもありますが, それ以上に, 日本語は話者の視点から物事を描写することが非常に多いことがあります。たとえば, 日本語では「昨日彼から電話をもらった」と言い,「昨日彼は私に電話をかけた」とはあまり言いませんが, ドイツ語では, Gestern hat er mich angerufen. の方が, Gestern habe ich von ihm einen Anruf bekommen. より自然です。体験話法はそういう意味で, ドイツ語の人称の枠内で, 日本語的な語りの視点を作り出すものだと私は思っています。

## コラム　背中体操？

　皆さんの中には腰が悪い方はいらっしゃるでしょうか？　実は，私は確か27歳のときに「ギックリ腰」になりました。ドイツ語ではHexenschuss「魔女の一突き」と言います。たしかに，ギックリどころではなく，魔女の恨みを買ったとしか思えない痛さでした。

　さて，この腰痛，ドイツ語ではなんというのでしょうか？　和独辞書にはあまりちゃんと載っていません。Kreuzschmerzen という名称はあります。腰のあたりは背骨とお尻の始まりの線がちょうど十字になっているので，Kreuz と言うのです。しかし，この言い方はそれほど多くは使われません。Ischias というのもありますが，これは「座骨神経症」です。

　ドイツで最もよく使われるのは，Rückenschmerzen です。残念なことに独和辞典にも「背中の痛み」としか出ていません。Rücken が「背中」としか訳されていないから，そうなるのでしょう。しかし，ドイツ語の Rücken というのは首の付け根からお尻までの間のところを指します。つまり，日本語の「背中」よりも範囲が下に広がっているのです。Rückenschmerzen は肩胛骨の間などの「背中の痛み」も含みますが，腰痛も指すのです。

　この Rückenschmerzen，なんとドイツの Nationalkrankheit「国民的病気」ということで，先日ドイツのテレビで特集していました。長時間のデスクワークと過体重（Übergewicht），要するに太りすぎが原因だということでした。はい，はい，わかっています。耳が痛いです。

　ところで，腰痛持ちがやるといいのが，Rückengymnastik。しつこいようですが，「背中体操」と訳すと変ですよ。日本で言うと「腰痛体操」なんです。仰向けになって脚を胸に引きつけたり，腹筋したりとかですね。特に本の執筆時は腰痛がぶり返しそうなので，気をつけてやっています。

## コラム　クラスと学校の話

　日本の学校では，「2年3組」のように言いますね。そして「クラスが同じ」といえば，同じ「3組」の仲間だということですが，ドイツ語のKlasseはちょっと使い方が違うので注意してください。Mein Sohn kommt im Herbst in die erste Klasse. は「私の息子はこの秋1年生になります」です。これでわかるように，Klasseは日本流に言うとむしろ「学年」です。小さい学校だと，1学年で1クラスということもありますが，さすがにドイツでも1学年で複数のクラスがあります。そのときは，1a. とか1b. とか言って区別するわけです。

　さて，上の例文のerste Klasse「第1学年」ですが，これは小学校（Grundschule）の1年生ということに決まっています。日本だと，中学校も高校もまたふたたび1年生から始まりますが，ドイツのKlasse，つまり学年は通して数えるのです。小学校は日本と違い4年生までで，そこで大げさに言うと，ドイツ人は一生の方向性が決まります。将来，大学に行こうと思うと，Gymnasium「ギムナジウム」という日本の中高一貫校に行きます。専門職を身につけようとするとHauptschule「基幹学校」やRealschule「実科学校」に行くのです。それで，Meine Tochter geht in die achte Klasse.「私の娘は8学年だ」のように言うのです。日本で言うと中学2年生ということですね。

　ギムナジウムは，旧西ドイツの学校教育のもので，もともと9年間でした。つまり，大学に入るまで13年間かかっていました。それに対し，旧東ドイツではErweiterte Oberschule「拡大高等学校」(EOS) があり，日本と同じ12年間で大学に入れることになっていました。ドイツ統一後，EOSは廃止され，ギムナジウムになったのですが，旧東ドイツのザクセン州などでは旧来どおり12学年の終わりにAbitur「アビトゥーア（大学入試資格試験）」を受けることになっていたこともあり，2004年からすべての州でギムナジウムは8年間になりました。

# 名詞とは?

　子どもが言語を習得していくとき，まず人や物の名前を覚えなければいけません。そして，だんだんとそのものの性質や動作を言うことになります。この人や物の名前が名詞であるわけです。もう少しきちんと定義すると，名詞とは「人，物，場所などの存在物および概念に対する名称を表す品詞」と言うことができます。

　日本語の名詞とドイツ語の名詞を比べてみると，どちらも文の主語や目的語になるなどの共通点はもちろんたくさんありますが，決定的に違う点があります。たとえば，「木」はドイツ語で Baum ですが，「そこに木が立っている」という日本語をドイツ語にするとき，da と Baum と stehen をただ組み合わせるわけにはいきません。その木が単数なのか複数なのかが問題になります。Baum は単数形で Bäume が複数形です。つまり，日本語でいう「木」は厳密に言うとドイツ語では存在しないわけです。「(1本の) 木」か「(複数の) 木」しかありません。しかもそれが，聞き手がどれだか特定できる木かそうでないかによって，定冠詞か不定冠詞 (複数の場合は無冠詞) を選択しなければいけません。

　ドイツ語の名詞は単数と複数があるだけでなく，「男性」，「女性」，「中性」という「性」があるのも特徴です。これによって，冠詞などの形が違ってきます。

　つまり，日本語では「木」という単語だけ知っていればよく，それ以上の区別を何も必要としないのに対して，ドイツ語では，「性」と「数」という概念がどの名詞にも最初から組み込まれており，さらに実際に使う際には，聞き手が特定できるかどうかの情報を付け加えないと，名詞1つでも使うことができません。それに加えて，それが文の中で主語なのか目的語なのか，つまり，どのような文法的機能を持っているかで形を変えて使わなければいけないのです。ドイツ語ではこれは主に「格」によって表されます。つまり，ドイツ語の名詞には「性」，「数」，「格」の情報が常に内包されており，それが文法の根幹をなしています。そのうち，「性」と「数」についてこの章で，「格」については次の2つの章を使って詳しく見ていきます。

　さて，名詞と言ってもいろいろあります。ここでよく使われる名詞の下位区分についてざっと見ていきましょう。まず，名詞は大きく具象名詞と抽象名詞に分かれます。具象名詞は，具体的な指示物があるものです。Buch「本」，Mond「月」，Wasser「水」などですね。それに対して，抽象名詞とは，私たちが概念として持っているものに名前を付けたものです。Liebe「愛」とか Freiheit「自由」とかですね。具体的なものはすぐに指し示すことができますが，抽象的なものは難しいですね。Zeig mir deine Liebe!「あなたの愛を私に見せて！」とか言われたら，困りますよね。

　具象名詞はさらに普通名詞，固有名詞，集合名詞，物質名詞に分かれます。普通名詞はその名のとおり「普通の」名詞ということですが，1つ，2つ，1人，2人と数えられる（これがミソ！）物や人を指す名詞です。Fahrrad「自転車」とか Deutschlehrer「ドイツ語教師」とかですね。固有名詞というのは，指示対象が1つに限られる名詞です。人名とか国名などですね。集合名詞というのは同質のものの集合に対して与えられた名称です。たとえば，Obst「果物」とか Gemüse「野菜」は，1個の果物や野菜のことではなく，「果物全体」，「野菜全体」です。ですから，Iss mehr Obst und Gemüse!「もっと果物と野菜を食べなさい」のように使います。集合名詞はだいたい単数形しか持たないものですが，なかには Eltern「両親」とか Leute「人々」などのように複数形しかないものもあります。Eltern は，もともと alt の比較級 älter が名詞になったものです。複数しかないので，親1人はどう言うか疑問をもちますよね。Elternteil と言います。直訳すると「親の一部」です。Eltern の片方ということですね。単数形の parent があって，それが複数の parents になる英語とまったく逆の発想で面白いですね。物質名詞は Gold「金」，Holz「木」など，物質や材料を表す名詞です。これらは数えられない名詞です。

　ここでは「数えられるかどうか」が重要だということが感じられたと思います。それについてあとでじっくり考えてみましょう。まずは「性」の問題から始めましょう。

# 名詞の「性」とは何か?

多くの言語で，名詞は特定のグループに分かれています。これを言語学では「クラス」と言うのですが，たとえば，人間を表す名詞，動物を表す名詞，抽象物を表す名詞などに分かれ，それぞれに特有のマークが付くこともあります。言語によってはその名詞のグループが 10 以上に及ぶこともあるようです。その中で，そのグループが 2 つか 3 つであり，自然の性とある程度関係があると見なされる場合，伝統的に「名詞の性」と呼ばれています。ドイツ語の場合は，まさしくこのケースで，名詞は男性，女性，中性の 3 つの「性」に分かれているのです。論理的には A グループ，B グループ，C グループでもいいのですが，Mann「男」，Vater「父」，Bruder「兄・弟」など男性を表す名詞はほとんど定冠詞が der になるグループに属し，Frau「女」，Mutter「母」，Schwester「姉・妹」など女性を表す名詞はほとんど定冠詞が die になるグループに属するので，A, B の代わりに「男性」，「女性」というグループ名を用いるのです。

しかし，名詞の「性」は，人間など自然の性を持つものを指す名詞だけでなく，事物や抽象概念など自然の性を持たないものを指す名詞にもあるところから，一体「性」とは何かという疑問が湧くのは当然です。

「ドイツ語の名詞になぜ男性，女性，中性という 3 つの性があるか」という疑問に対して，はぐらかす答えを書けば「ラテン語文法がそうだから」です。確かに，ドイツ語の文法記述は，長い歴史と伝統のあるラテン語文法の記述を元にできあがっています。必ずしもドイツ語に当てはまらない「未来形」や「未来完了形」が採用されているのもそのためです。とはいえ，では「ラテン語はなぜ男性・女性・中性なのだ?」とか「たとえラテン語文法のパクリでもそれなりの理由はあるのか?」と言われれば，やはりきちんと考えなければなりません。

結論から言えば，やはりどの本にも書いてあるように「よくわからない。事物の性は覚えるしかない」と書くのが無難な答えです。しかし，それでは物足りないという方のために，最新の研究の結果を少し書いておきます。

名詞の性の起源については，どうやら古代の人が事物にも霊的なものを感

じていたこと，つまり，アニミズムによるのだろうと推測されています。か
といって，太陽と月が，ドイツ語で die Sonne と der Mond，フランス語
で，le soleil と la lune であるのは「フランスでは太陽はギラギラ男性的に
照りつけるのに対し，緯度の高いドイツでは弱々しく照るので女性なのだ」
という民間語源的な説明は通常根拠のないものです。そういうことを言い出
せば，机（der Tisch）と椅子（der Stuhl）に男性的な，そしてドア（die
Tür）やランプ（die Lampe）に女性的な性質を見いださなければいけなくな
ります。また，「中性」の説明はまったくできなくなります。

　名詞の性は，ドイツ語の遠い先祖，インドからヨーロッパに分布する多く
の言語の共通の祖先として想定されている「インド・ヨーロッパ祖語」にす
でに見られると推定されています。そこでは，活動的なもの，具体的なもの
が男性，非活動的，物質的なものが中性，そして抽象的・集合的なものが女
性となっていたとの研究があります。ドイツ語ではもはやこのような分類は
成り立たなくなっているのですが，それでも少しはその名残があると言えま
す。たとえば，-heit や -keit という抽象名詞，集合的名詞を作る語尾を持つ
名詞は必ず女性です。また，Gold「金」，Silber「銀」，Aluminium「アル
ミニウム」など金属の物質名は中性名詞です。

　もう1つ，音韻的な研究で，特定の音の連続からドイツ語の母語話者は名
詞を特定の性に割り当てるのではないかという仮説があります。実際，-e
で終わる名詞の9割以上は女性名詞だということは私たちでもわかります。
これがさらにいろいろな音の組み合わせでも見られるのではないかというこ
とで，ドイツ語の母語話者にドイツ語にはない単語をいくつも聞かせ，その
名詞の性が何かと推測させて，その統計をとるという言語心理学的研究がさ
れています。その結果，たとえば Kn- で始まり子音で終わる単語はほとん
どの母語話者は男性だと判断するという結果が得られています。また，-et
で終わる単語は中性だと判断されるようです。なぜこのような結果が出るの
かはまだはっきりわかってはいませんが，おそらくは実際のドイツ語の単語
からの類推で母語話者の頭の中に名詞の性に対する仮説ができあがっている
のでしょう。このような研究が進めばかなりの確率で名詞の性がわかるよう
になるかもしれません。

# かたちから性がわかるもの

　これまでの話は仮説の域を出ていないものですので，結局は1つ1つ名詞の性を覚えていかないといけないという結論は変わりません。しかし，なかには形から性がわかる名詞がいくつかあります。つまり，特定の性にする接尾辞があるのです。それらをここで見ていきましょう。

　まずは，男性名詞にする接尾辞からです。-er は，動詞の語幹や名詞に付き，職業や国籍を表す男性名詞を作る接尾辞です。*r* Lehrer「（男性の）教師」，*r* Japaner「（男性の）日本人」などおなじみですね。それから，-ling があります。これは主に動詞や形容詞に付き，その性質を持つ人間を表す男性名詞を作ります。*r* Lehrling「徒弟」や *r* Liebling「お気に入り」があります。もう1つ，-ismus は，主義・傾向・制度を表す男性名詞を作ります。*r* Kapitalismus「資本主義」，*r* Buddhismus「仏教」などですね。

　次は，女性名詞にする接尾辞です。-in は，職業や国籍などの属性を表す男性名詞をそれに対応する女性名詞にするものです。*e* Lehrerin「（女性の）教師」，*e* Japanerin「（女性の）日本人」などいくらでもあります。-ung は，動詞の語幹に付いて，行為や行為の結果を表す名詞を作る接尾辞です。*e* Bildung「教養」，*e* Ordnung「秩序」など名詞として確立しているものだけでなく，bessern「改善する」→ *e* Besserung「改善すること」など，行為を表す名詞ができます。次は，形容詞に付いて性質や集合体を表す女性名詞を作る接尾辞の -heit と -keit です。*e* Freiheit「自由」，*e* Menschheit「人類」，*e* Einsamkeit「孤独」，*e* Möglichkeit「可能性」などですね。この2つの接尾辞の使い分けはわかりますか？　別に単語を覚えれば知らなくてもいいのですが，一応言っておくと，もとの形容詞が -bar, -ig, -lich, -sam で終わっていれば -keit で，そうでなければ -heit が付きます。

　中性名詞にする接尾辞としては小さなものを表す中性名詞を作る -chen と -lein が重要です。*s* Mädchen「少女」，*s* Brötchen「小さなパン」，*s* Fräulein「お嬢さん」，*s* Vöglein「小鳥」などです。

　一方，少数ですが，意味グループによって性が決まっているものがあります。これは前のページで述べた古代の人間のアニミズムの名残かもしれませ

ん。その真偽はなんとも言えませんが，覚えておくと実用的です。

四季（r Frühling, r Sommer, r Herbst, r Winter）

月（r Januar, r Februar, r März, r April, r Mai, r Juni, r Juli, r August, r September, r Oktober, r November, r Dezember）

曜日（r Montag, r Dienstag, r Mittwoch, r Donnerstag, r Freitag, r Samstag, r Sonntag）

これらは全部男性名詞です。

　中性名詞になるグループには，動詞の不定形を名詞化したもの（s Leben「生，生活」，s Sein「存在」など），Ge- で始まる集合名詞（s Gebirge「山脈」，s Gepack「荷物」など），金属の名前（s Gold「金」，s Silber「銀」，s Kupfer「銅」など），薬品の名前（s Natrium「ナトリウム」，s Chlor「塩素」など）があります。

　これらのグループを知っていると，たとえば，新しく薬品を開発したときに，中性名詞にするのがドイツ語としては最も自然であるという推測がつきます。

　また，国の名前には，男性名詞（der Iran「イラン」，der Irak「イラク」など）と女性名詞（die Schweiz「スイス」，die Türkei「トルコ」など）があり，それらは定冠詞とともに用いられます。「私はイラクに行く／スイスに行く」は，Ich fahre in den Iran/in die Schweiz. と言います。ただし，男性名詞の国名では冠詞を付けない用法も広がってきました。その他の国名は中性名詞（Japan「日本」，Deutschland「ドイツ」など）ですが，ふつう無冠詞で使われます。さらに，河の名前は男性名詞か女性名詞で中性はありません（der Rhein「ライン川」，die Donau「ドナウ川」）。

　なお，動詞の語幹から作られた名詞（語幹名詞）は男性名詞になります。この語幹は，不定詞と同じこともあれば，過去形や過去分詞と同じ場合もあるので，主だったものは暗記しておくことをオススメします。

　r Gang「歩み」＜ gehen，r Fall「落下」＜ fallen，r Zug「電車・引くこと」＜ ziehen，r Gruß「挨拶」＜ grüßen「挨拶する」などがあります。

# 数えられるとはどういうことか?

　日本語にはなく，ドイツ語にある概念として「数」があります。もちろん，日本語で数が数えられないわけではありません。文法的に「数」が問題になるのは，それによって名詞などの形が変わり，動詞などの他の要素がそれに呼応して形が変わるときです。ドイツ語では，指す対象が2つ以上のとき，名詞は「複数形」という形になります。形式に関しては後でまとめて見るとして，まず，「数えられる」とは何かを考えてみることにします。

　ある物体が数えられるためには，個体として認識されなければなりません。たとえば，空気を考えてみましょう。空気は1つ，2つと数えることはできません。どこまでが1つのものなのかがわからないからです。数えることはできませんが，「量る」ことはできます。空気10リットルとか，東京ドーム1杯分とかですね。つまり，空気のような形のないものを量るためには，単位になるものが必要なのです。それに対して，リンゴを考えてみましょう。リンゴは1個，2個と数えられます。形がはっきりしているからですね。ドイツ語で言うと ein Apfel, zwei Äpfel です。しかし，そのリンゴをすりおろしたとします。そうすると「数」は消滅し，「量」でしかとらえられなくなります。伝統的に，「数」の概念でとらえられる名詞を「可算名詞」，「量」の概念でとらえられる名詞を「不可算名詞」と呼んでいます。しかし，この用語には注意が必要です。リンゴの例でわかるように，Apfel が可算か不可算かなどとは言えません。

**Ich esse einen Apfel.**　私はリンゴを1個食べる。

**Ich gebe etwas Apfel in den Salat.**　私はリンゴを少しサラダに加える。

　リンゴをサラダに加えるときは，まるごと1個入れるのではなく，切るかすりおろすでしょうから，リンゴの個体としての「数」の概念は消えているのです。対象物がそもそも「数えられる」かどうかではなく，それを「数える」とか「数えたい」かが問題になるということです。

　もちろん，「可算名詞」としか言えないものもあります。たとえば，Tisch「机」がそうです。想像の世界ですが，机をすりおろしてみてください（想

像でもさすがにそれはできないという人は，机をたたき壊して原形をとどめないまでの木片にすると考えてください）。それは，「木」であって，「机」ではありませんよね。机は形があってその存在が認められるのです。ちなみに，すりおろした（たたき壊した）結果の「木」は，Baum ではありませんよ。Holz です。Baum は個体としての木で，Holz は物質としての木です。

　こうして考えると，名詞には3種類あることがわかります。Tisch などのように個体としか認識されない名詞（＝可算名詞），Holz などのように物質としか認識されない名詞（あるいは物質に対して与えられた名称）（＝不可算名詞），Apfel など個体としても物質としても認識されうる名詞（＝可算・不可算名詞）です。そして，複数形になるのは個体としてとらえられる名詞だけで，物質を表す名詞は単数形しかありません（論理的に言えば，「単数形」というのは「複数形」があるからこそその名称ですから，物質名詞は「基本形」しかないと言うべきですね）。

　個体を表す名詞と物質を表す名詞の違いは，単数形で不定冠詞が付くかどうかです。

**Das ist ein Tisch.**　これは机です　　　（*Das ist Tisch.）
**Das ist Milch.**　これは牛乳です。　（*Das ist eine Milch.）

　あるものが数えられると認識した瞬間から，それが1つなら不定冠詞を付けなければならなくなります。ein によって，そのものの輪郭がはっきり浮かびあがるのです。それに対して，牛乳などの物質は輪郭がないので数えられず，名詞には何も付けないのです。これはあくまでもドイツ語に限って話をしています。日本語に当てはまらないのはもちろんですが，フランス語も少し違います。可算名詞に不定冠詞を付けるのは同じですが，不可算名詞に何も付けないのではなく，「部分冠詞」と呼ばれる不特定の量を表す冠詞が付くのです。数と量に対するアプローチが言語によって異なるのは面白いですね。

# 助数詞の考え方

　個体を表す名詞を数えるには，1つなら ein(e) と不定冠詞を使い，2つ以上なら zwei, drei ... と数詞を使えばいいのですが，物質を表す名詞を「量る」ときはどうすればいいでしょうか。これには，ein Liter Wasser「1リットルの水」のように度量衡の単位を付ける場合と，ein Glas Wasser「コップ1杯の水」のように，単位として機能する個体を表す名詞を使う場合があります。後者を「助数詞」と言います。主だったものを見ていきましょう。

| | |
|---|---|
| **eine Scheibe Brot** | 「パン1枚」 |
| **ein Stück Brot** | 「パン（小さめ）1個」 |
| **ein Laib Brot** | 「パン（丸い大きな）1個」 |
| **ein Glas Bier** | 「ビールグラス1杯」 |
| **ein Krug Bier** | 「ビールジョッキ1杯」 |
| **eine Flasche Bier** | 「ビール瓶1本」 |
| **ein Kasten Bier** | 「ビール1ケース」 |

　-e で終わる女性名詞の助数詞は，複数では -n の語尾が付きます（zwei Scheiben Brot）が，その他は，複数でも単数形のままで使われるのが基本です。つまり，「パン2個」は，zwei Stück Brot と言い，*zwei Stücke Brot とは言いません。ただし，「ビール2杯」と言うとき，レストランで注文する場合は zwei Glas Bier と言いますが，「私は毎晩ビールを2杯飲む」という場合は，Ich trinke jeden Abend zwei Gläser Bier. と言う方が多いようです。

　さて，助数詞を使った表現を見ると，日本語の数え方と同じであることがわかるでしょう。ein Glas Wasser ＝ 1杯の水，eine Scheibe Schinken ＝ 1枚のハム，ein Stück Käse ＝ 1個のチーズ，という具合です。一般言語学的には，日本語の名詞はすべて物質名詞だと言えます。だから，助数詞が必ず必要なわけです。

　日本語を使っている限り，私たちは対象物を「数えるかどうか」ということを意識しないので，それを常に意識しないと表現できないドイツ語のよう

な言語との間の翻訳は常に困難が伴います。

　古池や蛙飛び込む水の音

　閑さや岩にしみ入蟬の声

　この２つの句で，蛙と蟬がそれぞれ何匹か，少なくとも１匹か複数なのかは日本語ではどうでもいいことですが，「数」を持つ言語では必要不可欠な情報です。ちなみに，このことをドイツ人と日本人の両方の学生が参加する言語学のゼミで話題にしたところ，私を含め大多数の日本人は，「蛙」は１匹で，「蟬」は複数だと言い，ドイツ人学生はまったくその感覚が理解できないとのことでした。皆さんはいかがでしょうか。

　日本語話者にとっては，個体を表す名詞と物質を表す名詞の区別は往々にして明らかではありません。たとえば，Seife「石けん」は，物質の名前ですから，「石けん１個」は＊eine Seife ではなく，ein Stück Seife と言わなければならないのです。また，同じヨーロッパ言語でも，感覚の違いがあります。Information「情報」はドイツ語では可算名詞で，eine Information, zwei Informationen ですが，英語では不可算名詞です。

　さらに，物質名詞だけでなく，同種のもののまとまり全体を１つのものとして見なす名詞，つまり集合名詞も，通常数える対象ではありません。たとえば，Obst「果物」や Gemüse「野菜」は集合名詞ですから，「果物１個」は，＊ein Obst ではなく，ein Stück Obst です。それに対して，Frucht「果物」は，１つ１つの個体を表すものですから，eine Frucht, zwei Früchte となるのです。

　また関連して，Unterricht「授業」もこの種の名詞であることを注意してください。「今日は授業が２つある」と日本語では言いますが，ドイツ語では，Ich habe heute vier Stunden Unterricht.「私は今日４時間授業がある」と時間で表すのがふつうです。なお，大学では制度上２時間が単位なので，Doppelstunde という語を使った言い方もあります。Ich habe zwei Doppelstunden Unterricht. ちなみに，大学ではなぜか45分を「１時間」と数えるので，eine Doppelstunde は90分のことです。

# 個体性から概念へ

　これまで述べてきたように，個体か物質（または集合）は，ドイツ語を話す人間の物事のとらえ方の問題です。たとえば，髪の毛は全体的にも，1本1本別々にもとらえられます。それで単数形になったり，複数形になったりするのです。

**Ihr Haar wurde blond gefärbt.**　彼女の髪の毛はブロンドに染められた。
**Die Haare hängen ihr ins Gesicht/in die Augen.**
　彼女は髪の毛が顔にかかる／目に入る。

　ふつう髪の毛を染める場合はすべて同じ色にするでしょうから，髪の毛全体を1つのものととらえて単数形で言うほうが自然です。それに対して，髪の毛が顔にかかる，目に入る，という場合は，髪の毛と言っても前髪など一部の髪の毛ですから，「何本かの髪の毛が」ということで複数形になるのです。

　この例でわかるように，複数でとらえることができる対象を単数でとらえるということは1つ1つのものの「個体性」が失われるということです。これが集合名詞ということです。その意味で単数形の Haar は，Obst や Gemüse と同じ集合名詞と言ってもいいでしょう。

　物は小さくなればなるほど個体としてではなく物質としてとらえられていきます。たとえば，ジャガイモは eine Kartoffel, zwei Kartoffeln と数えるので完全に個体です。サヤインゲンは grüne Bohnen と通常複数形で言います。1粒1粒数える必要がないからですが，複数形だということはまだ個体だと思っているわけです。ところが米になると Reis ですから，これはもう数えません。もちろん，Reiskorn「米粒」と Korn「粒」を付ければ数えられますよ。しかし，Reis は物質名ということです。どうやら，サヤインゲンと米の間に個体か物質かの境界がありそうです。

　さて，個体性が失われるのは，その物が粒のように小さいから物質としてとらえられるという場合のほかに，動詞の表す行為に組み込まれ，1つの概念を形成するという場合があります。

次の例を見てください。

**Er darf das Auto fahren.**　彼はその車を運転してよい。
**Er darf Auto fahren.**　彼は車の運転をしてよい。

　上の文では，「彼」が運転してよいのは「その車」であって，他の車ではありません。つまり，fahren という行為の対象物として特定の車が個体として認識されています。それに対して，下の文では，免許を取得して「車の運転をする」ことが許されているということで，特定の車が想定されているわけではありません。このようなとき，名詞が指す対象はその個体性を失い，動詞とともに1つの行為を表すことになります。動詞の一部になってしまっていると言うこともできます。その名詞が個体性を失っているかどうかの最大の指標は，その名詞に冠詞などが付かずに単独で表れているかどうかです。Klavier spielen と言うと「ピアノを弾く」という一般的な行為を表します。「新聞を読む」はどうでしょう。これは微妙です。「私はほとんど新聞を読まない」など習慣的な行為が前面に出る場合は，Ich lese selten Zeitung. と冠詞なしで言う方が多く，「私は今日，新聞を読んだ」という出来事だと，Ich habe heute eine Zeitung gelesen. と冠詞を付けても，Zeitung に冠詞を付けなくても大丈夫です。また，「私はドイツに家族がいます」という場合，Ich habe in Deutschland Familie. と冠詞を付けないのが普通です。もし，eine Familie と言うと，「ドイツにも家庭を1つ持っている」ということで，ちょっと怪しい生活スタイルと疑われるかもしれません。

　この冠詞がない目的語と動詞の組み合わせはほとんど分離動詞と同じと考えてよいでしょう。実際，Auto fahren の類例で，「自転車を運転する」は，新正書法では，Rad fahren ですが，旧正書法では radfahren と分離動詞として1語で綴っていました。個体として見なされないだけでなく，動詞の前つづりとして扱われていたのです。teilnehmen の teil ももともとは Teil ですからね。名詞派生の分離動詞は「個体性の喪失」から生まれるのです。

# 複数形

　個体を表す名詞は，その指示物が2以上のとき，複数形と呼ばれる形になります。複数形は単数形をもとに作られます。ドイツ語の複数形は単語ごとに決まっており，大きく分けて5つパターンがあります。教科書などでは，無語尾式，-e式，-er式，-(e)n式，-s式と呼んでいます。複数形の名詞に付く定冠詞はdieという形になります。単数形では，男性・女性・中性の区別がありますが，複数形になるとその区別はなくなります。

　どの名詞がどのタイプで複数形を作るかは基本的には1つ1つ覚えていくしかないので，どのドイツ語の文法書でも複数形の項は読んでいてちっとも面白くありません。この本も，（他の部分が面白いと言いたいわけではありませんが）やはり面白いことは書けそうにありません。しかし，せめて知っておくと少しは役に立つことを書いておきましょう。なお，今から説明することは，*s* Hotel, -s「ホテル」など-s型（英仏語からの借用語に多い）や，*s* Museum, Museen「博物館」など不規則（ギリシア・ラテン語起源に多い）など外来語には当てはまらないことを最初に断っておきます。

　まず，女性名詞というものは，必ず単数形と複数形は違う形をしています。両方とも定冠詞はdieですから，名詞の形に区別がないと困るのです。男性名詞だと，*r* Lehrer, -「（男性の）先生」のように単複同形がありますが，女性名詞だと，*e* Lehrerin, -nen「（女性の）先生」と必ず区別があるわけです。ちなみに，女性名詞で無語尾型は，*e* Mutter, Mütter「母」と*e* Tochter, Töchter「娘」の2つだけです。また，女性名詞で-e型なら，必ずウムラウトします。*e* Hand, Hände「手」とか*e* Maus, Mäuse「ネズミ」とかですね。ごく少数なので，出てきたらすぐに覚えてください。女性名詞の大多数は，-(e)n型です。*e* Frau, -en「女の人」，*e* Blume, -n「花」など無数にあります。ですから，女性名詞の複数形がわからなければ，このパターンにすればだいたい当たります（そもそも女性名詞だとわからなければ役に立たない助言ですね）。なお，-ung, -schaft, -keitなど女性名詞に固有の語尾は全部この-en型です。

　中性名詞は，女性名詞ほどはっきりしていませんが，やはりかなり有効な

覚え方があります。まず,中性名詞で1音節なら,ほとんどすべて -er 型です。二重母音も1音節ですよ。*s* Kind, -er「子ども」,*s* Ei, -er「卵」などです。なお,-er 型は可能なら必ずウムラウトします。*s* Tal, Täler「谷」,*s* Haus, Häuser「家」。1音節で -er 型でないのは,*s* Ohr, -en「耳」,*s* Jahr, -e「年」などごくごく少数です。2音節以上の中性名詞は,だいたい無語尾式か -e 式です。e 式になるものは,*s* Ergebnis, -se「結果」(s を重ねます),*s* Ventil, -e「弁」,*s* Motiv, -e「動機」,*s* Medikament, -e「薬」など,-nis, -il, -iv, -ment の語尾を持つものです。これ以外は,無語尾型です。-chen, -lein の縮小語尾を持つ名詞は必ず無語尾型で,単複同形になります。*s* Mädchen, -「少女」,*s* Fräulein, -「お嬢さん」などです。それから,*s* Mittel, -「手段」,*s* Zeichen, -「印」,*s* Fenster, -「窓」など,-el, -en, -er の語尾を持つ名詞も必ず無語尾型です。中性名詞は無語尾型だと絶対ウムラウトせず単複同形になるので楽ですね。-(e)n 型は,*s* Auge, -n「目」,*s* Herz, -en「心臓」,*s* Insekt, -en「昆虫」などごく少数です。

さて,最後に残った男性名詞ですが,これははっきり言ってお手上げです。中性名詞の場合と同様,-el, -en, -er の語尾なら無語尾型になりますが,ウムラウトするものとしないものがあります。たとえば,*r* Apfel, Äpfel「リンゴ」はウムラウトしますが,*r* Onkel, -「伯父」はしません。-e 型も多く,これもまたウムラウトするものとしないものがあります。*r* Tag, -e「日」に対して,*r* Baum, Bäume「木」です。-er 型もあります。*r* Mann, Männer「男の人」などです。-er 型は男性名詞でも中性名詞でもウムラウトが可能なら必ずしますから,その点だけは悩まなくて済みますが,たいした助けではないですね。-en 型もあります。ほとんどは男性弱変化名詞ですが,そうでないのもあります。*r* See, -n「湖」,*r* Staat, -en「国家」などです。書けば書くほど皆さんのやる気をそぐことになりそうなので,このあたりでやめておきます。男性名詞だとなんでもありなので,こつこつと覚えるしかないということです。

まあしかし,時間はかかりますが,案外覚えられるものです。いつの間にかできています。途中で投げ出しさえしなければ,というただし書きが付きますが。

148

## コラム　101匹わんちゃんの話

　ドイツ語では「101匹わんちゃん」は数えられないと言ったら皆さんは驚くかもしれません。ためしに，近くにドイツ人がいたら，98匹の犬ぐらいから数えてもらってください。

　achtundneunzig Hunde, neunundneunzig Hunde, hundert Hunde... とここでたいていのドイツ人はハタと考え込んでしまいます。 *hundertein Hunde とは言えません。-ein と付いているのに，その後に複数形があるのはおかしいからです。ではどうするのでしょう。

　いくつかの文法書には，101 や 1001 のように最後が -ein(s) で終わる数の場合は名詞は単数形になると書いてあります。それでいうと101匹の犬は hundertein Hund になり，これはこれで文法的に正しいはずです。「はず」と書いたのは，私が多くのドイツ人に聞いて回った限りでは，この言い方をする人はひとりもいなかったからです。「文法的にたとえ正しいとしても変だ。自分は絶対に言わない」と言うのです。複数のものを思い浮かべているのに単数形を使うのが受け入れられない理由だそうです。そこで，「ではあなたはどう言うか？」と尋ねると，面白いことに答えは真っ二つに分かれます。

　一方の人は，「自分なら hundert und ein Hund と数える」と主張します。理屈としては hundert Hunde und ein Hund「100匹の犬と1匹の犬」の最初の Hunde を省略すると考えればいいのですから，文法的にもおかしくはありません。ただ，101 のときだけ und を使わなければならないのは面倒ではあります。

　もう一方の人は，「いや，hunderteins Hunde でいいんだ」と言います。eins は単独の数詞として使われ，後ろに名詞が続くときは ein になるという基本の文法を無視したとんでもない言い方です。私のところにはいつもドイツからの留学生が何人かいるので，この話題をよくするのですが，hundert und ein Hund という学生が，この hunderteins Hunde

を聞くと，とたんに顔をしかめて，絶対ありえないと叫び，そこから大論争が始まることもしばしばです。私もさすがにそれはないだろうと思っていたのですが，どうやらこの言い方も市民権を得てきているようなのです。

　先日，ドイツの ARD（NHK のような放送局）でやっている Tagesschau というニュースを見ていたら，東ドイツ時代の有名な俳優の Erwin Geschonneck が 101 歳で亡くなったという報道がされていました。それを，アナウンサーは，なんと „Erwin Geschonneck ist mit hunderteins Jahren gestorben." と言っていたのです。「... 歳で」というのは，mit ... Jahren と言うのですが，そこにしっかり hunderteins が挟まっていました。たしかに，mit hundert und einem Jahr というのは変な感じがしますが，それにしても ARD でもこう言うのかと驚きました。

　ドイツ語文法が変化したのか，それとも前から 101 のときはこう数える人が多く，それが文法書に反映されていなかっただけなのかはわかりませんが，とにかく面白いことですね。そこで考えたのですが，ドイツ語で 2 桁の数字を言うときに 1 の位から言うのは，21 や 31 などでいちいち悩むのが嫌だからかもしれません。einundzwanzig と言っていれば，最後に来るのは 10 の位ですから，堂々と次の名詞は複数形にできるわけです。まあしかし，数詞の作り方から言えば，13 とかも dreizehn で，und を入れてないだけで，3 と 10 と言っています。つまり，1 の位を先に言うわけですから，20 以上もそうなっているだけの話です。しかし，やっぱり数えるときの都合もあるのではないかと思ってしまうのです。

　ちなみに，ドイツ人は，234 などの数字を zweihundertvierunddreißig と口では言いながら，手は 2,3,4 の順番に頭から書いていけるのが不思議です。すごいですよね。

# 格とは?

　名詞は文の中で，主語や目的語などさまざまな役割を担います。これを文法関係と言い，どの言語でも必ずそれを示す方法を持っています。「猫がネズミを追いかけている」のか「ネズミが猫を追いかけている」のかを区別できない言語はコミュニケーションの道具としては役に立たないことは明らかでしょう。日本語では，「ガ」や「ヲ」などの格助詞で表します。つまり，「猫」「ネズミ」自体の名詞はそれだけだと文法関係は表しませんが，「猫ガ」となると主語，「ネズミヲ」となると目的語であることが明示されます。英語では文法関係は主に語順で表されます。The mouse is chasing the cat. となると，たとえ現実世界ではあまりないような事柄でも文頭にある the mouse が主語です。日本語は形態的手段，英語は統語的手段によって文法関係を表すわけです。

　ドイツ語はこの両方の手段を併用して文法関係を表します。つまり，形態的手段としては，名詞句を構成している名詞および冠詞類などの形を変化させること，および前置詞を用いることがあります。統語的手段は名詞句の順番，つまり語順です。ただし，語順はあくまで補助的な手段であり，形態的手段によって文法関係が一義的に表されないときに，ある程度の拘束力を発揮するだけです。たとえば，次の2つの文を見てください。

**Den Mann grüßt das Mädchen.**
**Die Frau grüßt das Mädchen.**

　主語と目的語は何か，という問題です。上の文では den Mann は定冠詞の形から男性4格です。das Mädchen は中性名詞なので1格か4格かはわかりません。しかし，1つの文の中に4格が2つ，つまり目的語だけが2つあり主語がないということは考えられないので，den Mann が目的語で das Mädchen が主語だと確定できます。ですから，「その男の人にその少女は挨拶する」となります。

　それに対して，下の文では，女性名詞である die Frau も中性名詞である das Mädchen も1格と4格は同じ形です。形態的には，どちらが主語か目

的語か確定できないので，「その女の人はその少女に挨拶する」とも，「その少女はその女の人に挨拶する」とも考えられます。このような場合は，文頭にあるものが主語であると通常解釈されます。ここで語順という統語的手段が働いてきて，おそらくこの文は「その女の人は少女に挨拶する」という意味だろう，となるわけです。しかしながら，これは絶対とは言えません。ドイツ語においては統語的手段はあくまでも補助的なもので，形態的手段が中心です。

　さて，このように名詞句が文中で果たす文法役割を表す手段と機能のことを「格」と言います。さらに，それが表される形態，つまり正確に言うと「格形」のことも「格」と呼ぶのが通例です。「den Mann は 4 格だ」とか「die Frau は 1 格と 4 格だ」と言えば「格形」の話をしていて，「この文では die Frau は 4 格だ」と言えば文法役割を表す「機能」の話をしているのです。

　この前提の上で，ドイツ語文法ではふつう「文法機能を表すために形態的区別に支えられた名詞句の統語的範疇」を「格」と呼んでいます。何が言いたいかというと，「格」というとまず名詞句の話だということです。「ドイツ語には 4 つの格がある」というのは「ドイツ語には 4 つの文法機能がある」という意味ではありません。たとえば，直接的目的語は 4 格の名詞句で表されますが，「... で」という「道具」という文法機能は「mit + 3 格の名詞句」という「前置詞句」によって表されます。日本語では，格助詞の「が」「を」と「で」の間にそれほど大きな違いはありませんが，ドイツ語では「が」「を」に当たる部分は名詞句の格で示され，「で」は前置詞句で示されるという決定的な差があります。文法的機能だけを取り上げて言えば前置詞句もある種の「格」と言ってもいいわけで，実際，Ich warte auf sie.「私は彼女を待っている」というときの「auf + 名詞」を，warten の「前置詞格目的語」と呼ぶこともあります。目的語には「2 格・3 格・4 格・前置詞格」目的語がある，と考えるわけです。

　すこし理屈っぽい話になってしまいましたが，格の説明では機能の話をしているのか形の話をしているのか，しっかり見極めないといけないということです。私もなるべく誤解のないように説明していきます。

# 名詞句の格変化

　ここからは名詞句の格が実際どのように示されるかを見ていきましょう。ドイツ語の名詞句はその文中の機能に応じて，4つのグループに分かれます。一般言語学的には，主格，属格，与格，対格と呼びますが，日本のドイツ語文法では伝統的に1格，2格，3格，4格と呼びます。どちらの名称を採用するべきか悩ましいところで，実際，前著『ドイツ語のしくみ』では，あえて主格，対格などを用いました。しかし，本書は他の教科書や参考書でも勉強している方に，さらに「ドイツ語の考え方」とはどういうものかをわかっていただこうとするものですから，混乱が少ないように数字での呼び方を使うことにします。

　さて，一般には「名詞の格変化」と言いますが，実際に名詞自体が変化するのは男性・中性の2格に -(e)s が付くことと，複数3格に -n が付くことだけで，すべての格の区別には役に立っていません。そもそも，格は文中の「名詞句」の役割です。その区別は，主に名詞の「付加語」，つまり，名詞の前に付く冠詞類と形容詞の変化によって示されます。付加語の代表として定冠詞を取りあげ，1格から4格の順番で書くと，男性が der, des, dem, den，女性が die, der, der, die，中性が das, des, dem, das，複数が die, der, den, die になります。

　ここではこの格変化の理屈を考えてみましょう。まず，男性名詞だけは1格（der）と4格（den）が異なりますが，女性，中性，複数では1格と4格は同じだということに注意してください。1格は主に主語，4格は主に直接目的語を表します。この2つはたいてい文における位置や動詞の意味からしてどちらが主語か目的語かはわかるので，形態的に同じでも困らないことが多いのです。なお，歴史的に言えば，中性名詞はずっと1格と4格は同じ形でしたが，女性名詞の1格の定冠詞は中高ドイツ語の時代（1050頃〜1350頃）は diu，4格は die だったので区別はあったのです。現在，なぜ男性名詞だけが1格と4格を区別するのかは不思議ですが，とにかくドイツ語の格表示のシステムでこの男性4格は例外的な位置を占めています。この語尾は，定冠詞類，不定冠詞類，形容詞のどれをとっても -en です。

　男性名詞と中性名詞は2格と3格の変化はまったく同じパターンになります。2格では両者とも名詞自体に -s または -es の語尾が付きます（ただし，いわゆる男性弱変化名詞は除く）。これについては後述します。女性と複数の変化はほとんど同じで，1格，2格，4格が同じです。すでに複数形のところで説明しましたが，男性名詞のなかには単数形と複数形が同じものが多くあります。たとえば，（男性の）先生は，der Lehrer - die Lehrer で，冠詞が異なるだけですね。ところが，女性名詞は必ず単数形と複数形が異なります。（女性の）先生は，die Lehrerin - die Lehrerinnen です。なぜだかはもうおわかりでしょう。冠詞には，女性名詞の場合，単数と複数を区別する機能はほとんどないからです。3格以外は同じですからね。それに対し，男性名詞に付く冠詞は単数と複数はどの格も違います。だから，名詞自体の形は同じでも大丈夫なのです。

　さらに，それぞれの3格と4格を見てみましょう。たとえば，Ich gebe der Frau die Schokolade.「私はその女性にそのチョコレートをあげる」のように，3格（... に）と4格（... を）が両方出てくる文はとても多いのです。誰に何をあげるのかをはっきりさせるためには，3格と4格は絶対に区別をつけないといけません。改めて確認してみてください。この2つの格は，男性，女性，中性，複数のどこでも必ず区別されています。さらに，名詞の性や数を無視したとしてもこの2つはほとんど区別されています。唯一の例外がden です。これは男性4格と複数3格の2つの可能性があります。定冠詞類だけでは区別はできませんが，それを補うさまざまなしかけがあります。1つは，名詞自体に -n の語尾が付くことです。これで複数無冠詞の名詞がたとえ2つあってもどちらが3格なのかがわかります。つぎに，指示代名詞や関係代名詞では denen という形になることも区別を容易にしています。つまり，den Kindern となっているときは，名詞 Kindern によって複数3格ということが明示されますが，その名詞がなくなってしまうときには，denen と den にさらに -en という語尾が付くことによって複数3格を明示するのです。ドイツ語の性・数・格の表示はこのように冠詞類や名詞が互いにその機能を補いつつ全体として区別を完遂させていることがわかるでしょう。これがドイツ語の区別のしくみなのです。

# 定冠詞類の格変化

　冠詞と同様に名詞句の先頭に置かれるものを冠詞類と言います。その中で，dieser, jener, solcher, jeder, mancher, aller の6語は定冠詞とよく似た変化をするので，「定冠詞類」と呼ばれます。これらの語は，それぞれ語幹（dies-）と語尾（-er）から成り立ち，その語尾は，名詞の性・数・格に応じて変化します。文法的機能を強くはっきりと示すことから，これらの語尾を「強変化語尾」と呼びます。これがドイツ語の格変化語尾の基本です。

　強変化語尾は定冠詞の変化と似ていますが，中性の1格・4格の語尾が -es になるところが大きく異なります。1格の単数だけを見ると，男性・女性・中性の語尾は，-er, -e, -es になり，これがそれぞれの性を明示している「しるし」になっています。定冠詞を（　）に入れて，両者を比較しましょう。

| | | | | |
|---|---|---|---|---|
| 男性名詞（der） | dieser Computer | このコンピューター | → | -er |
| 女性名詞（die） | diese Karte | このカード | → | -e |
| 中性名詞（das） | dieses Buch | この本 | → | -es |
| 複数名詞（die） | diese Bücher | これらの本 | → | -e |

　男性，女性，中性はそれぞれ明確に区別されています。強語尾はそれぞれの「しるし」を付けていると言えるでしょう。

　冠詞のグループには，不定冠詞に準じた語尾が付くものがあります。所有冠詞（mein, dein, sein, ihr, unser, euer, ihr, Ihr）と否定冠詞（kein）です。mein を始めとする不定冠詞類は男性1格と中性1格・4格で語尾がないところが異なります（中性名詞はどんな冠詞類が付いたとしても1格と4格は常に同じ形です）。不定冠詞類で語尾が付いていないところは，男性1格と中性1格・4格の3か所ということになります。他の部分では定冠詞類と同じ「強語尾」が付いています。

　不定冠詞類の変化でなぜ男性1格，中性1格・4格だけ語尾がないのかはよくわかりませんが，ドイツ語の母語話者なら，mein Computer と mein Buch とどちらも mein が同じ形をしていても，Computer は男性名詞で，

Buch は中性名詞であることがインプットされているので困らないのでしょう。しかし，逆に言うと，この名詞がないと名詞の性を知る手がかりが何もなくなってしまうわけです。

　ここで，名詞の省略について考えてみましょう。目の前のコンピューターを指して，Dieser Computer ist neu.「このコンピューターは新しい」と言うとします。コンピューターは目の前にあるのでわざわざ Computer という単語を出さなくてもわかりそうなものです。実際に，そのまま取ってしまって，Dieser ist neu. と言っても問題ありません。男性名詞の「しるし」-er によって，指示対象が明らかになるからです。Diese Karte ist neu. なら Diese ist neu. に，Dieses Buch ist neu. なら Dieses ist neu. になります。いずれも，女性名詞，中性名詞のしるしが付いていますね。

　ところが，Mein Computer ist neu.「私のコンピューターは新しい」の Computer を取りたいと思っても＊Mein ist neu. とは言えません。名詞の性を知る手がかりが何もないからです。そのときは，「しるし」付けのために dieser と同じ強語尾を引っ張り出してきて，Meiner ist neu.「私のは新しい」と言うのです。この -er によって，省略された名詞が男性であることがわかるのです。同様に中性の場合も強語尾を補います。Mein Auto ist neu.「私の車は新しい」なら，Mein(e)s ist neu. になります。中性1格の強語尾は -es ですが，話し言葉では e が取れて meins となるのが一般的です。しかし，この -s は絶対に必要です。女性の場合は，meine と最初から強語尾が付いているのでそのまま名詞を省略できます。Meine Uhr ist neu.「私の時計は新しい」は，Meine ist neu. になります。

　ここまでの話をまとめると，このようになります。

　ドイツ語の名詞の前に付く冠詞類は基本的に性・数・格を明示する「強語尾」を必要とする。しかし，不定冠詞類の男性1格と中性1・4格だけは語尾が付いていない。後ろに名詞があるときはこれでもよいが，その名詞が省略されるとやはり「強語尾」が復活してくる。

　この原則がわかっていると，次の形容詞の語尾の理屈もわかりやすいでしょう。

# 形容詞の「しるし」付け

形容詞には述語用法と付加語用法があります。

**Das Auto ist neu.**　　　この車は新しい。　（述語用法）
**Das ist ein neues Auto.**　これは新しい車だ。（付加語用法）

上の文のように「AはBだ」というBが形容詞の場合を述語用法と言います。それに対して下の文のように，名詞の前に置かれそれを修飾するとき，それを付加語用法と言います。英語ではどちらの用法でも形容詞は変化しませんが，フランス語やイタリア語は逆にどちらの用法でも変化します。たとえば，イタリア語は，「私は疲れている」と言うとき，男性が話し手なら（Io）sono stanco. と言いますが，女性が話し手なら（Io）sono stanca. と言うのです。Io は ich（ただし，特に強調しない場合は省略するのがふつう），sono が bin, stanco/stanca が müde です。おわかりのとおり -o が男性の語尾で，-a が女性の語尾です。ドイツ語は，この点で英語とロマンス語の中間的な性格を持っていて，付加語的用法のときだけ，形容詞が変化するわけです。

さて，その変化は，冠詞類と協力しながら，名詞の性・数・格を明示する機能を持っています。不定冠詞類の後ろに形容詞が置かれる場合から見てみましょう。1格の形です。

**mein neuer Computer**　（-er）
**meine neue Karte**　　　（-e）
**mein neues Buch**　　　（-es）
**meine neuen Bücher**　（-en）

不定冠詞類は男性1格，中性1・4格に語尾がないのが特徴ですが，それを形容詞が見事に補っていることがわかります。男性1格の -er, 中性1・4格の -es が形容詞の方に現れています。女性名詞の前では meine とすでに -e が付いていますが，呼応して形容詞も同じ語尾が付きます。付加語用法の形容詞はかならずなんらかの語尾が付くのです。これで単数形だけを見

ると，男性，女性，中性できれいに -er, -e, -es が現れて性の区別がなされて
いることがわかります。さらに，変化が非常に似ている女性と複数に注目し
てください。meine は同じですが，形容詞の語尾が女性では -e，複数では
-en になります。ここの段階で後ろに来る名詞が単数か複数かがわかるよう
になっているわけです。前に言ったように，女性名詞は必ず単数形と複数形
が異なります。いつも形容詞があるわけではないので，名詞自体の形が異な
るのは必須ですが，形容詞があればさらにその区別を楽にしているのです。
　それでは dieser など定冠詞類の後に置かれた形容詞の語尾を見てみましょ
う。定冠詞には性・数・格を明示する強語尾が必ず付いているのが不定冠詞
との違いでした。

| | |
|---|---|
| dieser neue Computer | (-e) |
| diese neue Karte | (-e) |
| dieses neue Buch | (-e) |
| diese neuen Bücher | (-en) |

　今度は単数の形容詞の語尾はすべて -e になっています。定冠詞類が強語
尾を持っているので，形容詞は文法的な明示はしなくていいわけです。これ
らの語尾を強語尾に対して「弱語尾」と言います。弱語尾は -e と -en の 2
つしかありません。強語尾は「しるし付けの語尾」，弱語尾は「省エネ語
尾」と言うことができるでしょう。ただ，弱語尾がまったく仕事をしないわ
けではなく，女性名詞と複数名詞を区別する働きをしていることは上で見た
とおりです。
　ドイツ語の形容詞は前にある定冠詞類と共同作業して，性・数・格を明示
しているのがわかると思います。このことをさらに見ていきましょう。

# 形容詞の語尾変化の理屈

　形容詞の語尾は、「①前の冠詞類に強語尾が付いていれば、弱語尾を付ける」と、「②前の冠詞類に強語尾がなければ（あるいは冠詞類がそもそもなければ）、強語尾を付ける」の2つの原理で行われます。

　男性4格は強語尾も弱語尾も -en です。これがポイントです。冠詞類も den や einen と -en の語尾（強語尾）が付きますが、形容詞の弱語尾もこれに呼応して -en になるのです。「私はこの新しいコンピューター／ランプ／本／本（複数）を買います」と言ってみましょう。

**Ich kaufe diesen neuen Computer / diese neue Lampe / dieses neue Buch / diese neuen Bücher.**

　男性以外は、1格と4格は同じ形ですね。形容詞の語尾がなかなか覚えられないという方はとにかく1格と4格だけをきちんと頭に入れてください。それでは、今度は「私は新しいコンピューター／ランプ／本／本（複数）を買います」と言ってみましょう。単数形では不定冠詞、複数形では無冠詞です。

**Ich kaufe einen neuen Computer / eine neue Lampe / ein neues Buch / neue Bücher.**

　単数形は大丈夫ですね。男性4格ではやはり -en の語尾で、女性、中性は1格と同じです。複数は、-e の語尾になっています。冠詞類がないので、形容詞が強語尾を持たなければならないのです。1格と4格をきちんと覚えてしまえば、あとは簡単です。2格と3格の形容詞の弱語尾は全部 -en だからです。理屈はこれですべてです。巻末に、形容詞の前に、①定冠詞類がある場合、②不定冠詞類がある場合、③何もない場合の表を挙げておくので見ておいてください。

　1つだけ補足しておくことがあります。形容詞の前に冠詞類などが何も付かない場合の男性2格と中性2格の語尾です。たとえば、guter Wein「良いワイン」の2格は guten Weins となります。形容詞は、強語尾ではなく

弱語尾になることに注意してください。なぜかというと名詞自体に -(e)s という性・数・格を明示する語尾が付いていて，これが「強語尾」の役目を果たすからです。ですから，形容詞の変化の規則で「冠詞類に強語尾があれば形容詞は弱語尾」というのはやや正確さに欠けるかもしれません。「冠詞類または名詞自体に強語尾があれば形容詞は弱語尾」とすれば完璧ですね。

　もっとも，このケースに当てはまるものはあまり多くありません。単数名詞で冠詞類なしに使われるのはほぼ物質名詞・抽象名詞に限られるからです。しかも 2 格というわけですから，考えられるのは，ein Glas kalten Biers「冷たいビール 1 杯」のような例だけでしょう。

　さらに，補足すると，名詞自体に -(e)s の語尾がなければ，形容詞にはやはり強語尾の -es が付かなければなりません。これは，いわゆる「男性弱変化名詞」の場合に相当します。たとえば，r Mensch「人間」は男性弱変化名詞で 2 格は des Menschen となります。ですから，rein「純粋な」を付けて 2 格にすると reines Menschen となります。古い用法ですが，reines Menschen Wollen「純粋な人間の意志」のような例があります。

　その他，複数の形容詞が並ぶときは，すべて同じ格語尾になることに注意しましょう。たとえば，Nach langem, schwerem Leben starb der Mann friedlich.「長い，辛い人生の後，その男はやすらかに死んだ」などです。しかし，この例のように，男性・中性の 3 格の強変化語尾（-em）が連続するとき，2 番め以降の形容詞の語尾を -en にして，Nach langem, schweren Leben とすることが実際にはときどき見られます。ドイツの代表的な辞書である Duden などではそれは誤りだとされていますが，そう言うドイツ語話者がいるのも理解はできます。最初の -em が強語尾なので，「一度，強語尾が出てきたら，あとは弱語尾」という語感なのでしょう。話している人にとっては，定冠詞類に強語尾があるのと，形容詞に強語尾があるのとはあまり違いがないのかもしれません。

　以上で，形容詞の語尾のしくみはすべて解明したことになります。理屈がわかったら，あとは慣れるだけです。

# 決め手は語尾!

　前のページまでで「冠詞類＋形容詞＋名詞」の格変化に関することはすべて説明しました。ここで，形容詞が名詞句の文法的な機能をより明確に表示することを，文の解釈という角度から見てみましょう。たとえば，文中にderという定冠詞が出てきたとします。初級文法を習ったばかりの学生は読解の授業でderはすぐに主語だと思ってしまった結果，どうも意味が通じないということがよくあります。何のことはなく，その名詞は男性名詞ではなく，女性名詞の3格だったのです。名詞の性がわかっていれば解釈できるとはいえ，確かにわかりにくいかもしれません。ところが，うまくできているもので，形容詞がありさえすれば一目瞭然なのです。それをこれから確かめていきましょう。まずは，今，例に出したderです。これは男性1格，女性2格，複数2格，女性3格の可能性があります。このなかでまず主語を表示する1格は他の格と必ず区別されています。

　　der ＋形容詞 -e　　→　　男性1格
　　der ＋形容詞 -en　→　　女性2格，複数2格，女性3格

　つまり，der gute ... と出てきた瞬間にもうこれは男性1格しか可能性はないわけです。文の機能上，一番大切なのは，主語かどうかを見分けることです。名詞の性がわかれば問題ないとはいえ，その名詞が出てくる前に格がわかるのはいいことに違いありません。der guten ... となる他の3つのケースは確かに形容詞の語尾による区別はありませんが，2格かどうかは前に修飾される名詞があるかどうかでわかりますし，女性名詞と複数名詞は必ず形が異なるので，区別に支障がないことも言いました。さらに，その女性と複数ですが，1・4格ならやはり形容詞の語尾が区別してくれます。

　　die ＋形容詞 -e　　→　　女性1・4格
　　die ＋形容詞 -en　→　　複数1・4格

　これはかなり便利な性質です。die guten ... となれば，その後ろに来る名詞は必ず複数であるわけです。たとえば，文の中に，... die guten X ist Y ...

という連続があり，そしてＸもＹも自分が知らない名詞だったとします。
この場合，たとえ意味はわからくてもＸが主語であるわけはないとわかり
ます。Ｘは複数名詞に決まっているので，ist の主語になるわけはないから
です。それでよく見なおすと，für die guten X ist Y とその前に前置詞があ
り，その解釈でいいことがわかります。このように，ドイツ語を理解する上
で，名詞の格を理解するのは必須のことで，それを形容詞が補助しているの
です。

　それでは，定冠詞類と形容詞の語尾の組み合わせを一覧にして，名詞句の
性・数・格のすべての可能性を整理してみます。（　）に入っている語尾な
どは必ずそうなるものを示してあります。最初の例だと，das という定冠詞
で名詞句が始まっていれば，形容詞の語尾は必ず -e になるので，形容詞が
なくても中性1格または4格だということです。

| | | |
|---|---|---|
| das + (-e) | → | 中性1・4格 |
| des + (-en) | → | 男性・中性2格 |
| dem + (-en) | → | 男性・中性3格 |
| der + -e | → | 男性1格 |
| der + -en + 女性名詞 | → | 女性2・3格 |
| der + -en + 複数名詞 | → | 複数2格 |
| den + (-en) + 男性名詞 | → | 男性4格 |
| den + (-en) + 複数名詞(-n) | → | 複数3格 |
| die + -e | → | 女性1・4格 |
| die + -en | → | 複数1・4格 |

　これで名詞句の形態に関する説明は終わりです。形がわかったところで，
これからは，格の機能について勉強していきましょう。

# 男性・中性の2格

　男性・中性名詞の2格の語尾に -s と -es のどちらを付けるかは自分の発音しやすい方でいいことが多く，最終的には自然と身につくものですが，ここでは2つの根本規則を覚えてそれを応用していくことにしましょう。

　①ドイツ語の基本リズムである「強弱（または弱強）」を守る。
　②/s/ の音の同化を避ける。

　①のリズムについては音声のところで詳しく説明しましたね。強弱の繰り返しが基本で，「弱弱」となるのはドイツ語では極端に嫌われます。この2格の語尾の -es にある e も必ず弱く発音されます。ここから，弱音節で終わる名詞の場合は -es は付かずに -s だけだとわかるでしょう。具体的には，アクセントのない（弱音節を作る）語尾として，-er, -el, -en, -em, -ling, -sal があります。

| | | | |
|---|---|---|---|
| der Lehrer | 教師 | → | des Lehrers |
| der Onkel | 伯父 | → | des Onkels |
| das Mädchen | 少女 | → | des Mädchens |
| der Atem | 息 | → | des Atems |
| der Lehrling | 徒弟 | → | des Lehrlings |
| das Schicksal | 運命 | → | des Schicksals |

　たとえば，*Lehreres となると弱音節が2つ連続してしまうので，これらは絶対に -es は付かないのです。
　リズムに関しては，一音節の語は逆に -es が付くことが多いことも言えます。音節が1つである場合は必ず強く発音されるので，-es を付けると「強弱」になり，安定さを得るからです。

| | | | |
|---|---|---|---|
| der Mann | 男 | → | des Mannes |
| das Kind | 子ども | → | des Kindes |

　しかしこれは絶対の規則ではありません。des Manns, des Kinds と発音

してもよいのです。

②の /s/ の同化を避けるというのは，/s/ または /ts/ の子音で終わる名詞には -s ではなく，-es を付けるということです。具体的なつづり字では，-s/-ß/-x/-z があります。

| das Haus | 家 | → | des Hauses |
|---|---|---|---|
| das Verständnis | 理解 | → | des Verständnisses |
| das Maß | 基準 | → | des Maßes |
| der Reflex | 反射 | → | des Reflexes |
| der Satz | 文 | → | des Satzes |

Haus のように -s で終わる単語に -es が付くと Hauses [...zəs] と s が有声音になりますが，-nis で終わる単語は例外で無声のままです。そのため，つづり字は -nisses となります。

また，/ʃ/ または /tʃ/ の音は /s/ と似ているため -es を付けるのが多いものの，(やはり /s/ ではないので) -s だけを付けることも可能です。

| der Tisch | 机 | → | des Tisch(e)s |
|---|---|---|---|
| der Klatsch | 拍手 | → | des Klatsch(e)s |

以上に当てはまらないものは，-s でも -es でもよいことになります。

164

## コラム　良い和独辞典とは？

　外国語の単語を覚えるときには，ふつう意味を母語で覚えるものです。Schule＝「学校」という具合ですね。初学者はこうするしかありませんが，正確な訳語をあてないと困ったことになります。

　たとえば，vielleicht を「たぶん」と覚えている人が実に多いのにはいつも驚きます。それで，Kommst du morgen zur Uni?「明日，大学に来る？」と聞かれて，Vielleicht. なんて答えてしまうのです。でも，これはとてもおかしい答え方です。vielleicht は，「（高くはないと思うが）可能性としてはありうる」という意味です。ですから，自分のことに関して vielleicht を使うということは，自分で自分の行動がコントロールできないことになります。これは vielleicht を「たぶん」と覚えるから悪いのであって，「ひょっとしたら（そういうこともあるかもしれない）」と最初から覚えればいいのです。実際，私の手許にある独和辞典には，そう載っています。それなのにどうして間違えて覚えるのか，実に不思議です。なお，日本語の「たぶん」に相当するのは wahrscheinlich です。ただし，明日来るかと聞かれて，一番自然なのは，Ja か Nein で答えることです。

　さて，学生に独作文をさせると，笑ってしまうような奇妙な文が登場しますが，それはたいていの場合，和独辞典を使うからです。ドイツ語を書こうとするとき，和独辞典を使うことはむしろ害になることが多いですし，特に初級者は使わない方がいいのです。私は何度もこれを言うのですが，学生は言うことを聞いてくれません。「だって，和独を使わなかったら，単語がわからないじゃないですか？」と言います。それに対する私の答えはこうです。

「わからないことは書くな」

「どうせ，和独を使ったって単語はわからない」

　学習者にとって良い和独辞典がないからと言えばそれまでですが，そ

れを辞書の編纂者のせいにする前に考えることがあります。ドイツ語ができない人にとっての良い和独辞典はそもそも作れないのです。

独和と和独と言うと，同じものの裏表だと思うかもしれませんが，両者は根本的に違います。独和というのは，外国語を母語で解説するもので，和独は母語を外国語で解説するものです。つまり，「外国語―母語辞典」と「母語―外国語辞典」ということです。私たちの母語の知識というのは膨大なものです。1つ1つの言葉の意味だけでなく，それが使われる状況や文脈，さらにそれを使った場合，相手に与える印象に関する知識のすべてを持っています。だから，ドイツ語の1つの単語に複数の訳語が与えられていても，日本語にしたときに最もふさわしいものをほとんど無意識に選び出すことができます。たとえば，ich の訳語に「私，あたし，僕，俺，わし，拙者」と載っていたとしても，その人物に合わせたものを選べるわけです。それに対して，日本語を和独辞典で引いたときのドイツ語の訳語のどれがその状況に最もふさわしいのかなど，学習者はわかるはずがないのです。わかるぐらいなら最初から，その単語は引いていないでしょう。だから，和独辞典が悪いのではなく，使う方の知識の問題です。もちろん，和独辞典の存在価値がないわけではありません。それが「外国語―母語辞典」になる場合，つまりドイツ人で日本語を勉強する人にとっては必要不可欠なものです。

ですから，ドイツ語学習に関しては基本的に和独はいらないというのが私の意見です。どうしても使いたかったら，そこで出てきた訳語をすべて独和で引きなおすことです。そうすれば，単語の使い方がわかるでしょう。あせらなくても，勉強していれば使える単語は増えていきます。はじめは独和辞典を使い，ある程度実力がついたら独独辞典を使ってください。Langenscheidt 社の Deutsch als Fremdsprache という外国人のドイツ語学習者向けの独独辞典はお薦めです。

# 1格の用法

　これからドイツ語の4つの格について見ていきましょう。

　ある事態を描写するとき，ドイツ語などのヨーロッパ言語では，その事態の中心となるものを定め，それを中心に物語っていきます。つまり，「誰・何がどうする」，「誰・何がどうなる」という方法です。この中心となる「誰・何」は主体と言い，文中ではそれを主語と言います（ちなみに，ドイツ語では主体も主語も Subjekt で区別はありません。ですから，たまに grammatisches Subjekt として「主語」であることを表したりします）。この主体・主語を表すのが1格の最も重要な機能です。

**Hier wohnt ein berühmter Sänger.**　ここに有名な歌手が住んでいます。
**Ich liebe dich.**　私は君を愛している。

　上は自動詞文，下は他動詞文ですが，どちらも主語は1格の名詞または代名詞です。こんなことをわざわざ言う必要もないのかもしれませんが，言語によっては自動詞文の主語と他動詞文の主語が別の格になることもあるのです。その点，日本語とドイツ語の格表示は，細かい違いはあるにせよ，基本的に同じ発想で行われていると言えます。

　なお，人称代名詞 ich, du, er, wir, ihr と不定代名詞 man は1格の形なので，これらが文中にあれば主語であることがほぼ自動的に確定します。しつこくて済みませんが，ドイツで主語になれるのは，1格の名詞・代名詞，もしくはその機能をもつ文と句しかないからです。次の文を見てください。

**Eine solche Sache sagt man nicht.**　そんなことは言うものではない。

　Sache は女性名詞ですから形から言えば1格も4格でもあり得ますが，man は1格なので，この文は目的語が先頭にあるとわかります。

　また，sein, werden, bleiben などが述語動詞になる場合の補語も1格です。「主語＝述語」の関係が存在するからです。

　次の文で述語が1格であることを確認してください。これらは目的語ではありません。

**Der Mann ist der Ehemann der Politikerin.**　その男性はその政治家の夫です。

**Sie ist immer ein ehrlicher Mensch geblieben.**

彼女は常に誠実な人間であり続けた。

　このバリエーションとして，nennen など 4 格目的語を 2 つとり「A を B と呼ぶ」という意味を持つ動詞を受動態にしたとき，B の部分は 1 格の述語になります。A ＝ B の関係なので当然と言えば当然ですね。

**Alle nennen ihn einen Dummkopf.**　すべての人が彼を馬鹿と呼ぶ。

**Er wird von allen ein Dummkopf genannt.**

彼はすべての人から馬鹿と呼ばれている。

　その他，呼びかけとして使う名詞句は 1 格です。よく文法書で「呼格」と書いてあるのは，ドイツ語文法が規範としているラテン語では，呼びかけに使う名詞句は主格（1 格）とは違う呼格と呼ばれる形になることによります。ドイツ語では主語と同じ格です。Wohin gehst du, Herr?「どこにいらっしゃるのですか，主よ」です。「主よ」と呼びかけるとき，ドイツ語は 1 格なので Herr となります。この名詞は男性弱変化なので，もし 1 格でなければ Herrn になっているはずです。ちなみにラテン語では，Quo vadis, domine? となります。主格「主が」は dominus ですが，「主よ」と呼びかける呼格は domine となるのです。このように，呼びかけのときに特別な形を使う言語もあるのです。

　以上，見てきたように 1 格の用法は割と簡単です。

# 2格の用法

　2格の用法の中心は名詞の付加語（修飾語）として使われることです。修飾する名詞の後ろに置かれるのが特徴です。付加語としての用法はさらにいくつかに下位分類できます。中心は所有を表す用法です。

**Das ist das Haus meines Chefs.**　あれが私の上司の家です。

　人名など固有名詞の場合は，-s を付け，修飾する名詞の前に置きます。この場合，名詞の冠詞などはなくなります。なお，この2格のことを「ザクセン2格」と呼ぶこともあります。

**Das ist Peters Auto.**　これはペーターの車です。

　固有名詞でも，国名は多くの場合，後置されます。「日本の首相」は，Japans Premierminister でも，der Premierminister Japans でも結構です。
　なお，所有の2格は口語では von で置き換えられることが多くなっています。また，複数無冠詞の名詞は2格の表示ができないので，必ず von で所有を表します。

**Das ist das Auto meines Bruders.** = **Das ist das Auto von meinem Bruder.**
　これは私の兄の車です。

**Sie ist Mutter von drei Kindern.**　彼女は3人の子の母親だ。

　さて，動詞のなかには2格目的語をとるものがごく少数存在します。gedenken「偲ぶ」などが代表的なものです。

**Wir gedenken der Opfer des Krieges.**　私たちは戦争の犠牲者を偲ぶ。

　古いドイツ語では2格目的語をとる動詞は今よりずっと多かったのですが，それが現代ドイツ語では4格目的語か前置詞格目的語に取って代わられています。たとえば，vergessen も昔は2格目的語をとり，Vergiss meiner nicht.「私のことを忘れないで」と言ったのです。もちろん，現代ドイツ語では Vergiss mich nicht. です。meiner は ich の2格ですが，古いドイツ語

では -er の語尾がなく mein となります。それで，Vergiss mein nicht. という文は，Vergissmeinnicht「わすれな草」という花の名前の中に残っています。

　再帰代名詞で，前置詞格目的語をとるものの多くは，かつては2格支配でした。たとえば，sich erinnern などがそうです。これらは，高尚な文語などで今でも時折使われることがあります。もちろん，an + 4格の方がふつうです。

**Ich erinnere mich des Ereignisses.** 　私はその出来事を覚えています。

→ **Ich erinnere mich an das Ereignis.**

　現代ドイツ語でもよく使われ，覚えておくといいものに，いわゆる「法律動詞」というものがあります。これらは人間を4格目的語にし，事象（罪名など）を2格にします。

**Man hat ihn des Mordes angeklagt.** 　彼は殺人の罪で告訴された。

**Er wurde des Diebstahls beschuldigt.** 　彼は窃盗を働いたとされた。

　形容詞の中にもいくつか2格の目的語をとるものがありますが，とりあえず，$et^2$ mächtig sein「事$^2$の力がある，事$^2$を自分のものとしている」と $sich^3$ $et^2$ bewusst sein「事$^2$を意識している」の2つはよく使われるので覚えておきましょう。

**Sie ist des Englischen mächtig.** 　彼女は英語をマスターしている。

**Ich bin mir meiner großen Verantwortung bewusst.**

　　私は自分の大きな責任がわかっています。

# 主語的2格と目的語的2格

2格の用法が，付加語となって他の名詞を修飾することであることは確認できたと思いますが，ここではそれをもう少し詳しく考えていきましょう。

修飾される名詞が動詞から派生した動作名詞であるとき，2格はその行為の主語である場合と，目的語である場合があります。前者を「主語的2格」，後者を「目的語的2格」と呼びます。自動詞派生の動作名詞の場合は，もともと目的語がないので，主語的2格にしかなりませんが，他動詞派生の動作名詞の場合は，主語的と目的語的の両方があり得ます。自動詞 tanzen「踊る」と他動詞 regieren「支配する」を名詞にした例を見てください。

| | |
|---|---|
| **der Tanz des schönen Mädchens** | その美しい少女の踊り（主語的2格） |
| **die Regierung des Königs** | 王の支配（主語的2格） |
| **die Regierung des Landes** | その国の支配（目的語的2格） |

主語的か目的語的かは上の Regierung の例のように意味からわかることが多いのですが，たとえば die Regierung des Volkes「人民の支配」など，どちらかまったくわからない場合もあります。このような場合，主語的であることを表すために，durch を用いて曖昧さを避けることができます。

**die Regierung durch das Volk** 人民による支配

文法的には，もとの動詞の「他動性」，つまり「動詞の表す目的語に与える影響の度合い」が低い場合は主語的2格になり，高い場合は目的語的2格になる傾向があります。たとえば，lieben「愛する」と zerstören「破壊する」を比べてみましょう。lieben は，目的語になるものが物理的に変化することはありません。愛されたら「顔が赤くなる」ぐらいはあるかもしれませんが，目立って姿形が変わることはないでしょう。それに対し，zerstören されると，物は壊れてもとの形ではなくなります。つまり，lieben は他動性が低く，zerstören は他動性が高い動詞です。これが2格の意味に関与します。

Die Mutter liebt das Kind.　　母は子を愛する。

→　die Liebe der Mutter　　　　母の愛
　　*die Liebe des Kindes
　　die Liebe zum Kind　　　　子への愛

このように，Liebe にかかる 2 格は主語的しかあり得ません。文の段階で
は 4 格目的語だった das Kind は 2 格ではなく，前置詞 zu と結び付けるの
です。これと逆のことが zerstören で起こります。

Die Bomben zerstören die Stadt.　　　爆弾が街を破壊する。

→　die Zerstörung der Stadt　　　　　街の破壊
　　*die Zerstörung der Bomben
　　die Zerstörung durch die Bomben　爆弾による破壊

今度は，Zerstörung にかかる 2 格は目的語的のみになります。主語を明
示したければ durch で行うことになります。ここで説明した Liebe と
Zerstörung は他動性がものすごく低いものと高いものですから，このよう
にはっきりと分かれますが，多くは Regierung のように中間に属していま
す。このようなものは主語的，目的語的の両方の 2 格をとるので，ケースバ
イケースということになります。面白いことに，ここに挙げた例は日本語に
もそのまま当てはまります。たとえば，「爆弾の破壊」と言えば，やはり爆
弾が破壊されるのであって，目的語的な「の」の用法です。もしかすると，
これは普遍的な現象なのかもしれません。
　単なる 2 格でもなかなか面白い現象を含んでいます。注意深く用例を観察
していってください。

# 3格の用法

　3格は基本的には間接目的語を表す格です。Sie gibt ihm ein Buch.「彼女は彼に1冊の本をあげる」という文において，sie「彼女」がこの動作をする主体，つまり主語で，ein Buch がその行為を直接的に受ける対象で直接目的語と呼ばれます。この行為の結果，利害を受ける存在を間接目的語と言います。「利害」を感知するのは通常，人間ですから，間接目的語が表す3格の対象は人間ということになります。例を見てみましょう。

**Er hat seiner Freundin eine CD geschenkt.**

　　彼はガールフレンドに CD をプレゼントした。

**Der Mann bietet dem Gast Wein an.**　　その男性は客にワインを勧める。

　これらの動詞は，「授受」を表すものです。もちろん，典型的には具体的な物体の移動がありますが，抽象的な行為を「授受」することもあります。たとえば，上の anbieten を使って次のような表現があります。

**Darf ich Ihnen das Du anbieten?**

　　あなたに du で呼び合うことを提案してもいいですか？

**Er bot mir an, mich zum Bahnhof zu fahren.**

　　彼は，私に駅まで車で送ってくれると言ってくれた。

　ここでは，「... しましょうか？」と申し出たということですから，相手に具体的な物の代わりに好意としての行為（しゃれみたいですみません）を差し出したということですね。それまで siezen，つまり Sie で話していた人と仲よくなって，これからは duzen，つまり du で話しましょうと言うのを das Du anbieten と言うのは覚えておくとよいですね。

　さて，こう考えると言葉による情報の伝達も「授受」と言えます。実際，sagen, mitteilen などの伝達を表す動詞は情報を伝える相手を3格に，その内容を4格の名詞や副文にします。

**Er hat ihr die Wahrheit gesagt.**　彼は彼女に真実を言った。

**Sie hat uns mitgeteilt, dass sie die Prüfung bestanden hatte.**
　彼女は，試験に合格したことを私たちに伝えた。

　動詞のなかには 3 格だけの目的語をとるものも存在します。それらは多く
の場合，無生物の主語をとるものです。

**Das Grundstück gehört dem Mann.**　その土地はその男のものだ。

**Gefällt dir dieses Bild?**　この絵は君の気に入った？

　gefallen のような動詞はヨーロッパの言語では広く見られるものです。フ
ランス語で最初に習う S'il vous plaît.「お願いします」も，直訳すれば「そ
れ（il）があなたに（vous）気に入れば（plaît, 不定詞は plaire）」ということ
ですからね。これらの動詞の特徴は他動性が低いということです。対象に対
する働きかけが弱いので 4 格目的語はとらないと考えられます。

　これに対して，helfen は，人間が主語になり，意志を持ってする行為を
表すのにも関わらずその対象を 3 格で表す例外的な動詞です。

**Er hat mir geholfen.**　彼は私を助けてくれた。

　helfen は別に他動性が低くないのになぜ目的語が 3 格なのかははっきり
言って謎です。ドイツ語の 3 格の研究書（信じられないでしょうが，かなり
たくさんあります）にはいろいろな説明がありますが，どれもあまり説得力
がないので，紹介するのはやめておきます。私は授業で最初から helfen を
「... に手助けする」と教えています。理論的ではありませんが，実際的には
有効です。

# 所有の3格

3格のなかには動詞の目的語として考えにくいものもあります。一般に，このような3格を「自由3格」と呼びます。それはさらにいくつかの種類に分類されます。代表的なものとして，「所有の3格」，「利益の3格」，「被害の3格」があります。

所有の3格とは，身体の部位に対する行為を表す文において，その所有者である人間を3格で表すものです。

**Ich putze meinem Sohn immer die Zähne.**　私はいつも息子の歯を磨いてやる。

日本語では「息子の歯を」と表現しますが，ドイツ語ではこのように，meinem Sohn「私の息子に」，die Zähne「歯を」と表現するのが一般的です。所有者を2格にすることもできないわけではありません。

**Ich putze immer die Zähne meines Sohnes.**

しかしながら，こちらはやや不自然です。2格を使うと「歯」だけに焦点が当てられるからです。それに対して所有の3格を使うと，「歯を磨く」という行為が「私の息子に」対して行われることが表されます。3格は，「影響を受ける人間」を表示するからです。歯を磨いてやれば，必然的にその子に影響を及ぼすことになります。無生物に対してはこのような影響は与えられないことに注意してください。

**Ich putze die Fenster des Zimmers.**　私はその部屋の窓を磨く。

この文を所有の3格を使って，*Ich putze dem Zimmer die Fenster. とは絶対に言えません。「所有の3格」はあくまでも人間（および感情があると認識されている動物）にしか使うことができないのです。

自分の身体部位に対する行為なら，当然3格の再帰代名詞になります。

**Das Kind putzt sich nach dem Essen die Zähne.**
その子は食事の後，歯を磨く。

　今までの例では，身体部位は 4 格で表されていますが，前置詞目的語になる場合も多くあります。

**Sie sieht ihm in die Augen.**　彼女は彼の目を見る。

**Er klopft seinem Kollegen auf die Schulter.**　彼は同僚の肩を叩く。

　身体部位が 4 格になるか前置詞になるかは，その行為の強さによります。一般的に，その行為によって，身体部位がなんらかの物理的変化を被るときは，4 格で表されます。たとえば，「歯を磨く」，「手を洗う」という行為をしたあと，「歯」や「手」はきれいになりますが，「目を見る」，「肩を叩く」ことをしても，「目」や「肩」は特に変わるわけではありません。ところで，英語でも同じような言い方がありますね。たとえば，She looked him into the eyes.「彼女は彼の目を見た」などです。この例のように，英語では身体部位を前置詞で表す構文しかないようです。ドイツ語では，Sie wäscht ihm die Hände. と言うのと同じように，*She washes him the hands. とは言えず，She washes his hands. としか言いません。おそらく，英語では名詞句が形態変化をほとんどせず，ドイツ語でいう 3 格と 4 格が区別できないことに関係しているのでしょう。

　身体部位のいわば延長線上にあるものとして，衣服など身につけているものがあります。たとえば，Der Regen tropfte mir auf den Hut.「雨が私の帽子に落ちてきた」という文では，「私」はこの帽子を必ずかぶっています。3 格で示す影響を与えるには，かぶっていない帽子では駄目なのです。

176

# 利害の3格

　自由3格の中で所有の3格についでよく使われるのが，利益の3格と被害の3格です。併せて「利害の3格」と呼ぶこともあります。まず，利益の3格の例を見ましょう。

**Der Sohn hat dem Vater das Auto gewaschen.**
　息子は父親のために車を洗ってあげた。

　waschen「洗う」という動詞は，geben「与える」などと違い，3格の人に4格のものをどうこうするという意味を最初から持っているわけではなく，基本的には4格の目的語だけをとる動詞です。それにも関わらず3格の人間を付加すると，それは利益を受ける対象を示すことになります。ただし，どんな場合でも3格を付加できるわけではありません。基本的には，3格の人間と4格の物の間に所有関係が成り立っていないといけません。次に，4格の物はたいてい状態変化を被ります。この例文の場合は，その車はお父さんの所有物であり，かつ，洗えば車はきれいになるので，その車は状態変化しているというわけです。

　こう考えると，利益の3格は所有の3格の一種だと見なせなくもありません。ただ，「所有の3格」は身体部位の所有者であるのに対し，利益の3格は一般的な事物の所有者であることが違います。ちなみに，言語学では身体部位など，所有者の一部であり，切り離せないようなものを所有することを「不可分所有」と言い，それ以外の「可分所有」と区別しています。それは両者に少し違いがあるからです。たとえば，不可分所有の際には，Er klopft dem Mann auf die Schulter.「彼はその男の肩を叩く」のように，身体部位が前置詞句でもいいわけですが，可分所有の場合は，*Er klopft dem Mann auf den Tisch.「彼はその男の机を叩く」などとは言えません。あくまでも所有物が4格目的語であり，かつ状態変化していないと言えないわけです。

　すでに述べたように，3格の人間はその行為によって影響を被ると考えられます。身体部位への行為の場合は，その身体部位が変化しなくても本人は

影響を受けますが，その他の所有物だと，ちょっと叩かれたり，見られたり
しても，所有者はたいした影響を受けないからです。
　さて，その影響が，所有者にとって，利益か被害かはケースバイケースで
す。「車を洗う」の場合は，普通に考えて利益の方ですね。それに対して，
verderben「だめにする，台なしにする」が使われる文によく現れる3格は
当然「被害の3格」ということになります。

### Der Regen hat uns den Ausflug verdorben.
　　雨で私たちの遠足が台なしになった。（←雨が私たちに遠足を台なしにした）

　この場合もやはり，3格の人と4格の事物の間には一種の所有関係があり
ます。日本語に訳すと「私たちの遠足」となることからもわかるでしょう。
状態変化があるのも利益の3格の場合と同じです。ただし，被害の3格は，
自動詞が使われる文にもよく現れます。

### Mir ist die Vase zerbrochen.　花瓶が割れてしまった。

　利益の3格が自動詞の文に現れないことはないですが（たとえば，Mir ist
der Sohn geboren.「私に息子が生まれた」），被害の3格の方が圧倒的に多く
現れます。人間が強い影響を受けるのは，利益よりも被害の方が多いという
ことなのでしょう。この被害の3格を使った表現は，「迷惑の受け身」と日
本語文法で呼ばれている被害を表す自動詞の受動文に通じるところがありま
す。

### Ihm ist die Ehefrau gestorben.　彼は奥さんに死なれた。

　ただ，日本語では「私は雨に降られた」などとも言えますが，それはさす
がに被害の3格では言えません。

# 4格の用法

4格は，目的語を表す最も基本的な格です。動作が直接向けられる対象を表すので，「直接目的語」と呼ばれます。日本語では「を」の付いた名詞が直接目的語になりますが，4格と「を」はだいたい一致するものの，なかには異なるものもあるので，そういう動詞を注意して覚えてしまうことが大切です。いくつか見てみましょう。

**Sie fragte ihn nach dem Weg zum Bahnhof.** 彼女は彼に駅への道を聞いた。

**Darf ich Sie heute Abend anrufen?**

あなたに今晩，電話してもよろしいですか？

**Grüßen Sie bitte Ihre Frau von mir.** どうぞ，奥様によろしくお伝えください。

**Der Rektor unterzeichnet den Austauschvertrag.**

学長はその交流協定に署名する。

このほかに be- が付いた非分離動詞にも注意してください。

**Sie hat das Bett bezogen.** 彼女はベッドにシーツを敷いた。

**Ich muss den Handwerker bezahlen.** 私は職人に支払いをしなければならない。

動詞のなかには，4格目的語を2つとるものがあります。nennen「... を〜と名付ける，呼ぶ」，lehren「... に〜を教える」が代表的な動詞です。

**Sie nannten ihre Tochter Schneewittchen.**

彼らは娘に白雪姫という名を付けた。

**Er lehrt die Kinder Deutsch.** 彼は子どもたちにドイツ語を教えている。

nennen の2番めの目的語（上の例では Schneewittchen）は，厳密に言うと「目的語」と言うのは語弊があるかもしれません。ihre Tochter を主語にした受動文は作れますが（Ihre Tochter wurde Schneewittchen genannt.），Schneewittchen を主語にした受動文はありません。これは，4格目的語（ihre Tochter）の補語と言った方が正確です。これに対して，lehren の4格は両方とも目的語と言えます。通常，目的語が2つあれば，3格—4格にな

るので，lehren は非常に例外的な動詞です。そのためか，最近のドイツ語
では 3 格―4 格の目的語も使われるようになってきました。つまり，Er
lehrt den Kindern Deutsch. とも言います。ただし，教えることが不定詞で
表されるときは，人間はやはり 4 格でないと正しいドイツ語とは見なされま
せん。

**Er lehrt die Kinder（\* den Kindern）lesen.**

　彼は子どもたちに読むことを教える。

　4 格にはまた時間を表す副詞的用法もあります。

**Heute bleibe ich den ganzen Tag zu Hause.**　今日，私は一日中，家にいる。

　den ganzen Tag という形からこれが 4 格なのは明らかですね。2 格にも
eines Tages「ある日」など副詞的用法がありますが，こちらがある一時点を
表すのに対して，4 格はある長さを持った時間，つまり期間を表すという意
味の違いがあります。

## コラム　東ドイツの語彙

　人生，後悔することは多いものですが，私が最大級に悔やんでいることは，ドイツ民主共和国，つまり当時の東ドイツに行かなかったことです。私は，86 年から 87 年にかけて西ドイツのビーレフェルト大学に留学していたので，その気になれば行けたはずなのです。長期滞在は手続きが非常に困難でしたが，東ベルリンに 1 日遊びに行くのなら，たしか西ドイツの 25 マルクを東ドイツマルクに 1 対 1 で強制両替し，5 マルクだして 1 日ビザをもらえば入国できたはずです。それでもビーレフェルトからベルリンは遠いし，貧乏学生だったので，「次の機会」にしようと思ったのです。まさか，留学から帰ってきた 2 年後に壁が崩壊し，さらにその翌年の 1990 年に東西ドイツが統一することになろうとはつゆにも思いませんでした。それがわかっていたら東ドイツに行ったのにと何度思ったことかわかりません。

　一般的には「ドイツ統一」と言いますが，厳密に言うと，ドイツ民主共和国はドイツ連邦共和国に組み入れられたわけですから，「併合」と言うべきかもしれません。東ドイツの消滅に伴い，特有の語彙も消滅しました。それではここで，東ドイツ出身の友人に教えてもらった「東ドイツ語」をいくつか紹介しましょう。

　まずは Broiler。日本語で「ブロイラー」と言うと，どちらかというと大量に飼育された安価な鶏肉というイメージですが，東ドイツでは肉汁たっぷりの美味なブランドだったそうです。統一後，西から美味しい食べ物がたくさん入ってきた旧東ドイツですが，鶏肉だけは昔の方が美味しかったと皆，言っているそうです。

　東ドイツは言うまでもなく，ソ連の影響下にありました。die Freunde と定冠詞付きで言う「友人」はソ連の市民を指します。陰では単に Russen と呼んでいたそうですが。とにかく，ロシア語から多くの語彙が入ってきていました。

　Subbotnik［ズボトニク］というのは，そのような語の1つで，週末などに行われる労働奉仕を指します。会社の上司や地域の代表に命ぜられるそうです。雑草をむしったり，花壇をこしらえたり，垣根を巡らせたりする仕事が典型的な Subbotnik です。賃金は支払われません。建前上は自由参加だったそうですが，実際は「社会的労働」として勤務評定の大きな部分を占めていたので，ほぼ強制だったということです。職業におけるチームは，一般的に Kollektiv ですが，特に会社では Brigade と呼ばれていました。会社で出世するためには，Partei に属している方が圧倒的に有利です。「党」といえば SED，つまり Sozialistische Einheitspartei Deutschlands「ドイツ社会主義統一党」と決まっています。その党員はお互いを Genosse「同志」と呼び合います。

　東ドイツでは，男性，女性ともに就業率が非常に高かったので，失業問題に悩まされることはありません。女性の社会進出には仕事と育児をどう両立させるかが，いつも問題になりますが，東ドイツでは託児所が完備していたので，心配はいりません。託児所と幼稚園が1つになった Kinderkombination は東ドイツ独特のシステムです。

　東ドイツでは集合住宅に住んでいる人が多かったのですが，週末は，Datsche（地方によっては Laube）と呼ばれる郊外の小屋で過ごすことが大切な娯楽でした。車で行ければ快適ですが，新車は12年も待たなければならなかったので，18歳で免許を取ったらすぐに申し込みをするのが常識だったようです。東ドイツの車と言えば Trabant が有名ですが，それより高級な Wartburg，ソ連の Lada やチェコの Skoda も走っていました。いずれも排気ガスがすごく，大気汚染は深刻だったそうです。しかし，いろいろ不便な点はあったにせよ，東ドイツの生活も悪くはなかったようです。実際に見る機会を失ってしまったのは返す返すも残念です。

# 前置詞の存在理由

　これまで，ドイツ語の4つの格について見てきました。ごく簡潔に言うと，1格は主語，2格は所有者，3格は間接目的語，4格は直接目的語を表すのでした。しかし，これだけの道具立てでは私たちが言いたいことすべてをとうてい表すことはできませんね。たとえば，名詞の4つの格で表すことができない，場所，時間，因果関係，道具などはどう表したらいいのでしょうか。そこで登場するのが，「前置詞」です。前置詞は，その名の示すように，名詞の前に置かれる語です。反対に名詞の後ろに置かれ文法関係を表す語は，「後置詞」です。国語文法でいう「助詞」は一般言語学的に言うと後置詞です。

　日本語は，すべての文法的関係を後置詞で表します。たとえば，「私が彼女を車で駅に送っていった」という文では，主語は「私が」，直接目的語は「彼女を」，道具・手段は「車で」，到達点は「駅に」で表されています。どの助詞もみんな仲よく後置詞なので，どれが文法的に際だっているとは言えません。しかし，ドイツ語では違います。

**Ich habe sie mit dem Auto zum Bahnhof gefahren.**

　主語は1格の ich，直接目的語は4格の sie で単独で表されているのに対して，道具・手段は mit dem Auto，到達点は zum Bahnhof で前置詞＋名詞句の形で表されます。つまり，主語・目的語とそれ以外の要素の間には明確な境界が存在しているのです。

　ここで前置詞の特徴をまとめてみましょう。まず，前置詞自体は語形変化はしません。ただし，後で見るように，前置詞と定冠詞が融合することはあります。zu と dem がくっ付くと zum ですね。しかし，これは zu が変化したというより，dem が弱化してただの -m になって前置詞と一緒に発音されると考えた方が合理的です。さらに，前置詞はそれ自体では文の成分（文肢）になることはありません。かならず名詞や代名詞とひとかたまりの「前置詞句」として機能します。その前置詞句の中で前置詞は先頭に置かれます。まあ，前に置かれるから前置詞と言うのだ，と言ったばかりなので，

これは言わずもがなですね。そして，前置詞句の名詞の格を決定します。こ
れを格支配と言います。

　単語の分類の1つに，内容語と機能語というものがあります。内容語は，
名詞や動詞など語彙的な意味があるものです。それに対し，機能語はもっぱ
ら文法機能を表し，文の中の語句の結び付きや並び方などに関与するもので
す。前置詞は，冠詞，代名詞，接続詞と並んで重要な機能語です。

　前置詞句は補足成分にも添加成分にもなります。たとえば，Er wohnt in
München.「彼はミュンヘンに住んでいる」の in München は補足成分で
す。*Er wohnt. だけでは意味をなしませんからね。それに対して，Er
trinkt in München Bier.「彼はミュンヘンでビールを飲む」の in München
は添加成分，つまりそれがなくても文が非文法的にならない成分です。観点
を変えて言えば，このように添加成分になれるというのは前置詞句の大きな
特徴です。文の骨格の部分は動詞と名詞句で作られますが，その他の肉付け
の部分を前置詞句が行うのです。「どこで」それをやったか，「なぜ」そんな
ことが起こったかなどの情報は前置詞句を使えばどれも簡潔に表示できま
す。ですから，前置詞句は1文の中にいくつも登場することができます。名
詞句や代名詞はそうはいきません。たとえば，ある文の中に1格が2つあっ
たとします。仮に，dass man wir ... と文が続いていたとします。ここでド
イツ語の知識があやふやな人は一生懸命この文を解釈しようと頭を悩ませる
わけです。ところが，ドイツ語の文法がしっかりわかっていると，「100
パーセント誤植だ」とわかります。man と wir は1つの文の中に並立する
ことはあり得ません。

　添加成分の副詞句は，時間や理由など，その意味内容がはっきりわかるの
で解釈しやすいのですが，唯一難しいのは，補足成分で動詞の目的語になっ
ている場合です。これだけは動詞と前置詞目的語の組み合わせを知らなけれ
ばわかりません。

# 起点と到着点の非対称性

　前置詞のうち an, auf, hinter, in, neben, über, unter, vor, zwischen の 9 つは，意味に応じて 3 格支配と 4 格支配になります。日本語の文法用語では「3・4 格支配」と言うのが一般的ですが，ドイツではもっぱら Wechselpräposition と言います。直訳すると「交替前置詞」ですね。これらの前置詞は「位置・場所」，つまり「静止」した状態を示す場合は 3 格支配になり，「方向」，つまり「移動」を表すときは 4 格になります。

　**a. Sie wohnen in der Stadt.**　彼らは街の中に住んでいる。
　**b. Sie fahren in die Stadt.**　彼らは街に行く。

　in を使った例文で，上の a. の文では，「彼ら」と「街」の位置関係は一定です。「街に住んでいる」という文ではなんの動きもありません。それに対して，b. の文では，「彼ら」は「街」の中に入っていくので，「街」は彼らの移動の方向，もしくは到達点だととらえられています。ドイツ語では基本的な空間関係においてすべてこれを表しているわけです。

　ここまでは初級文法の知識ですが，この「静止」と「移動」についてもう少し考えて見ましょう。あるものの「移動」には「出発点」，「経路」，「到達点」がありますが，3・4 格支配の前置詞というのは，すべて「到達点」に関係するものです。出発点を表す前置詞は，von と aus ぐらいしかなく，しかもこの 2 つは 3 格支配の前置詞です。それに対して，到達点を表す前置詞は，3・4 格支配の前置詞 9 つと，zu を合わせれば，実に 10 もあるのです。「出発点」は「... から」というだけですが，「到達点」は「... の上に／中に／下に／前に／後ろに ...」など非常に詳しく表示されます。言語学ではこれを「出発点と到達点の非対称性」と呼び，多かれ少なかれすべての言語で見られる現象として知られています。我々人間は「どこから」よりも「どこへ」の方により注意を向けていて，それを言語で表す必要性があるというわけです。

　日本語でもこの「非対称性」はありますが，ドイツ語に比べれば「出発点」の表示も得意です。ちょっと独作文です。「彼はその本を机の上に置

く」という文は，みなさん，すぐに言えますね。Er legt das Buch auf den Tisch. です。では，「彼はその本を机の下から取り出す」というのはどう言えばよいでしょうか。ちょっと考えてください。かなりの上級者でもすぐに言えない人が多いでしょう。こう言います。

**Er holt das Buch unter dem Tisch heraus.**

holen だけで「取る」という意味ですが，それだけだと動きを表すのが弱いので，heraus- という前つづりを付けて，herausholen という分離動詞にします。そして場所の表示は，unter dem Tisch とします。ここがポイントです。つまり，unter の後は3格になるわけです。「下から」も「下へ」も両方運動ですが，unter + 4格はあくまでも「下へ」という到達点を表すのであって，「下から」という反対向きの運動は表さないのです。この場合は，たとえ運動でも unter + 3格という，文法的には「静止」として表示されるのです。日本語を話す私たちにとっては，「下から」の「から」をしっかり表したいのだと言ってもドイツ語の手段がないので仕方ありません。

ちなみに，「上面から」と「内から」はそれぞれ1つの前置詞で言えます。3・4格支配の前置詞ではありませんが。

**Er holt das Buch vom Tisch.** 彼はその本を机（の上）から取る。
**Er holt das Buch aus der Schublade (heraus).**
　　彼はその本を引き出しの中から取り出す。

von と aus の使い分けは難しいのですが，基本的に，von は「上面・表面からの離脱」，aus は「内部からの離脱」を表すと覚えておけばいいでしょう。「出発点」の表示としては，この2つがあれば普段は事足りるということですね。その他は，3・4格支配の前置詞の「静止」を使って，「彼は，机の下において，その本を取り出す」のように表現するのがドイツ語というわけです。

# 移動か静止か?

　3・4格支配の前置詞の使い分けで，もう1つ注意しなければならないのは，ある出来事・行為をそもそも「移動」としてとらえるか，「静止」としてとらえるかという問題です。基本的な例で説明すると，kommen「来る」は「移動」を表しますが，ankommen「到着する」は「静止」としてとらえられます。

| | |
|---|---|
| **Er kommt vor das Hotel.** | 彼はホテルの前に来る。 |
| **Er kommt vor dem Hotel an.** | 彼はホテルの前に到着する。 |

　日本語だと「来る」も「到着する」もあまり差がないように思えますが，kommen だと vor の後ろは4格，ankommen だと vor の後ろは3格にならなければいけません。

　このように，ドイツ語と日本語では，「移動」と「静止」のとらえ方の感覚が違うことがかなりあります。たとえば，「太陽は東から昇り，西に沈む」という文は，太陽の「移動」を表しているように思えますね。ところが，ドイツ語ではこう言うのです。

**Die Sonne geht im Osten auf und geht im Westen unter.**

　「東から」も im Osten，「西へ」も im Westen と言い，両方とも in + 3格の「静止」を表しています。「東において昇り，西において沈む」というとらえ方です。一般に，ドイツ語では「出現・消失」を表す文では，場所の表示は「静止」しているものととらえられるのです。この例では，太陽が東から昇るのは「出現」で，西に沈むのが「消失」です。類例を見ましょう。

| | |
|---|---|
| **Er erschien auf dem Bildschirm.** | 彼は画面に現れた。（出現） |
| **Das Raumschiff landet auf dem Mond.** | 宇宙船が月に着陸する。（出現の一種） |
| **Der Täter verschwindet im Wald.** | 犯人は森の中へ消えていく。（消失） |

　ドイツ語を勉強するときはたえず，この「移動」と「静止」に気を配ってください。

　前置詞の話からはずれますが，hin と her の使い方も重要です。hin は話し手から離れていく動きに対して使い，her は話し手に近づいていく動きに使われます。wo, wohin, woher の使い分けは問題ないですね。ドイツ語の最初のレッスンで習う文です。

**Wo wohnen Sie?**　　あなたはどこに住んでいますか？

**Wohin gehen Sie?**　　あなたはどこに行きますか？

**Woher kommen Sie?**　　あなたはどこの出身ですか？

　wo は静止状態，wohin と woher は移動を表しますが，方向が逆です。「何を当たり前のことを言っているのだ？」とお思いかもしれませんが，「こっちに来て！」という文を案外間違っていう人が多いのです。

### Komm hierher!

　英語の Come here! の感覚でしょうか，ドイツ語でも *Komm hier! と言ってしまいそうですが，これはいけません。hier は wo と同じように静止状態を表すのです。ここでは話者の方向への動きを表しているので hierher と言わなければいけません。では，「私はそこへ行く」はどう言いますか？*Ich gehe dort. なんて言わないでくださいよ。

### Ich gehe dorthin.

　dorthin は dahin でもいいですが，とにかく hin を付けなければ移動の表現にはなりません。

# 前置詞と定冠詞の融合形

　ドイツ語の前置詞の重要な特徴に，「定冠詞との融合」があります。これは後から説明するように定冠詞の指示力（「その…」と指し示す力）が弱いときに起きます。an + dem → am, an + das → ans, bei + dem → beim, in + dem → im, in + das → ins, von + dem → vom, zu + dem → zum, zu + der → zur があります。これらは，書き言葉でも話し言葉でも使われるものですが，なかには冠詞の指示力が弱くても特定の文体でのみ融合するものもあります。auf + das → aufs, für + das → fürs, über + dem → überm, über + das → übers, um + das → ums, vor + dem → vorm, vor + das → vors などです。これらは，基本的に話し言葉で雑に話すときに出てくるものです。たとえば，「私はプレゼントをもらって喜んでいる」というのは，Ich freue mich über das Geschenk. と言うのが一般的で，Ich freue mich übers Geschenk. と言わないこともない，というぐらいです。すくなくとも書くときには使いません。もともと，話し言葉では，定冠詞は dem → m, den → n, das → s と雑に発音されることが多いので，前置詞とこれらの雑な発音の組み合わせも現れるのです。上に書いたもののほかに，定冠詞 den が弱まって，auf'n, durch'n, übern などを耳にすることもあります。さて，上の融合形は，慣用句で使われるものもあります。慣用句なら書き言葉でも出てきます。Er setzt sein Leben aufs Spiel.「彼は自分の命を危険にさらす」，慣用句なので aufs Spiel を auf das Spiel とは言いません。

　それでは，「定冠詞の指示力」ということをきちんと説明しましょう。定冠詞は聞き手が特定できるものに付くことはすでに説明しました。Ich kenne den Mann.「私はその男の人を知っている」と言うためには，話し手は，「聞き手がどの男の人を指しているかわかる」ことを前提にしています。しかし，この「特定できる」にもいろいろあります。まず，ある人を指さしながら「あの人を知っている」という場合があります。これは指示力の強いケースで，den を「デーン」と長くのばして発音します。こうなると定冠詞というより指示代名詞ということになります。次に，相手がある人のことを話題にし，それに対し，「ああ，その人なら知っていますよ」という場

合があります。これは直接指すほど強くはないものの「他の人ならともかくその男の人なら」ということで，まだ指示力があります。

　これに対して，初めから指すものがわかっている場合があります。「想起されるものが通常1つしかない場合」とも言えます。たとえば，「彼は毎日大学へ行く」という文を考えてみましょう。私は大学の教員なので，この文の「彼」が私のことを言っているのなら，この大学は私の勤めている大学ということになります。教員にせよ，学生にせよ，毎日違う大学に行く人は世の中にあまりいません。ですから，Er geht jeden Tag zur Universität. となります。特定の大学を指しているので，定冠詞が使われますが，「その大学」と特に強く指し示していません。こういう場合が，「定冠詞の指示力が弱い」場合なのです。それに対して，たとえば，早稲田大学の学生がたまたま用があって慶応大学に行くこともあるでしょう。それで，「なんで彼は今日その大学に行くのですか？」と聞くとすれば，当然，定冠詞の指示力は強くなり，融合形ではなく，Warum geht er heute zu der Universität? と言うわけです。この文の der は強く読まれます。

　定冠詞の指示力が弱い場合にはもう1つあります。それは，「その名詞が特定のものを指すというより，動詞と結びついて行為を表す場合」です。たとえば，Ich gehe heute ins Kino.「私は今日，映画を観に行きます」という場合です。もちろん，映画を観に行くといえば，特定の映画館に行くという人もいるでしょうが，必ずしもいつも同じ映画館に行かなくても，ins Kino gehen と言うのです。まあ，熟語だと思って，そのまま覚えてしまえばいいのですが，一般的に言って，このように前置詞句が動詞と結び付いて熟語的に行為を表す場合，ドイツ語では指示力の弱い定冠詞が使われ，前置詞は融合形になる傾向にあります。ins Bett gehen「ベッドに行く（寝る）」，zur Schule gehen「学校に行く」，zur Kirche gehen「教会に行く」，mit dem Zug fahren「電車で行く」，zum Arzt gehen「医者に行く」などいくつもあります。

　なお，名詞が4格目的語になり，動詞とともに1つの概念を形成するときは，定冠詞はなくなります。Klavier spielen, Auto fahren などです。前置詞があるとないとで，少し違ってくるわけです。

# 前置詞の用法の拡張

　個々の前置詞の使い方をすべて解説するには紙面が足らないので，これからいくつか重要な前置詞を「用法の拡張」という観点から見ていくことにします。なかでも 3・4 格支配の前置詞である an, auf, hinter, in, neben, über, unter, vor, zwischen はとくにさまざまな用法を持っています。これらはすべて空間の位置関係を表す前置詞だということに注意してください。私たちがいろいろな物事を理解するとき，その認知的な基盤としてこの空間の位置関係が使われることが非常に多いのです。

　代表的なものが「時間」です。時間というのは抽象的なもので目には見えません。そこで，「空間」の概念を当てはめて考えるわけです。「1 時間前」とか「2 時間後」という「前」「後」の関係は本来「空間の位置関係」を表すものです。それをそっくり当てはめているわけです。このとき，どうして「前」と「後」は時間に使われるのに，「右」「左」は使われないのかとか，空間では「前」と「先」はほとんど同じ位置関係を指すのに，「1 時間前」と「1 時間先」ではどうして時間の方向が逆になるのかなど，考えると面白い問題がいろいろあります。日本語でもドイツ語でも同じように空間が時間に転用され，「1 時間前」が vor einer Stunde，「2 時間後」は nach zwei Stunden です。これが逆でなくて助かりますね。そもそも「前」というと，空間において自分が進んで行く方向です。時間も同じように進んでいくとすると，1 時間「前」は，これから先の 1 時間だっていいはずなのですが，時間の場合は過去を振り返って 1 時間「前」というわけです。言語によって違いがあっても文句は言えないところですが，すくなくとも日本語とドイツ語は同じとらえ方をしていると言いたいのです。真剣に考えると頭が痛くなってきそうなので，この辺でやめておきますが，時間における「後」だけちょっと付け加えておきます。ドイツ語では，実は 2 通りあります。

**in einer Stunde**　　（発話時点から）1 時間後
**nach einer Stunde**　　（発話時点以外の基準時から見て）1 時間後

　たとえば，ある人が「今からちょっと出かけるけど，1 時間後に戻ってく

る」と言うときは，Ich komme in einer Stunde zurück. と言います。この場合，nach は使いません。それに対して，「彼は昨日8時に来て，1時間後にまた出かけた」というのなら，Er ist nach einer Stunde wieder gegangen. となります。この文を言っている時点ではなく，昨日の8時という時点を基準にしているからです。この使い分けは日本語にはないので注意してください。この関連で，「1週間後の今日」という表現を覚えましょう。2つの言い方があります。

**heute in acht Tagen ＝ heute in einer Woche**

どちらかと言えば前者の方がよく使われます。in einer Woche はいいとして，どうして in acht Tagen と言うのか，と疑問に思うかもしれません。私もそう思います。1週間は7日だということを知らないのか，とドイツ人に言うと，「今日も入れて数えるから8日後でいいんだ」と答えるに決まっていますから，皆さんも聞いてみてください。その論理を受け入れてもいいのですが，だったら「2週間後の今日」は「15日後の今日」になるはずですよね。でもドイツ語では heute in vierzehn Tagen と言うのです。不思議ですね。

　ともかく，空間の概念は時間に拡張されていくわけですが，それだけではなく，他のさまざまな概念にも拡張されていきます。なかにはとても抽象的で，「前置詞格目的語」として覚えた方がいいものもあります。たとえば，Er wartet auf seine Freundin.「彼はガールフレンドを待っている」の「auf ＋人[4]」も，auf の持つ「... に対して，... を期待して」という意味から来ているにちがいありませんが，そういうことをあまり言い過ぎると，こじつけと思われる危険もあります。以下では，いくつかの重要な前置詞の意味の拡張を，こじつけにならないよう，「空間的イメージ」を手がかりにして説明していきます。

# an の用法

まずは，an からです。an の基本的意味は「接触」です。あるものとあるものがくっ付いているというイメージです。

**Das Bild hängt an der Wand.** その絵は壁に掛かっている。

**Bonn liegt am Rhein.** ボンはライン川沿いにある。

**Er steht am Fenster.** 彼は窓際に立っている。

「絵」と「壁」，そして規模が大きくなり，「ボン」と「ライン川」は実際に接触しています。さらに，必ずしもぴたっとくっ付いていなくても，すぐ近くなら an は使われます。am Fenster と言っても，蜘蛛男のように窓にぴったりとくっ付いているわけではありません。「窓のある辺り」ということです。飛行機の席で「窓側」が am Fenster，「通路側」が am Gang です。大学などで勉強している，働いている場合も，接触のイメージで an が使われます。

**Er studiert an der Universität Leipzig.**

彼はライプツィヒ大学で勉強しています。

この場合，in der Universität とは言いませんが，「ライプツィヒ大学での研究」という場合は，die Forschung an/in der Universität Leipzig と an でも in でも言えます。大学という場において研究されているとも，大学の内部で研究されているともとらえられるからです。

この空間の用法が時間に拡張され，「日」に対して使われることになります。am Morgen「朝に」，am Vormittag/Nachmittag「午前／午後に」，am Montag「月曜日に」，am Wochenende「週末に」などです。面白いことに，時間を表す言葉で，「朝」「午前中」「日」「週末」より短い単位の *e* Sekunde「秒」，*e* Minute「分」，*e* Stunde「時間」と，長い単位の *e* Woche「週」，*r* Monat「月」，*s* Jahr「年」，*s* Jahrhundert「世紀」などは「その中に」というイメージで in を使うわけですが，Morgen, Tag, Wochenende などは，時間の「単位」ではなく，その時間「帯」とも言う

べき「場所」のような感覚でとらえられているためでしょう。

　病気で死ぬ，苦しむというときも an は使われます。一種の「接触」です。たとえば，Sein Großvater ist an Krebs gestorben.「彼の祖父は癌で亡くなった」のように言います。

　「ある行為にずっと従事している」というときにも an が使われます。4格目的語というのは基本的に動詞の表す行為を全面的に受ける存在です。ですから，Er hat ein Buch geschrieben.「彼は1冊の本を書いた」と言えば，その本はできあがっているのです。それに対して，行為の継続だけでその完成は表現しないというときに「接触」というイメージを持つ an は便利です。Er hat an einem Buch geschrieben. と言えば，「彼がある本を執筆していた」ということを意味していて，それが完成したとは言っていません。私自身，今，Ich schreibe an diesem Buch. で，いつ書き上がるか見当がつかない状態なのですが，皆さんがこの本を読んでいるということは，Ich habe dieses Buch geschrieben. と言えるときが来るのでしょう。そう願いたいものです。

　このような例を見ると，an には，ある物に「部分的に」関わるという意味があることがわかると思います。ある物の量が問題となっているとき，an が使われます。「ある物に富んでいる，貧しい」などは，たとえば，Dieses Land ist reich an Bodenschätzen.「この国は地下資源に恵まれている」や，Diese Speise ist arm an Kalorien.「この料理はカロリーが少ない」のように言うのです。

　gewinnen「得る」，verlieren「失う」も，意味によって，目的語が4格になるときも，an + 3格になるときもあります。部分的なら an です。

**Er hat die Macht verloren.**　　彼は持っている権力を完全に失った。

**Er hat an Macht verloren.**　　彼の持っている権力はだいぶなくなった。

　「接触」から，「時間」だけでなく，「従事」や「部分」も出てくるのです。

194

# aufの用法

auf の基本的意味は「上面での接触」です。英語の on は，接触していれば，机の上 (on the desk) でも，壁の表面 (on the wall) でも方向は関係ないのですが，ドイツ語では重力に従って上からある物に接していることを表す auf という前置詞があり，その他の接触の仕方は an で表されます。

**Die Vase steht auf dem Tisch.**　花瓶は机の上にある。
**Sie sitzen auf dem Boden.**　彼らは床の上に座っている。

上面で接触しているということは，その物は上に向かって開かれているということです。たとえば，Straße「通り」を使った次の2つの文を比べてください。

**Die Studenten demonstrieren auf der Straße.**
　　学生たちは通りでデモをしている。
**Er wohnt in der Goethestraße.**　彼はゲーテ通りに住んでいる。

「... 通りに住んでいる」という場合，前置詞は auf ではなく in を使います。Straße には2つのイメージがあります。1つは，「道路」そのもので，当然，上に向かって開かれた平面です。路面ということですね。それで，通りでデモをする場合は auf der Straße になるわけです。もう1つのイメージは，路面ではなく，道路とその両脇にある建物をも含んだ「空間」です。もちろん上を見上げると空はあるので，厳密には閉じた空間ではないのですが，まわりの建物が高いと，そこを歩いている人は，その空間に包まれている気分になるはずです。「... 通りに住む」という場合はまさしくこのイメージで，in der Straße wohnen となるわけです。

ドイツの町では定期的に Markt「市」が立ち，その場所が Marktplatz です。ここはもちろん開かれた場所ですから auf を使います。

**Ich gehe auf den Marktplatz / auf den Markt.**
　　私はマルクトプラッツ／市場に行きます。

面白いことに，パーティーや舞踏会など社会的な催しも auf を使います。

**Er geht auf die Party / auf das Fest / auf den Ball.**

　彼はパーティーに／お祭りに／舞踏会に行きます。

　これがさらに抽象的になると，旅行や探索などの「途上に」いるというイメージにつながっていきます。

**Er ist auf der Fahrt nach Berlin.**　　彼はベルリンへの途上にいます。

**Die Polizei ist noch auf der Suche nach dem Täter.**

　警察はまだ犯人を捜しているところだ。

　auf で表される「上面」は基本的には重力に従った方向が基準となっているのですが，その角度は変わっても大丈夫です。要は，その面に対して直角の方向から行為が行われるというイメージです。

**Er hat auf die Wanduhr gesehen.**　　彼は壁掛け時計を見た。

　これが「ある物の上にちょうど重なる」というイメージにつながっていきます。

**Mein Geburtstag fällt dieses Jahr auf einen Sonntag.**

　私の誕生日は今年は日曜日になる。

　上面から途上へ，そしてぴったりと重なるというように auf の意味は広がっていくのです。

# in の用法

　in のイメージはかなり明確です。あるものの「内部」にあることを表現します。

| | |
|---|---|
| **Sie sind im Klassenzimmer.** | 彼らは教室にいる。 |
| **Er ist jetzt in Deutschland.** | 彼は今，ドイツにいる。 |
| **Wir sind in der Gruppe A.** | 私たちは A グループだ。 |

　「教室」は 3 次元ですが，「ドイツ」のような国の場合のイメージは 2 次元で，線で囲まれた「ある範囲の内部」というものです。国や州，町すべて in ですが，島や半島の場合は auf で言います。その上に乗っかっているというイメージです。日本は島国ですが，さすがに＊auf Japan とは言わず，in Japan です。佐渡島だと auf Sado ですね。北海道の大きさだと微妙なようです。私が知っている日本に住んでいるドイツ人でも auf Hokkaido と言う人もいれば，in Hokkaido と言う人もいます。どちらが正しいということではなく，その人がどのようなイメージを持っているかですね。「グループ」，「集団」は，少し抽象的にはなりますが，やはりその中にいるというイメージは容易に理解できますね。

　同じ「私はベッドに横になる」でも auf と in ではイメージが違います。Ich lege mich auf das Bett. と auf を使うと，ベッドの上に横になるだけで，掛け布団は掛けないのですが，Ich lege mich ins Bett. と in を使うと，掛け布団にくるまれた状態に入るわけです。ですから，就寝するという意味では，ins Bett gehen としか言わないのです。もちろん，世の中には掛け布団を掛けずに寝る人もいるかもしれませんが，言語表現というのは多数派に従うのです。

　in は時間に使われることは an のところですでに述べました。in dieser Woche「今週」，im Sommer「夏は」などです。また，もっとずっと時間の幅がある「過去」，「現在」，「未来」も in der Vergangenheit, in der Gegenwart, in der Zukunft とそれぞれ in で表します。

　これがさらに抽象的になると，ある状況の中にいるということになります。

Sie ist jetzt in Schwierigkeiten. 　　彼女は今，困難な状況にある。

Die Maschine ist jetzt in Betrieb. 　　その機械は今，作動中です。

Das Wasser verwandelte sich in Eis. 　水はすっかり氷になった。

in Betrieb は作動中ということで，反対は außer Betrieb と言います。な
ぜか，ドイツの学生寮のエレベーターはよく故障して außer Betrieb という
札をしょっちゅう目にします。もっとも，in Betrieb しているのが当たり前
なので，そういう札はそもそもないのでしょうが。また，あるものがすっか
り形を変えて，あるものになるという場合も，その状態にすっかり入り込む
というイメージになります。水が氷になるような場合ですね。

　in を使うときは，このように「容器のイメージ」があると言えます。し
かし，ドイツ語で何がそのようなイメージになるかという具体例はそのつど
覚えていかなければなりません。たとえば，Zeitung「新聞」はそのような
ものの1つです。

In der Zeitung steht nichts Interessantes.

　　新聞には何も面白いことは載っていない。

Der Skandal ist in die Zeitung gekommen.

　　そのスキャンダルは新聞沙汰になった。

人間でもときにはこのイメージでとらえられることがあります。

Mit 78 Jahren verliebte Goethe sich in ein 19-jähriges Mädchen.

　　78歳の時，ゲーテは19歳の少女に恋をした。

Er sah in ihr eine wahre Frau. 　　彼は彼女に真の女性を見いだした。

「ある人に恋をする」は，sich in $j^4$ verlieben と言いますし，下の例のよ
うに，「ある人に ... を見いだす，ある人を ... と思う」と言うときにも in を
使います。Freund「友人」や Feind「敵」が多いパターンですが，78歳で
19歳の少女にプロポーズしたゲーテは何を見いだしたのでしょうか。

198

# aus の用法

in がある「容器」の中にあることを示すのに対して，その反対に，「容器から出る」というイメージが aus です。

**Die Kinder kommen aus dem Klassenzimmer.**　子どもたちは教室から出てくる。
**Er nimmt einen Bleistift aus der Schublade.**
　彼は引き出しの中から鉛筆を取り出す。
**Ich komme aus München.**　私はミュンヘン出身です。

「教室」，「引き出し」はもちろんのこと，やはり街も境界線を持った1つの容器のイメージですから，そこの出身だと言うときは aus を使うのです。すでに書きましたが，重要なのでここで繰り返すと，aus が「内から外へ」で，von は「表面からの離脱」を表すという違いがあります。

**Er nimmt das Bild von der Wand.**　　　彼はその絵を壁から取る。
**Er nimmt das Buch vom / aus dem Regal.**　彼はその本を本棚から取る。

壁からあるものを取る場合は von を使います。壁というと表面しかないからです（もちろん，壁の中には塗り込められた死体が隠されてあって，それが壁の中から出てきたというある古典的推理小説のシーンなら aus der Wand ということになります）。それに対して，「本棚」の場合は von も aus も両方あり得ます。それを言っている人が，「棚板」のイメージを持っているのならば von になりますし，本棚がある容器だと思っていれば aus です。中から取り出す感じになりますからね。aus か von か迷う場合もあると思いますが，「容器」か「表面」かというイメージで考えればたいていの場合，間違えません。

aus が in の反対だと考えれば，時間に関する例もわかりやすいでしょう。

**Dieses Gebäude stammt aus dem 18. Jahrhundert.**
　この建物は 18 世紀のものです。

少し容器のイメージとは変わってきますが，「ある物から」ということ

で，材料を表す場合に aus は使われます。そこから生まれる，出てくるとい
うイメージにはちがいありません。

**Dieser Tisch ist aus Holz.**　この机は木製です。

**Wasser besteht aus Wasserstoff und Sauerstoff.**
水は水素と酸素でできています。

「材料」というと語弊がありますが，生物でも「ある状態から出てくる」
というイメージでとらえるときは aus を使います。

**Aus den Raupen werden Schmetterlinge.**
毛虫が蝶になる。(←毛虫から蝶が出てくる)

**Was wird aus ihm?**　彼は一体，何になるのだろう？

この「材料」の延長上にあるのが，「理由」です。日本語でも「嫉妬か
ら」などと言うのと同じ感覚です。

**Er hat den Mann aus Eifersucht erschossen.**　彼はその男を嫉妬から撃ち殺した。

**Aus welchem Grund hat sie das gesagt?**
どんな理由で彼女はそれを言ったのですか？

「中から出る」というイメージが材料，そして理由にまで広がっていくの
です。

200

## コラム　行くと来るの話

　ドイツ語と日本語で使い方に差がある動詞はいろいろとありますが，gehen, kommen と「行く」「来る」は，そのようなものの1つです。これらは，移動を表す動詞です。このとき，「何が・誰が（移動物）」，「どこから（出発点）」，「どこへ（到着点）」が問題となりますが，大体どの言語でも出発点よりも到着点が表現の使い分けに影響を与えます。この章で述べた「起点と到着点の非対称性」と関連する現象です。

　ドイツ語の gehen, kommen，日本語の「行く」「来る」も，「どこへ」がポイントになります。到着点が話し手（＝「私」）のいる地点の場合，kommen と「来る」が使われます。Er kommt morgen zu mir.「彼は明日，私のところへ来る」。また，話し手（および聞き手）がいない場所への移動は gehen と「行く」が使われます。Sie geht jetzt nach Hause.「彼女は今から家に行く」と言えば，少なくともこの文を言っている人はその家にはいないわけです。

　ここまでは「行く」＝ gehen，「来る」＝ kommen が成立する場合です。問題は聞き手のいるところが到着点の場合です。このとき，ドイツ語では必ず kommen が使われます。日本語では移動するものが話し手であるとき「行く」が使われるので，「行く」＝ kommen になるわけです。「今からあなたのところへ行きます」は，Ich komme jetzt zu Ihnen. と言うわけです。

　ところが，日本でも地域によっては，なんと相手のところに行くのを「来る」と言うのですね。またまた熊本弁ネタです。電話などで，今から相手の家に行くと伝える場合，「今からくっけん（＝来るから），待っとって」のように言うそうです。ドイツ語が kommen しか使えないのと違い，「行く」も使えないことはないそうですが，そう言うと，「自分の家から出かけるが，必ずしも相手のところに到着するわけではない，と言っているように聞こえて変だ」と熊本の学生さんたちは言っていま

した。「到着」することに焦点があたると「来る」を使うのです。

　この到着点指向は，聞き手のところに行く場合以外でも，kommen にも見られます。「駅にはどう行ったらいいですか？」は，Wie komme ich zum Bahnhof? と言うのです。道を尋ねるときは，「どうやったらそこに到着するか」が焦点です。もし，gehen を使って，Wie gehe ich zum Bahnhof? と尋ねると，「さあ，ピョンピョンと跳ねて？　あるいは這って？」と言われるかもしれません。「私はどんなやり方で駅に行くのかわかりますか？」という質問だからです。

　到達点といえば，Wo kommen wir da hin? という表現があります。「そんなことしてたら，私たち一体どうなっちゃうと思うの？」とか「そんなことして意味あるわけ？」と言いたいときに使います。どこにたどり着くのだろうかということですね。

　さて，gehen と kommen が，形容詞や前置詞句と結び付いて熟語的な表現を形成するときは，gehen は悪い方への変化を表す傾向があります。bankrott gehen「破産する」，kaputt gehen「壊れる」，in Stücke gehen「粉々になる」などですね。これはやはり，自分から遠ざかるという gehen の意味が反映されているのでしょう。人間誰しも自分のところが良くて，自分から離れて行くものには否定的な見方をするものです。それに対して，kommen は，zu sich kommen「意識が戻る，我に返る」のように「自分のところに」もありますが，「到達」の意味を強く持っているものがあります。この場合は，zur Einigung kommen「（意見などが）一致する」，zum Ausdruck kommen「表現される（ようになる）」のように肯定的・中立的なものもありますが，ins Rutschen kommen「滑り始める」，ins Stocken kommen「停滞し始める」のように否定的なものもあります。

　なかなか，行くと来るの世界も奥が深いものがあります。

# 代名詞とは?

　これまでは，名詞句の文法的機能をどう形態的に表示するかという「区別」を見てきました。ここでは別の「区別」について考えてみます。それは，ある語が何を指しているかをはっきりさせるという「区別」，つまり「指示」の問題です。まず，その「指示」に2つあるということから始めましょう。

　日本人がドイツ語を話すときによくする間違いの1つに次のものがあります。ドイツ語のクラスで，「隣の人を紹介しなさい」という「他己紹介」の課題を出すと，たいていの学生は隣の学生を指さして，こう始めます。

\* Er ist Herr Tanaka.

　ドイツ語ではこの文は間違いです。正しくはこう言います。

Das ist Herr Tanaka.

　ここまで読んで，「そんなの当たり前だ」と思った人はこのページはとばして結構です。「え，どうして間違いなの？」と思った人はもう少しお付き合いください。そういう人は日本語で「彼が田中さんです」と言えることを念頭に置いているのかもしれませんし，また das は「これ」なので，「これが田中さん」と人間に対して言うのは失礼だと思い込んでしまっているのかもしれません。しかし，機械的に er = 彼，das = これ，と覚えるのは危険です。

　重要なのは，er は「代名詞」で，das は「指示詞」だということです。この2つはその機能がまったく異なるのです。「代名詞」とは，読んで字のごとく，「名詞の代わりになるもの」です。つまり，会話やテクストに一度登場したものしか代名詞になれないのです。Das ist Herr Tanaka. と一度言ってから，その Herr Tanaka をうけて，Er ist mein Kollege.「彼は私の同僚です」というのがその使い方です。

　言語学では，「指し示す」ということを「照応する」と言います。そして，ある語（たとえば er）と別のある語（たとえば Herr Tanaka）の間に指

し示す・指し示される関係があるとき，「照応関係がある」と言います。代名詞は，テクスト内でしか「照応関係」を持たないものです。もう少し説明しましょう。

　語や表現が何を指し示すかには2通りあります。あるものを指さして「これ」とか「あれ」という場合，それは現実の世界にあるものを指しています。現実界とは言語の外にあるものということなので，「言語外世界」とか「言語外現実」とか言います。つまり，「これ」が実際に何を指しているかは，言語の中だけではわからず，その人の指の先を見なければいけません。少なくとも，それが実際に言われた場面に立ち会っていなければいけませんね。それに対して，「私は昨日ある男性と知り合いました。彼はドイツ料理店を経営しています」という場合，2番めの文の「彼」はその前の文に出てくる「ある男性」を指しています。実際にこの男性を知らなくても，またこの文が言われた（書かれた）場面に居合わせなくても，「彼」が「ある男性」を指していることは日本語を話す人間なら誰でもわかります。つまり，言語の中だけで何を指しているかが解決されています。ここでいう「言語の中」とは意味のあるまとまり，つまり「テクスト」のことです。er などの代名詞はテクスト内でしか照応関係を持ちません。

　代名詞はテクスト内照応しかできない，つまり言語外世界のものは指せないという説明を読んで，「では ich はなんだ？」と思った方がいたら，人称代名詞の話をちゃんと覚えてくださっているということで嬉しく思います。そこに書いたように，話し手を表す1人称と聞き手を表す2人称は，場面指示的なダイクシス表現で，「指示詞」の一種です。特定の名詞の代わりをつとめているわけではないからです。「指示詞」は代名詞とは異なり，基本的に言語外に照応関係を持つものです。指示詞の代表的なものが das で，とにかくあるものを指し示すときに用いられます。英語の this, that と異なり，距離に関係なく，また人間や事物の差もなく，指す物体（の表す名詞の）性にも関係なく使われるオールマイティーの指示詞です。

　とにかく，「代名詞」と「指示詞」は違うという話でした。

# 指示に関わることば

　言語内指示（テクスト内照応）をする代名詞と言語外指示をする指示詞の違いはわかってもらえたと思います。しかし，ややこしいのですが，指示に関する語のなかには両方の使われ方をするものもあるのです。ここで，ドイツ語の指示詞と代名詞をまとめて見てみましょう。

| das | 指示詞 | 言語外世界（性・数関係なし） |
| dieser | 指示詞 | 言語外世界＋テクスト内 |
| der/die/das | 指示詞 | 言語外世界＋テクスト内 |
| der/die/das | 冠詞 | テクスト内＋言語外世界 |
| er/sie/es | 代名詞 | テクスト内 |

　das は必ず言語外世界の物を指し示し，逆に er/sie/es などの代名詞は必ずテクスト内（言語内世界）の物を指し示します。ここまではわかりやすいのですが，問題はその中間にあるものです。これらは言語外指示も言語内指示もするのです。ここがややこしいところですので，ゆっくり勉強していきましょう。重要なことを先取りして言っておくと，das 以外はすべて，性・数・格を明示しているということです。それでは dieser と der/die/das の指示詞としての用法から見ていきます。

　英語では「これ」＝ this,「あれ」＝ that で，もうすでにおなじみです。目の前にあるものを指すとき，つまり，話者からの距離が近いものが this, 遠いものに that が使われます。しかし，これにドイツ語の dieser と jener をすぐに当てはめるのは危険です。具体的な場面の例で考えてみましょう。ある男性が奥さんとスーツ（r Anzug）を買いに紳士服売り場に行ったとしましょう。そこで目の前にあるスーツを指して「このスーツ」，ちょっと離れたところにあるスーツを指して「あのスーツ」と言うとき，最もよく使われる表現はこうなります。

**Wie gefällt dir der Anzug hier?** このスーツ，気に入った？

**Nein, er gefällt mir nicht so gut. Mir gefällt der da besser.**
いいえ，これはあまり気に入らない。あそこのものの方がいいな。

つまり，「定冠詞＋名詞＋hier/da」という組み合わせです。この場合，定冠詞は場所を表す副詞 hier や da と一緒になり「これ・それ」と指示性が高まります。定冠詞よりも指示詞に近い用法です。さらに，指示物が明らかなら名詞を省略して，der hier「ここのもの（＝Anzug）」とか der da「そこのもの（＝Anzug）」と言うことができます。この場合，性・数・格が明示されるのはもちろんです。この用法は完全に「指示代名詞」となります。定冠詞と指示代名詞はほとんど同じですが，2格と複数3格だけ -en が付いた「強勢形」になります。男性・中性2格は dessen と des に -sen が付きますが，この -s は des の［s］の音をそのままにするために音声上の理由から付けるつづり字です。2格は名詞がないと極端にわかりにくくなること，複数3格は男性4格との混同を避けるために強勢形になります。一覧表は巻末にありますので，参考にしてください。関係代名詞と同じ形です。

これらの言葉は「指示代名詞」という名前が付けられていることからわかるように「代名詞」の一種です。ただし，先に述べたように er や sie などの「人称代名詞」がテクスト内照応しか持たないのに対し，これらは言語外照応もあります。つまり，いきなりスーツを見せながら，こういうのです。

**Wie gefällt dir der?** これ，気に入った？

スーツは der Anzug ですから，der だけにするわけですね。der の後に hier を付けることが多いのですが，このようになくても大丈夫です。指示代名詞は，名詞の性・数・格に応じたものが使われることにより何を指しているかわかるようになっているのです。名詞の性の区別はこのように指示のシステムに深く入り込んでいるのです。

# 指示代名詞と定冠詞の指示用法

　もう少し指示代名詞の使い方を見ましょう。前ページの続きで，今度はズボンを見せながら同じように相手に気に入ったかどうか尋ねてみましょう。

**Wie gefällt dir die?**

　大丈夫ですね。ズボンは die Hose，女性名詞ですから指示代名詞は die になるのです。ドイツ語のネィティブスピーカーは瞬間的に名詞の性に即した指示代名詞が口をついて出てくるからたいしたものです（ネィティブだから当たり前ですが）。指示代名詞はそれまで言及されていないものでも使えるところがポイントです。だから，言語外指示というわけですが。

　それでは der Anzug と die Hose を一度話題にして，それが気に入ったかどうか聞くときはどうでしょうか。指示代名詞も使えないわけではないですが，すでに言及済みなので，言語内指示の人称代名詞を使います。

**Wie gefällt er dir?**（Wie gefällt dir der?）
**Wie gefällt sie dir?**（Wie gefällt dir die?）

　ここでは語順に注目してください。カッコの中には指示代名詞を使った文を入れておきました。er や sie と dir は同じ人称代名詞です。その場合は，必ず1格の方を先に言います。\* Wie gefällt dir er? とは絶対に言えません。それに対して，人称代名詞の dir と指示代名詞の der や die が並ぶと，指示代名詞の方が1格で主語であっても多くの場合，3格の人称代名詞の後に言います。それだけ人称代名詞は「定」である度合いが高いからです。とはいえ，Wie gefällt der dir? と言っても間違いではありません。

　これに関連して，語頭の位置に目的語が来る場合，注意が必要です。この例を見てください。

**Diese Bluse gefällt mir. Die nehme ich.**　（\* Sie nehme ich.）
　このブラウスが気に入りました。これにします。

　2つめの文の先頭になっている die はもちろん die Bluse を指しています

す。これは nehmen の目的語で4格ですね。この場合，人称代名詞を使って，*Sie nehme ich. とは言えないのです。人間以外のものを指す人称代名詞は1格しか文頭に置かれません。語順を変えて，Ich nehme sie. ならもちろん大丈夫ですが，文頭に目的語を置きたければ指示代名詞を使うのです。

　さて，指示代名詞や定冠詞の指示用法には hier や da などの副詞だけでなく，場所を表す前置詞句も付きます。

### Mir gefällt das Kleid im Schaufenster.

　ショーウィンドーにあるドレスが気に入りました。

　この das Kleid を das だけで言えますが，人称代名詞の es にはなりません。

### Mir gefällt das im Schaufenster.
### *Mir gefällt es im Schaufenster.

　es を使うのなら，それは das Kleid im Schaufenster がすでに言及されているはずなので，es はこの名詞句全体を指すことになります。

### Mir gefällt es.

　この事実からも人称代名詞と指示代名詞がまったく違うものだとわかるでしょう。人称代名詞は，厳密に言うと，代「名詞」ではなく，代「名詞句」なのです。名詞句の代わりになるものが代名詞なのです。

# dieser と jener

これから，定冠詞類の dieser と jener について見ていきましょう。一般的にこれらは「指示冠詞」と呼ばれています。先に述べたように日本語の「これ」，「あれ」や英語の this と that とまったく同じだと思うのはとても危険です。

まず，jener は現在のドイツ語，特に話す際には，ほとんど言語外指示には使われません。たとえば，自分から離れたところにあるグラスを指して，「あのグラス，持ってきてくれる？」と言うとき，jener は使いません。

**Kannst du mir das Glas da/dort holen?**

**(Kannst du mir jenes Glas holen?)**

下の文は文法的に間違っているわけではないので，*のマークは付けませんが，非常に不自然です。自分から離れたグラスを指して言う場合は，jenes Glas ではなく，上で説明した das Glas da/dort を使うのが自然です。つまり，jener は，言語外指示には使われないということです。その代わり，テクスト内照応はします。

**Es war der 24. Dezember. An jenem Abend beschlossen sie zu heiraten.**
12 月 24 日だった．その夜，彼らは結婚することにしたのだった．

**Was ich nicht aushalten kann, ist jene Arroganz, die ihn so kennzeichnet.**
私が我慢できないのは，彼に特徴的な例のあの傲慢さなんだ．

上の文の an jenem Abend は前に出ている 12 月 24 日を指すわけです。ここは実は an diesem Abend とも言えるのですが，jener を使う方が少し距離があるのを感じます。日本語の「その夜」と「この夜」と似た感覚です。しかし，jener には，「例の」，「既知の」という意味がつきまとうのが異なります。それが下の文ではよく表れています。

jener と違い，dieser は確かに言語外指示で，あるものを指し示します。しかし，日本語の「この」とは少し違う部分があります。次の文を見てください。

**Dieses Haus ist Goethes Geburtshaus.**

この / あの家がゲーテの生まれた家です。

日本語の「この」は近い距離のものにしか使いませんが，ドイツ語の dieser は話者がはっきり指し示せばかなり遠くのものでも使えます。それで，日本語では dieser を「あの」と訳した方がいい場合もあるわけです。さらに dieser にも言語内照応があります。たとえば，Ich habe von dieser Sache noch nie gehört.「そのことについては聞いたことがありません」というような場合です。これは相手の言ったことに驚いて「そんなことは聞いていない」という場合ですね。今度はどちらかというと dieser が「その」に対応することになります。

また，dieser と jener が対比されているときは，jener が「前者」，dieser が「後者」になります。dieser の方が直前のものを指すからです。

**Herr Müller und Herr Schmidt waren da; dieser trug einen Anzug, jener eine Jeans.**

ミュラー氏とシュミット氏がそこにいた。後者（シュミット氏）は背広を着ており，前者（ミュラー氏）はジーンズをはいていた。

なお，このように dieser と jener が対比されている場合は別ですが，dieser を単独で人間に使うのは失礼な言い方だと感じられるようです。たとえば，写真を見ながら，ある男性を指して，Ist dieser Herr Müller? と言うのは日本語で言うと「こいつがミュラーさん？」みたいな感覚になるようです。どうも，dieser の -er が「男性」を明示することが人間の場合にはいけないようです。Ist das Herr Müller? と言うか，dieser の -er の語尾をとって，Ist dies Herr Müller? と言うのならば大丈夫です。物の場合，性を明示して，Ist dieser dein Kugelschreiber?「これ，君のボールペン？」と言えるのとは対照的です。

# 冠詞の用法

　ここから冠詞の用法について勉強していきましょう。日本語には対応するものがないので，冠詞を正しく使うのは非常に難しいことです。

　冠詞の用法を一言で言うと，定冠詞は「どれだか特定できるものを示す」，不定冠詞は，「どれか特定できない1つのものを示す」ことにあります。具体例を見てみましょう。

**Heute habe ich eine Ansichtskarte bekommen.**

　　今日，私は絵はがきをもらった。

**Auf der Ansichtskarte ist der Kölner Dom zu sehen.**

　　その絵はがきにはケルンの大聖堂が写っていた。

　上の文では，不定冠詞を使うことによって初めて「絵はがき」が話題に導入されます。そして，下の文ではすでに話題になっているので，聞き手はどの「絵はがき」のことなのか特定できます。したがって定冠詞が使われるのです。これが基本です。

　では，下の文の der Kölner Dom は，なぜ初めて登場するのにもかかわらず，定冠詞が付いているのでしょうか？　それは，「ケルンの大聖堂」と言えば1つしかなく，誰でも知っているからです。類例として，die Sonne「太陽」，der Mond「月」などがあります。ただし，次の例を見てください。

**Der Mond steht am Himmel.**　　月が空に出ている。

**Der Mars hat zwei Monde, aber die Erde hat nur einen Mond.**

　　火星には月が2つあるが，地球には月が1つしかない。

　上の文では「地球の月」が問題になっているので定冠詞が付きますが，下の文では「衛星」という意味で一般的な「月」が火星と地球にそれぞれいくつあるかを言っています。このような場合は不定冠詞（ここではむしろ「数詞」と考えた方がいいかもしれませんが）を使わなければいけません。

　もう1つ例を挙げましょう。

　ある家庭に招待されていて,「トイレはどこですか?」と尋ねる場合は,次のa.とb.のどちらでしょうか?

**a.** Wo ist die Toilette?
**b.** Wo ist eine Toilette?

　正解は,a.の定冠詞を使う方です。ごく普通に考えて,住居の中にはトイレがあるに決まっているので,そのトイレは「特定」になるのです。これに対して,路上で「この辺りでトイレはどこですか?」と尋ねる場合,そのトイレは「不特定」なのでb.を使います。「不特定」は「どれでもいい」ということでもあるので,b.はあせってトイレを探しているという切実感が相手に伝わることにもなります。「どんなトイレでもいいから,とにかくトイレがどこにあるんだ?」ということだからです。路上でトイレを探すのなら,Gibt es hier eine Toilette?「ここにトイレはありますか?」と聞くのが自然です。

　補足しておきますが,ここの「特定」-「不特定」はあくまでも「聞き手が特定できるかどうか」を言っています。Ich kenne ein gutes Café.「私はいい喫茶店を知っている」のCaféは話し手にとっては,当然,特定のある喫茶店ですが,聞き手にとってはこの段階ではまだ「どれか」はわからないので「不特定」です。話し手にとって特定かどうかという観点は言語学では,spezifisch, unspezifischと呼ばれます。「昨日,私の家にある客が来た」という場合,この人物は話し手にとっては特定可能で,spezifischな存在です。しかし,聞き手にとっては誰だかわかりません。ドイツ語の冠詞はspezifischかunspezifischかを区別する機能はありません。あくまでも定冠詞・不定冠詞の使い分けは,聞き手にどのように情報を提示するかの問題なのです。

# 総称

　一般論として「…は〜だ」というのを「総称」と言いますが，このとき，どの冠詞を付けるか迷うものです。「日本人は労働中毒だ」という文を言うのには，定か不定か，単数か複数かで計4つの言い方があります。

a.　Der Japaner ist arbeitssüchtig.
b.　Ein Japaner ist arbeitssüchtig.
c.　Die Japaner sind arbeitssüchtig.
d.　Japaner sind arbeitssüchtig.

　いずれも「日本人」全体を表しています。「日本人」は言うまでもなく1億人以上いるわけですから，それが単数名詞でも言えるのは不思議な感じですが，個々人を問題にしているのではなく「類」に対して「日本人」というレッテルを貼っているのです。そこで，a. の「定冠詞＋単数名詞」というのは，問題となっている属性（ここでは労働中毒であること）が，その類全体に例外なく当てはまることを示すことになります。ですから，これは定義を述べるときに使われるような非常に堅い表現となります。たとえば，Das Dreieck ist eine von drei Linien begrenzte Fläche. 「3角形は3つの直線によって区切られた平面である」とか，Es irrt der Mensch, solange er strebt. 「人間は努力する限り迷うものである」（ゲーテの格言）などがあります。これに対して，上の a. は，働かない日本人も結構多いと思われるので，少し言い過ぎということになります。

　次に，不定冠詞の付いた単数名詞が「類」を代表する b. の場合を見てみます。前ページのトイレの例で，不定冠詞は「どれでも」という意味を持つことを述べました。つまり，ある集合に含まれるどの要素を取り出したとしてもあることが成り立つということです。Ein Japaner … と言えば，「日本人の集合に属する人間なら誰を取り上げても」ということです。定冠詞＋単数名詞が，その類や集合を全体的にとらえてレッテルを貼るのと違い，不定冠詞は個々の要素に目を向けるという点では異なります。しかし，その上で「どれを見ても」ということになるので，結局あまり変わらない結果になり

ます。3角形の定義は，Ein Dreieck ist eine von drei Linien begrenzte Fläche. とも言えます。

不定冠詞の「どれを取り上げても」という性質は，仮定や前提を表すことにつながります。たとえば，Ein Deutscher würde das nie machen.「ドイツ人ならそんなことは決してしないだろう」や，Das Stück kann nur ein Beethoven komponieren.「その作品は，ベートーヴェンじゃないと作曲できない」などの例です。この ein Beethoven は Beethoven その人ではなく，「彼のような天才的な才能を持った音楽家でないと」と意味が拡張しています。このような不定冠詞の使い方があることも覚えていくといいでしょう。

このように，定冠詞が付いても不定冠詞が付いても単数形の名詞が総称として用いられれば，例外なくその属性が当てはまることを表します。ですから，「日本人は労働中毒だ」ぐらいの内容を単数形で言うのは大げさです。

単数形と違い複数形を使うと，個々の要素に目を向けつつ，集団としてとらえることになります。いろいろな人種，民族が入り交じる会場に，日本人の団体がかたまって立っている場面を想像するといいでしょう。その日本人たちに対する評価として「あの人たちは働き過ぎだ」とまわりの人々が言うときに，複数形が使われるのです。定冠詞を使うか，無冠詞かは，その日本人のグループの境界線がはっきりしているかどうかによります。Die Japaner sind ... と言うと，「日本人グループ」として，他のたとえば「ドイツ人グループ」とはっきり対比されている感じがします。あるいは，世界の中で日本人だけが孤立してかたまっているような感じです。それに対して，無冠詞だと，グループの境界線は必ずしも明確ではないものの，「日本人というものはだいたい ... というものだ」と言っていることになります。「日本人は労働中毒だ」という内容なら，たとえば「あなたはよく働きますね」とドイツ人に言われたときに日本人が「まあ，日本人は働くのが中毒みたいなものなんですよ」と言うときには複数無冠詞，ドイツ人が日本人のうわさ話で，「日本人というものは，我々ドイツ人と違って，休暇もとらずに長時間働く労働中毒のやつらなんだ」と決めつけるような感じで言うときには複数定冠詞ということになるわけです。

# 属性を表すときは無冠詞

　ドイツ語では「AはBだ」という述語用法で職業や身分を表すとき，名詞には冠詞を付けません。

**Ich bin Student.**　私は学生です。

　英語では，I am a student. と言うので，ドイツ語で冠詞が付かないのは変に感じられるかもしれません。英語は「学生の中の一人」という論理で不定冠詞が付くのですが，ドイツ語では，「学生であること」が自分の「属性」であるという論理で冠詞が付かないのです。Ich bin fleißig.「私は勤勉です」など，形容詞を使った文と大差ない感じです。Er ist Japaner.「彼は日本人だ」，Sie ist Deutsche.「彼女はドイツ人だ」のように「... 人だ」というときも無冠詞です。

　職業名でも，Sie ist Englischlehrerin.「彼女は英語の先生だ」のように冠詞は付けませんが，Sie ist eine gute Lehrerin.「彼女はよい先生だ」のように，形容詞が付き，職業よりも，どんな先生かという描写に力点が置かれると，不定冠詞が付きます。

　とまあ，初級文法ではここまで知っていれば十分過ぎるほどですが，もう少し掘り下げてみましょう。それは，「私は学生だ」を Ich bin ein Student. と言う時もある，ということです。一般には冠詞が付かないとされているのに，どういうときには付くのでしょう。次に挙げるやりとりをよく見てください。

a.　**Musst du viel lernen? —— Natürlich, ich bin Student.**
　　君はたくさん勉強しなければならないの？——もちろんだよ，僕は学生だからね。

b.　**Du sollst nicht bis Mittag schlafen.**
　　**—— Warum nicht, ich bin doch ein Student.**
　　昼まで寝てないでよ。——どうして駄目なのさ。だって僕は学生だよ。

　さて，どこが違うかわかりますか？　「たくさん勉強する」，「昼まで寝ている」はどちらも学生の性質と考えられますが，両者は微妙に違いますね。

勉強は学生の本分であり，その属性の中心をなしているものです。それに対して，朝早く起きないのは，学生であることの必要条件ではもちろんありません。しかし，学生という「種」に多くの場合，観察される性質ではあります。ある種の「学生らしさ」です。このようなときは，それが「職業」，「身分」を表す名詞であっても不定冠詞が付くのです。この例は少し難しかったかもしれませんが，もっとわかりやすいのは，実際はそうでなくてもそのような性質を持つと言いたいときです。

**Er ist ein Politiker.**　　彼は政治的な人間だ。

**Du bist ja ein Schauspieler.**　君はまったく役者だねぇ。

　いるんですよねぇ，大学の先生のなかには研究や教育よりもいわゆる「学内政治」に燃えている人が。もちろん，職業としては Er ist Professor. なんですが，やっていることは一種の政治家です。こういうときに ein Politiker と言うのです。そういう人はまた ein Schauspieler なんですね。「よくやるよ」って感じです。前に述べた ein Beethoven「ベートーベンのような人」は，この用法が拡張されたものです。

　これまで sein を使った例を見てきましたが，werden を使うときに，名詞が単独で使われるときと，zu が付くときがあります。たとえば，Er ist Arzt geworden.「彼は医者になった」では zu は付きません。このように職業の場合は，医者か医者でないかのどちらかです。それに対して，Er wird immer mehr zum Pantoffelhelden.「彼はどんどん奥さんの尻に敷かれていく」と言います。Pantoffelheld は，Pantoffel「スリッパ」+ Held「英雄」とは面白い言い方ですが，ドイツでは「尻」ではなく「スリッパ」に敷かれるのです。この場合，白黒はっきりしているわけではなく，「だんだんと」尻に敷かれていくわけです。このように「移行のプロセス」がある場合は zu を使います。こんなはずではなかった，と世の中の多くの亭主は思っていることでしょう。

216

# 固有名詞は無冠詞

名詞が無冠詞になる理由には，それが固有の人や事物を指しているから，つまり固有名詞だからだということもあります。いろいろな例を見ていきましょう。

**Ich heiße Peter Koch.**　私はペーター・コッホと言います。

これは問題ありませんね。人名は固有名詞の最たるものです。話し言葉，とくに南ドイツでは，Ich bin der Peter.「僕はペーター」，Das ist die Heidi.「こちらがハイジ」など，男性には der，女性には die を付けることがありますが，標準的な言い方ではありません。

**Wo sind Vater und Mutter?**　お父さんとお母さんはどこにいるの？
**Vater ist im Garten. Mutter ist einkaufen.**
　お父さんは庭にいて，お母さんは買い物に行っている。

また，「お父さん」，「お母さん」も家の中では固有名詞と言えるので，無冠詞です。パパ，ママという感じで Vati, Mutti とも言います。

**Nur Gott weiß es!**　神のみぞ知る！（＝それは誰もわからない）

「神」もドイツ語では無冠詞で用いられます。キリスト教のように一神教の世界では「神」は唯一無二の存在ですから，固有名詞と同じなのです。それに対して　ギリシア神話の世界では神様はたくさんいるので，Poseidon ist der Gott des Meeres.「ポセイドンは海の神だ」というように冠詞が付くことになります。なお，日本語では「お客様は神様だ」と言いますが，ドイツ語では Der Kunde ist Gott. とは言いません。Der Kunde ist der König.「お客様は王様だ」です。

キリスト教では人間はのぼりつめたとしても王様になるのであって，人間が「神」になるなど考えられないからです。日本のように八百万の神がいる国とは違うのです。ですから Gott を「神」と訳すことがそもそも間違いなのかもしれません。

さて，病気の名前も無冠詞です。固有名詞と言えるからです。

**Er leidet an Asthma.**　彼はぜんそくで苦しんでいる。

ただし，Sie hat eine Nierenentzündung.「彼女は腎炎だ」というように，-entzündung「炎症」，-störung「障害」，-anfall「発作」など，それだけで症状を表す名詞がもとになった合成語の場合は，不定冠詞が付きます。これは，「炎症」と言ってもいろいろあり，そのなかの1つとして腎臓の炎症があると考えるためです。固有名詞ではないということですね。

**Lisa kommt zu Weihnachten.**　リーザはクリスマスに来る。

クリスマスやイースター（Ostern）など，休日の名前は固有名詞なので冠詞は付きません。ちなみにこの場合，前置詞は zu が一般的ですが，南ドイツでは an もよく使われます。また，前置詞が省かれることもよくあります。Ich bin Ostern zu Hause.「私はイースターは家にいます」などです。なお，Weihnachten も Ostern も単数か複数かよくわからない名詞です。

**Weihnachten ist bald vorbei.**　クリスマスももうすぐ終わりだ。
**Frohe Weihnachten und ein glückliches neues Jahr!**
　メリークリスマス，ハッピー・ニュー・イヤー！

上の例のようにクリスマスを全体的にとらえるときは単数なのですが，メリークリスマスと言ったり，weiße Weihnachten「ホワイトクリスマス」と言うときは複数で言います。24 日は Heiliger Abend「聖夜」で，25 日が der erste Weihnachtstag「第 1 クリスマス日」，26 日が der zweite Weihnachtstag「第2クリスマス日」です。クリスマスは2日あるのです。

## コラム　コンピューター用語

　最近ますます多くの英語の単語が日本語に入ってきていますが，それはドイツ語でも同じです。そのなかでも最も多いのはコンピューターやインターネットの用語でしょう。そもそも r Computer からしてそうですし，その e Hardware も e Software も英語をそのまま使います。私は大学では r Desktop，自宅では s Notebook を s Internet に常時接続して仕事をしています。もうお気づきでしょうが，英語でもドイツ語になれば名詞の性が必要です。ふつう対応するドイツ語の名詞から類推します。book は s Buch なので，ノートブックは中性なのです。

　マウスは e Maus，ドイツ語でもやっぱりネズミです。以前，ドイツ人の知人からおみやげにドイツの国民的キャラクターの die Maus の絵が付いた s Mauspad をもらい，今でも愛用しています。

　コンピューター用語も全部が全部，英語だというわけではありません。ドイツ語を使うものもあります。ハードディスクは e Festplatte です。「硬い板」で，英語の直訳でしょう。どういうときにドイツ語に訳すのかの基準が今ひとつよくわかりませんが，よく使う用語で英語と違うものを挙げてみましょう。キーボードは e Tastatur，1つ1つのキーは e Taste。フロッピーディスクは e Diskette です。作業用のウィンドウは s Fenster で，ファイルは e Datei，それを整理して入れるフォルダは r Ordner です。メモリーは r Speicher ですから，メモリーカードは e Speicherkarte になります。

　コンピューター上で行う動作は，kopieren「コピーする」や klicken「クリックする」のように，英語の用語に -ieren や -en を付けてドイツ語にしたものが多いのですが，einfügen「ペーストする」，löschen「消去する」，speichern（または abspeichern）「保存する」，drucken「印刷する」のように純粋なドイツ語の動詞もあります。

　ちょっと笑ってしまうのが，英語の動詞を分離動詞にすることです。

たとえば，s Netzwerk「ネットワーク」にログインすることは，einloggen です。しかも再帰動詞ですから，Loggen Sie sich bitte ein.「ログインしてください」とか，Haben Sie sich schon eingeloggt?「あなたはもうログインしましたか？」とか言うわけです。和魂洋才ならぬ独魂英才というべき造語ですね。いくら英語の単語を使おうとも，ドイツ語の本質を見失わないことが素晴らしい。では，「私はもうログアウトしました」はどう言いますか。はい，もちろん Ich habe mich schon ausgeloggt. ですね。sich ausloggen を使うのです。

ファイルを「ダウンロードする」は，downloaden と英語に無理矢理 -en を付けても言えますが，herunterladen とドイツ語の単語を使うことも多いです。当たり前ですが，こちらは分離動詞ですから，Ich lade die Datei herunter.「私はそのファイルをダウンロードする」と言いますが，さすがに *Ich loade die Datei down. とは言いません。Ich downloade die Datei. です。

さて，e Mailadresse に含まれる@は，今はたんに at と読むことが多いですが，e Affenklammer と言うこともあります。直訳すると「猿カッコ」です。ドイツ留学中に出ていた「文系学生のためのコンピューター入門」という授業で，講師の先生が，猿がぐるっと腕を回して足をつかんでいる絵に見えるからだという説明をしてくれましたが，白状すると，そのときも今も，私にはそうは見えません。まあ，a の文字が入っているので，Affe の頭文字が同じだと思っています。「やっぱり猿に見える」という人は，どうやったらそう見えるか教えてください。

とにかく，コンピューター用語は深いのか浅いのか，不思議な分野です。

# 受動態とは?

　これからドイツ語の受動態について見ていきますが，まずそもそも「態」とは何かについて考えてみましょう。

**Der Hund biss Peter.**　その犬がペーターを噛んだ。

**Peter wurde von dem Hund gebissen.**　ペーターはその犬に噛まれた。

　上が能動態の文，つまり能動文です。主語の「犬」は「噛む」という行為をする主体で，その行為が目的語である「ペーター」に向かっています。ここに見られるように，「主語が他に向かって行為をする」という表現の仕方を「能動態」と呼びます。それに対して，下の受動文では，主語の「ペーター」は「噛む」という行為の受け手になっています。このように，「主語に向かって他から行為が行われる」と表現するのが「受動態」です。つまり，「態」というのは「主語」と「行為」の関係の表し方と言えます。通常，この関係を動詞の形態変化によって表すことを態と言います。

　多くの言語で，能動態は基本的な動詞の形を使います。それに対して，受動態はなんらかの手段を用いて作ります。

　日本語では nagur-u を nagur-are-u にするように，-are- または -rare- という成分（形態素）を動詞に付加して作ります。ドイツ語では，動詞を過去分詞にして，さらに受動の助動詞を組み合わせて作ります。伝統的な文法では，受動の助動詞として werden を使うものを「動作受動」，sein を使うものを「状態受動」として区別します。

　**動作受動：過去分詞 + werden**　　「... される」
　**状態受動：過去分詞 + sein**　　　 「... されている」

　文の作り方はドイツ語の一般的な語順の規則となんら変わりません。平叙文では最後の werden を第2位に持っていって作ります。つまり，von dem Hund gebissen werden「その犬に噛まれる」から，Er wird von dem Hund gebissen.「彼はその犬に噛まれる」ができあがります。現在完了形を作るときは注意してください。受動態の werden の過去分詞は，本動詞用法とは異

なり ge- が付きません。ge- を持つ過去分詞が連続するのが嫌われるためです。それで，Er ist von dem Hund gebissen worden.「彼はその犬に噛まれた」ができあがります。

　さて，受動態はまた「結合価」という観点からもとらえることができます。beißen「噛む」は，1 格の補足成分（主語）と 4 格の補足成分（目的語）を持つ「2 価」の動詞ですが，受動態にすると行為者は必ずしも表示せず，Peter wurde gebissen.「ペーターは噛まれた」とも言えます。何に噛まれたかは気になるかもしれませんが，それを von などの句で表示しなくてもこの文は正しい文です。つまり，受動態にするというのは，「動詞の結合価を 1 つ減らすこと」とも言えるのです。ある行為を表すときに，行為者とその受け手を表すのが能動態なのに対して，受け手だけをとりあえず表し，必要に応じて行為者を付け加えるのが受動態なのです。

　能動態で言えることをわざわざ受動態で言うからには，それ相応の理由がなければなりません。それを簡潔に言うと，次の 2 つです。

　①行為の受け手を前面に出す。
　②行為者を背後に退かせる。

　ドイツ語のコーパス（言語資料を電子化したもの）を用いた各種の調査を見ると，全体に占める受動態の文の割合はだいたい 5 パーセント前後です。学術論文になるとその割合は増し，日常会話や通俗文学では低くなります。能動態が基本で，受動態が特殊な構文であることがこの割合からもわかります。

　これから，受動態のさまざまな側面を特に意味機能から見ていきましょう。

# 自動詞の受動文

ドイツ語では，能動文で4格以外の格の目的語が受動文で1格の主語になることはありません。たとえば，Er hilft ihr.「彼は彼女を助ける」は，*Sie wird von ihm geholfen. にはならないのです。しかし，受動文が作れないわけではありません。3格目的語や前置詞目的語などの目的語は，そのままの形で受動文になります。ドイツ語では，1格やそれに相当する句や文しか主語になれないので，この種の受動文は主語のない文になります。動詞の形は常に3人称単数です。

なお，「3人称」というと「彼」や「彼女」など特定の指示物を指しているようですが，この場合は3人称単数の形を借りているだけで，本当の「人称」ではありません。これを，文法用語では「非人称」と呼びます。また，ドイツ語文法では，4格目的語を持つ動詞だけを「他動詞」と呼ぶので，3格目的語や前置詞目的語だけを持つ動詞も「自動詞」です。ですから，自動詞の受動文は「非人称受動」になるわけです。

**Er hilft ihr.**　彼は彼女を助ける。
→ **Ihr wird geholfen.**／**Es wird ihr geholfen.**

**Er verzichtet auf den Plan.**　彼はその計画を断念する。
→ **Auf den Plan wird verzichtet.**／**Es wird auf den Plan verzichtet.**

目的語は文頭に置くことも，文中に置くこともできます。ただし，平叙文では動詞を第2位に置くという絶対的な規則があるので，目的語を文中に置く場合は，文頭を何らかの要素で埋めなければいけません。副詞などがあれば，Sofort wird auf den Plan verzichtet.「すぐにその計画は断念される」などのようにできます。しかし，その副詞類も適当なものがない場合は「穴埋め」として，es が使われます。これはもちろん主語ではありません。

これまでは，4格以外の目的語を持つ自動詞の受動文を見てきましたが，まったく目的語がない「純粋な」自動詞からも受動文はできます。

次を見てください。

Auch sonntags arbeiten wir.　日曜日も私たちは働く。

→　Auch sonntags wird gearbeitet.　日曜日も仕事だ。

　　Es wird auch sonntags gearbeitet.

　文頭に auch sonntags のような成分がない場合，es が穴埋めとして置かれるのは目的語がある自動詞の非人称受動と同じです。

　さて，なぜこのような受動態があるのでしょうか？　目的語があれば，それがたとえ 1 格の主語でなくても，動作の受け手からの叙述と考えることもできますが，この場合はその目的語がありません。そうすると，受動態にする理由はただ 1 つ「行為者を背後に退かせる」ことです。これを「背景化」と言います。上の能動文では，働くのは「私たち」です。いやいやか喜んでかはともかく，日曜日に働くということが特定の人物の行為として描かれています。それに対し受動文では，実際働くのは「私たち」だとしても，それは背景に退いて，代わりに「働く」という行為そのものが前面に出てきます。特定の人間が前面に出ているうちなら，まだ「いやだからやっぱりやめた」という可能性も考えられますが，行為だけが前面に出ていると，そういう特定の人間の意志などはお構いなく，あたかも既定事実のように「日曜日＝仕事」という図式ができあがります。これは，wir という特定の人物ではなく，一般的な人間 man を主語にして，Auch sonntags arbeitet man. と言うのと意味的には似ています。

　しかし，man はやはり「動作主」で，そこに特定の人物は容易に結び付きます。たとえば，Auch sonntags arbeitet man in Japan.「日曜日でも日本では働く」と言ったら，この man は Japaner と言うのとほぼ同じです。そうすると，日本人は，たとえばドイツ人とは異なり，日曜も働く酔狂な人たちなんだと言っているわけです。それに対して，Auch sonntags wird in Japan gearbeitet. と言うと，日本という国では，日曜日は休日ではない，労働日なんだ，と言っているわけです。これが非人称受動の「動作主の背景化」というものです。

224

# 他動性

　受動態というのは結局のところ，動作主を背景化することによって，行為を前面に出し（これを「前景化」と呼びます），行為の受け手が存在するならば，その視点から出来事を描写する表現形式です。だとすると，そもそも前景化するに値するような行為でなければなりません。つまり，直接目的語を持つ動詞だからといっていつも受動文ができるとは限らないのです。次の例を見てください。

**Ich habe/besitze das Buch.**　私はその本を持っています。

→　\* **Das Buch wird von mir gehabt/besessen.**


**Die Flasche enthält einen Liter Milch.**

その瓶には 1 リットルのミルクが入っている。

→　\* **Ein Liter Milch ist von der Flasche enthalten.**

　haben や besitzen は「持っている，所有している」という典型的な所有を表す動詞です。enthalten は，「ある物（容器など）があるものを内容物として持つ」ということですから広い意味の所有です。これらは「行為」と呼べるようなものではありません。言うならばある種の「関係」です。AとBの間に所有関係があるというだけです。そして，所有関係を表す動詞は一般に受動態にはできないのです。また，bekommen も「あるものを受け取る」，すなわち「所有するようになる」という所有状態への変化を表していると言えます。

　**Er bekommt das Geschenk.** → \* **Das Geschenk wird von ihm bekommen.**

　やはり受動態にはできません。また，kosten「... の値段がする」もだめです。だいたい，Das Buch kostet 10 Euro.「その本は 10 ユーロです」という文で，10 Euro を主語にした文を作ろうと思う方がどうかしています。

　これらの動詞に共通する性質はなんでしょうか。それは表している事柄が目的語に影響を及ぼす度合いが少ないということです。受動文というのは，

能動文とは違い，わざわざ動作の受け手を主語にしたり，行為を前面に出したりします。そのためには，その受け手が一定以上行為によって影響を受けていないと表現する意味がないわけです。日本語でも，「太郎が次郎を殴った」のなら，「次郎は太郎に殴られた」と言う意味もありますが，「太郎は辞書を持っている」ということから，「辞書は太郎に持たれている」なんて言わないでしょう。主語的2格と目的語的2格の説明ですでに見ましたが，行為のもつ働きかけの強さを言語学では「他動性」と言います。schlagen「殴る」は他動性は高いけれども，haben「持っている」は他動性の低い動詞です。受動態は一般に他動性が高いときにしか作れません。

　自動詞の受動態は，「行為そのものにスポットライトを当てる」表現ですから，やはり行為性が低い動詞は使いにくくなります。「行為性」も「他動性」の一要素です。たとえば，arbeiten「働く」は受動態にすぐできますが，ankommen「到着する」というのは行為性が低く，受動態は不自然です。

**Jetzt wird endlich gearbeitet!**　　いい加減，働け！
**\* Jetzt wird endlich angekommen!**　　\*いい加減，到着しろ！

　ただし，ある行為や出来事が何度も繰り返される場合は，ankommen でも受動態ができるようです。「フランクフルト中央駅はヨーロッパにおける重要な中継地だ」という説明の後では，次の文は言えます。

**Hier wird bei Tag und Nacht angekommen und abgefahren.**
　ここでは昼夜問わず人々が到着し，旅立っていく。

　他動性（行為性）の低さを回数が補っているわけです。逆に言うと，そうでもなければやはり他動性の低い動詞の受動態はできないということです。

# 状態受動

受動態には，動作受動のほかに「状態受動」と呼ばれるものがあります。これは「過去分詞 + sein」で作られます。文の作り方は他の構文と同じです。

閉まって　　　いる

**geschlossen sein**

→　**Die Tür ist geschlossen.**　そのドアは閉まっている。

　　**Ist die Tür geschlossen?**　そのドアは閉まっていますか？

　　**Wissen Sie, ob die Tür geschlossen ist?**

　　　そのドアが閉まっているかどうかあなたはご存じですか？

動作受動と状態受動の違いはなんでしょうか？　動作受動で Die Tür wird geschlossen. と言うと，「このドアは閉められる」とこれから起こることや，Die Tür wird um 22 Uhr geschlossen.「ドアは 20 時に閉められる」と定期的，習慣的に行われることを表します。それに対して，状態受動は動作が加えられた結果の状態が続いていることを表します。上の例では，「ドアが閉められた」結果，「今も閉まっている」ことを表しているのです。

実は，ドイツ語の文法を記述するのに，「状態受動」という項目はどうしても必要というわけではありません。上の例からもわかるように，geschlossen は確かに他動詞 schließen「閉める」の過去分詞ですが，「閉まっている」という形容詞として考えてもなんら問題は生じないからです。特に，心理的な変化を表す表現には，この種の過去分詞／形容詞が多くあります。

**Ich war über sein Verhalten sehr überrascht.**

　　私は彼の態度にとても驚いた（驚いていた）。

対応する能動文は，Sein Verhalten überraschte mich sehr.「彼の態度は私をとても驚かせた」ですから，そちらをもとに考えると，上の文は受動文

となります。しかし，überrascht はもう立派な形容詞で，über + 4 格でその原因を表すと思えば，能動文です。こうなると，形容詞なのか過去分詞なのかといくら考えても，「どちらとも言える」としか言えません。

　分類の問題はともかく，この表現で押さえなくてはならないのは，もとの他動詞が目的語の状態を変化させる力があるときにしか使えないということです。たとえば，「私は彼女に愛されていない」という文はどう言うでしょうか？

**Ich werde von ihr nicht geliebt.**

**(Ich bin von ihr nicht geliebt.)**

　状態受動の文が 100 パーセント間違いとは言い切れないかもしれませんが，まず言いません。普通は，動作受動で言います。もし，動作受動＝「される」，状態受動＝「されている」と機械的に覚えていると，この例は不思議に思われるかもしれません。状態受動は，「変化」した「結果状態」を表すものです。愛されれば不幸な状態から幸福な状態ぐらいには変わるかもしれませんが，身体の形や色が変わったりはしないでしょう。前に説明した「他動性」が低いのです。その場合でも，「行為」の対象にはなるので，werden を使った動作受動は使えますが，状態受動はできません。先ほど挙げた überraschen「驚かす」のような心理的な変化を表す動詞だと，「驚いている」という結果状態になるのは簡単ですが，lieben はそもそも状態変化を引き起こす動詞とは考えられないので，結果状態は言いにくいということです。

　この例を見ると，werden は単独で本動詞として使われると「... になる」という変化を表す「起動相」の動詞ですが，受動の助動詞として使われると必ずしもそうではないことがわかります。日本語では「... されている」と言うようなときでも，他動性が低い動詞の場合は動作受動になるのです。

# bekommen 受動

　ドイツ語では４格目的語しか受動文の主語になれません。ですから，「ある人にある物をあげる」のような，３格の間接目的語と４格の直接目的語を持つ構文だと，３格目的語を主語にした受動文は作ることができません。英語とは違うので注意してください。「彼女は彼にその本をあげた」という意味の英語文，She gave him the book. と，ドイツ語の文，Sie schenkte ihm das Buch. をそれぞれ受動文にしてみましょう。

　a.（間接目的語→主語）　（英）　He was given the book.
　　　この文は存在しない→　（独）　* Er wurde das Buch geschenkt.
　b.（直接目的語→主語）　（英）　The book was given to him.
　　　　　　　　　　　　　（独）　Das Buch wurde ihm geschenkt.

　英語では，能動文の間接目的語を主語にする a. のタイプの受動文の方が b. タイプよりも圧倒的に多いそうですが，ドイツ語では a. タイプが許されないことは面白いことです。もちろん，Ihm wurde das Buch geschenkt. というように，文頭に物事の受け手を置けば，それがテーマになり，ある程度前面に出ることは出ます。しかし，これは b. のタイプであって，a. ではありません。

　実は，この種の表現の間接目的語を，どうしても主語として表示したいというときに，「bekommen 受動」という手段があります。これは，「目的語＋過去分詞＋ bekommen」で形成されます。

**Er hat das Buch geschenkt bekommen.**
　　彼はその本をプレゼントされた（プレゼントされたものとして受け取った）。

　これは形式的には能動文ですが，機能的には「能動文の３格目的語を主語にした受動文」と言えます。もちろん，「受動態」というのは言い過ぎだと考えることもでき，実際，そう主張する研究者もいます。しかし，現在完了形の Er hat das Buch gelesen. は，「その本を読まれた状態で持つ」という意味から発展（＝文法化）したように，この形式も「その本をプレゼントさ

れたものとして受け取る」という意味から文法化し，現在では受動態の機能
を担っていると言えます。それが証拠に，物を「受け取る」という具体的な
意味だけでなく，行為の恩恵にあずかるという抽象的な意味でも使えます。

**Er hat das Auto gewaschen/repariert bekommen.**
彼はその車を洗って／修理してもらった。

　この「bekommen 受動」は口語的な表現ですが，さらに口語的なものと
して bekommen を kriegen にしたものもあります。
　これまでの「bekommen 受動」の例からわかるように，この表現は基本
的に「利益」を表す表現です。つまり，対応する能動文の３格目的語は利益
を受けるものを表しています。しかし，最近の傾向として，この表現が「被
害」を受けるときにも使われるようになってきています。

**Er hat das Auto gestohlen bekommen.**　彼は車を盗まれてしまった。

　対応する能動文は，Jemand hat ihm das Auto gestohlen. ということにな
ります。この ihm は，「被害の３格」と考えることもできますし，「奪格」
と考えることもできます。ドイツ語の３格は動詞によっては，「... に」では
なく「... から」を表します。その意味の３格でも「bekommen 受動」にで
きるようになってきたというのは驚きです。bekommen は，「受け取る」と
いう意味ですから，矛盾していると言えばその通りですが，日本語でも，も
ともと利益を受ける意味で使われる「動詞＋くれる」が，「なんてことをし
てくれたんだ！」のように被害でも使われるようになったのと通じるものが
あるのでしょう。とにかく，この「被害を表す bekommen 受動」は，「そ
んなことは言えない」というドイツ語母語話者も多いので，これから本格的
に定着するか「ドイツ語ウォッチ」していきましょう。

# 再帰代名詞

　ドイツ語では，目的語が主語と同一の人や物を表すとき，つまり「自分に／自分を」というように自分自身に対して行われる行為を表すとき，「再帰代名詞」と呼ばれる代名詞を使います。次の例を見てください。

　**a. Er stellt sich vor.**　彼は自分を紹介する（＝自己紹介する）。
　**b. Er stellt ihn vor.**　彼は（別の）彼を紹介する。

　a. の文の目的語の sich が再帰代名詞です。それに対して，b. の文のように人称代名詞の ihn を使うと，主語の「彼」（er）と目的語の「彼」（ihn）は別の人物になってしまいます。このように3人称では主語と目的語が同じ場合にそれを明示する手段がどうしても必要になります。それに対して，「私は自己紹介します」は，Ich stelle mich vor. 「私は私を紹介する」と言います。「私」は一人しかいないので，別にまぎらわしくなることはありません。これは，代名詞のところで説明した，1・2人称は「ダイクシス（場面指示的）表現」で，3人称だけが真の代名詞であるということと関係しています。

　というわけで，1人称（私，私たち）と2人称（君，君たち）では再帰代名詞として特別な形は必要ないので，人称代名詞をそのまま使います。ただし，敬称の2人称の Sie（あなた，あなた方）は，3人称複数の sie（彼ら）を転用したものなので，再帰代名詞としてはやはり sich を用います. sich は4格にも3格にも使われ，敬称2人称 Sie の場合でも小文字で書きます。このように，再帰代名詞は人称によって形が違うので，辞書や文法書では一般に sich で代表させて書きます。

　以上がドイツ語の再帰代名詞の一般的説明です。少し補足すると，英語では，myself, yourself など，1人称と2人称にも再帰代名詞はあります。ですから，どの言語でも3人称だけに再帰代名詞専用の形があるわけではありません。世界の多くの言語を調べ，その傾向を記述する「言語類型論」という分野の研究によると，「ある言語がもし1・2人称の再帰代名詞を持てば，その言語は3人称の再帰代名詞を持つ」ということが言えるとなってい

ます。これは,「含意的普遍性」と呼ばれるもので, 別の言い方をすれば,
1・2人称の再帰代名詞を持つことは, 3人称の再帰代名詞を持つことの十
分条件になっているということです。英語とドイツ語の再帰代名詞を比較す
れば納得できるでしょう。myself があれば必ず himself があると言えるが,
sich があるからといって, 1人称の再帰代名詞専用の形があるとは言えない
わけです。

　ちなみに, 日本語の「自分」というのは再帰代名詞なのかどうかよくわか
りません。一時期, そのような分析が流行しましたが, 最近はあまり聞かな
くなりました。やはりいろいろと違うところがあるわけですが, 最大の違い
は,「主語」にも「自分」は使えるが, 再帰代名詞は目的語としてしか使わ
れないことです。「フランクは, 自分が過ちを犯したことを知っている」とい
う文をドイツ語にすると, Frank weiß, dass er einen Fehler begangen
hat. となります。「自分」というのはここでは er としか言えません。この副
文中の er が主文の主語の Frank を必ず指すかと言うと文法的には決められ
ません。他の「彼」の可能性もあります。指示関係をはっきりさせるという
ことでしたら, 主語でも再帰的な表現があってもいいのですが, それはない
のです。

　ここで, 間違いやすいものとして selbst について説明しておきます。これ
は確かに,「自分で」とか「自身」という意味を持つことばですが, 再帰代
名詞ではありません。たとえば,「私は自分の身体を洗う」というのは, Ich
wasche mich. であって, *Ich wasche selbst. とは決して言えません。selbst
は Ich mache das selbst.「私は自分で (＝自力で) それをする」のように使
います。それから, Der Minister selbst erledigt die Angelegenheit.「大臣
自身がその案件を処理する」のように, 主語に添えて使うこともできます。
selbst は,「他の人ではなく, その人」ということですから, たとえば, Ich
möchte nicht irgendeinen Mitarbeiter, sondern den Chef selbst sprechen.
「私は従業員なら誰でもいいのではなく, 上司, その人と話がしたいのだ」
のようにも使います。たまたま, 日本語で「自分」と訳せる場合があるにせ
よ, selbst は再帰ではありません。

# 再帰動詞

　動詞のなかには，再帰代名詞と結び付いて熟語的にまとまった意味を表すものがあります。これを再帰動詞と呼びます。

| | |
|---|---|
| Ich setze das Kind auf den Stuhl. | 私はその子どもを椅子に座らせる。 |
| Ich setze mich auf den Stuhl. | 私は椅子に座る。 |

　setzen は他動詞で目的語に人をとると，「ある人を座らせる」という意味になります。その目的語が再帰代名詞だと，「自分自身を座らせる」，すなわち「座る」という自動詞的な意味になるわけです。逆に言うと，日本語の「座る」は，ドイツ語では sich setzen と再帰動詞で言わなければならないということです。「横になる」もドイツでは sich legen です。直訳すると「自分自身を横たえる」になります。

　これらの例では setzen や legen は他動詞ですから，その行為がたまたま自分自身を対象にしているだけだと考えれば，わざわざ「再帰動詞」という文法事項を作らなくてもいいことになります。実際，そのような例は多くあります。自分の身体に対する行為を表すときは，多くの場合，再帰表現になります。

| | |
|---|---|
| Ich wasche mich. | 私は自分の身体を洗う。 |
| Ich habe mich verletzt. | 私は怪我をした。 |

　しかし，やはり他動詞がたまたま再帰代名詞を目的語にとったと考えるのではなく，「再帰動詞」という動詞があると考える方がいい理由があります。まず，多くの場合，再帰になると「他動性」が低くなるということがあります。sich waschen の場合は，「自分の身体を洗う」ということで，別に他動性が低くなるわけでもありませんが，sich verletzen だと「自分でわざと自分を傷つける」というよりは，むしろ「怪我をしてしまう」という意味になるのがふつうです。行為の「意志性」がなくなるので，全体として「他動性」が低くなるわけです。これは，無生物が主語になる再帰構文が多いことからもわかります。

**Die Tür öffnet sich.**　ドアが開く。

　文字どおりに訳せば，「ドアは自分自身を開く」となりますが，もちろん
「ドアはいろいろな物を開けるが，この場合，たまたま自分を開けるのだ」
などと考えることはできません。この文はドアの行為を表しているわけでは
なく，「ドアが開く」という出来事を表しています。
　「再帰動詞」という特別な動詞のカテゴリーを設定しなければならないも
う1つの理由は，そのものずばり，純粋に再帰動詞としてしか用いられない
ものがあるからです。

**Der Zugunfall ereignete sich am frühen Morgen.**
　その列車事故は早朝に起こった。

**Der Himmel bewölkt sich.**　空は雲で覆われている。

sich ereignen「起こる」も sich bewölken「雲で覆われ（てい）る」も他
動詞用法はありません。これらは主語が無生物ですが，人間が主語でも純粋
な再帰動詞はあります。

**Ich schäme mich.**　私は恥ずかしい。

**Ich habe mich im Urlaub ganz von der Arbeit erholt.**
　私は休暇ですっかり仕事の疲れから回復した。

sich schämen「恥ずかしがる」，sich erholen「回復する」は，対応する
他動詞表現はありません。「彼を恥ずかしがらせる」という意味で，\* Ich
schäme ihn. などとは決して言えないのです。

# よく使われる再帰動詞と sich の位置

再帰動詞の多くは，心理的な変化を表すものです。例を見てください。

**Das Kind freut sich über das Geschenk.** その子はプレゼントを喜んでいる。
**Ich interessiere mich für Sprachen.** 私は言語に興味を持っています。
**Sie ärgert sich über sein Verhalten.** 彼女は彼の態度に腹を立てている。

これらの動詞は，無生物を主語にした他動詞構文でも使われます。わざと直訳調の訳を載せます。

**Das Geschenk freut das Kind.** そのプレゼントがその子を喜ばす。
**Sprachen interessieren mich.** 言語は私に興味を起こさせる。
**Sein Verhalten ärgert sie.** 彼の態度が彼女を怒らせる。

再帰構文でも他動詞構文でも意味はほとんど変わりませんが，あえて言うと，他動詞構文の方が，人間は受け身になっていると言えます。たとえば，「私は彼の本にとても興味を持っている」という文で考えてみましょう。

**Ich interessiere mich sehr für sein Buch.**
**Sein Buch interessiert mich sehr.**

再帰構文で言うと，私は自分の判断として，彼の本は興味を持つに値するものだと思っているわけです。ですから，言いようによっては，「偉そう」に聞こえるようです。「彼の本にはとても興味を持っていてねぇ。今度，本人と話してみようと思っているんだよ」という展開もあり得ます。それに対して，他動詞構文は，彼の本がとても面白いもので，自分はついつい惹き付けられている，というような感じです。この説明はだいぶ単純化していますが，その感情を持つ人間は，再帰構文では主体的で，他動詞構文では受動的であるという傾向があることは確かです。

ちなみに，無生物が主語になる心理的変化を表す動詞は英語にもありますが，人間を主語にすると英語では受動態になるのが，ドイツ語と違いますね。

The book interests me.　→　I am interested in the book.

　なお，再帰構文では，4格目的語の位置がすでに sich によって占められているので，それ以外の目的語は前置詞目的語になります。どの動詞でどの前置詞が使われるかは，前置詞そのものの意味から推測できる場合もありますが，慣習的に決まっているとしか言えないものも多いので，こつこつと覚えなければいけません。

　さて，ここで文中で再帰代名詞がどこに置かれるかを見てみましょう。その規則をまとめると，「文頭以外で，なるべく前の方に置く」ということです。基本的に文頭には sich は現れません。*Sich hat er geärgert. などとは言わないのです。

　「なるべく前」というのは主文では定動詞のすぐ後ろ，副文では従属接続詞のすぐ後ろということです。しかし，1格の代名詞より前には置かれません。代名詞は「1格─4格─3格」の順番で置かれます。4格または3格である再帰代名詞もやはり代名詞ですから，この規則に従うのです。

Gestern hat sich ein Autounfall ereignet.　昨日，自動車事故が起きた。

Ich weiß nicht, ob sich mein Bruder für deine Schwester interessiert.
　僕の弟が君の妹に興味を持っているかどうか知らない。

Ich weiß nicht, ob er sich für sie interessiert.

　再帰代名詞は不定の名詞より前に来るのが普通ですが，定の名詞ならどちらでも可能です。2番めの文は ob mein Bruder sich ... とも言えます。

# 3格の再帰代名詞をとる再帰動詞

　3格の再帰代名詞は，ある行為を自分のためにする場合や，自分の身体部位に対して何かをする場合によく出てきます。つまり，利益の3格や所有の3格が再帰代名詞になった場合です。「自由3格」のところで説明した例です。

**Sie strickt sich einen Pullover.**　彼女は自分用にセーターを編む。

**Ich putze mir die Zähne.**　　　私は歯を磨きます。

　3人称だけが sich という特別な形が必要なのはこの3格の場合も同じですね。Sie strickt ihr einen Pullover. と言うと，「彼女は別の彼女のためにセーターを編んであげる」という意味になります。

　これらの動詞はとくに再帰動詞というわけではありませんが，なかには純粋に，3格の再帰代名詞をとる再帰動詞も存在します。たとえば，*sich³ et⁴ einbilden*「思い込む」，*sich³ et⁴ vorstellen*「想像する」，*sich³ et⁴ merken*「覚える」があります。なお，sich が3格の場合，日本の辞書などでは *sich³ et⁴ einbilden* のように，右肩に数字をふって，4格の場合と区別します。ドイツの辞書だと，sich(Dat) etw(Akk) のように書いてあることが多いです。Dat はもちろん Dativ「与格＝3格」のことで，Akk は Akkusativ「対格＝4格」のことです。それでは例文です。

**Das bildest du dir nur ein.**　君はそう思い込んでいるだけだよ。

**Ich habe mir die Situation ganz anders vorgestellt.**
　私は状況をまったく違ったふうに想像していた。

**Merken Sie sich bitte diese Wörter!**　これらの単語を覚えてください。

　ここにあるように，3格の再帰代名詞をとる再帰動詞はたいてい精神活動を表すものです。「自分の心に」思い込んだり，想像したり，覚え込ましたりする，という発想です。vorstellen は注意してください。もし，sich³ の代わりに他の人を表す3格が来れば「想像する」という精神活動とはまったく関係ない，「紹介する」という意味になりますよ。Ich stelle ihm ein neues

Produkt vor.「私は彼に新しい製品を紹介する」です。

　このように，3格が再帰代名詞になると意味が違ってくるものとして，
erlauben も覚えておいてください。

**Meine Eltern erlauben mir nicht, abends auszugehen.**
　両親は私に夜、外出するのを許してくれない。

**Ich erlaube mir, darauf hinzuweisen, dass Sie noch Schulden haben.**
　あなたにはまだ借金があることを，僭越ながら指摘させていただきます。

*sich*³ erlauben は，「あることを自分自身に許す」ということから，「失礼
なことをあえてする」,「... させていただく」という意味で使われます。
　それから，通常は「再帰動詞」として扱いませんが，*sich*³ + 名詞 +
machen のパターンでよく使われるものがあるので覚えておくといいでしょ
う。

**Ich mache mir immer Sorgen um dich.**
　お前のことはいつも心配しているんだよ。

**Haben Sie sich denn darüber Gedanken gemacht, was das bedeutet?**
　それが何を意味するのか，あなたは一度でも考えたことがありますか？

**Sie hat sich Mühe gemacht, alle Daten noch einmal zu überprüfen.**
　彼女はもう一度すべてのデータをチェックするという手間をかけた。

　これらの表現もやはり広い意味で精神的な活動と言えるでしょう。3格の
再帰代名詞を使った表現はなんであれ，その傾向があるのです。

# 出来事と結果を表す再帰表現

　前に sich ereignen「起こる」や sich bewölken「雲で覆われる」という再帰動詞は無生物を主語にとり，出来事を表すことを述べました。これらは純粋な再帰動詞ですが，多くの場合は人間が主語になる他動詞構文の4格目的語が，再帰構文の主語になって出来事を表します。

**Jemand hat die Tür geöffnet.** 　誰かがドアを開けた。
**Die Tür wurde geöffnet.** 　　　　ドアが開けられた。
**Die Tür hat sich geöffnet.** 　　　ドアが開いた。

　最初の能動文では，人間である jemand が目的語である die Tür を開けたと表現しています。それに対して，目的語を主語にして表したのがその次の受動文と最後の再帰文です。この2つは，どちらも行為者を表現していない点では共通していますが，両者には大きな違いがあります。受動文は，行為者を背後に追いやっているだけで，その存在自体は前提にしています。日本語訳でもわかりますね。「ドアが開けられた」と受け身で言えば，「誰かがドアを開けた」ことが暗に表現されているわけです。それに対して，再帰文では，行為者を背後に追いやるだけでなく，完全に消しています。たとえ誰かが開けたとしても，「ドアが開いた」と表現すれば，行為者は念頭に浮かびません。再帰文に，「von ＋行為者」を付け加えることはできないこともこれを示しています。* Die Tür hat sich von ihm geöffnet. などとは言えないのです。ちなみに，フランス語の再帰文では行為者を付け加えることが可能だそうです。受動態に近いということです。ドイツ語では，この種の再帰文は受動的な意味を持たず，「出来事表現」を表しているのです。次の例も同様です。

**Sie hat die Tablette in Wasser aufgelöst.** 　彼女はその錠剤を水に溶かした。
**Die Tablette hat sich in Wasser aufgelöst.** 　その錠剤は水に溶けた。

　この再帰文は「出来事」を表しますが，もし現在形で，Die Tablette löst sich auf. と言えば，「その錠剤は水に溶ける」とその錠剤の性質，つまり属

性を表すことになります。出来事表現と属性表現は紙一重の部分があります。

　さて,「出来事」の一種で,「結果」を表す特殊な構文があります。「sich ＋結果を表す形容詞＋動詞」という組み合わせで,「行為をした結果,ある状態になる」という意味を表すのです。

| | |
|---|---|
| Ich habe mich müde gearbeitet. | 私は働いて疲れた。 |
| Sie hat sich satt gegessen. | 彼女はお腹いっぱい食べた。 |
| Er hat sich heiser gesungen. | 彼は歌って声がかすれた。 |

　面白い表現の仕方ですね。「自分自身を疲れて働いた」と訳してもなんのことかわかりません。もともと,ドイツ語には,「目的語＋結果を表す形容詞／方向を表す前置詞句＋動詞」で,「... することによって目的語を ... の状態にする」という非常に多くの場合に使えるパターンがあるのです。

**Der Prinz hat Schneewittchen wach geküsst.**

　王子様は白雪姫にキスをして目を覚まさせた。

**Er hat alle seine Freunde unter den Tisch getrunken.**

　彼は酒を飲んで友達全員をつぶした。

　上の文はロマンチックですね。küssen することによって,白雪姫を wach の状態にするわけです。下の文は,慣用句で「飲むことによって友達をテーブルの下に」移動させるのです。むちゃくちゃ酒に強い人につきあっているうちに全員がずるずると椅子から滑り落ちてテーブルの下に「撃沈」するという図式です。この 4 格目的語を再帰代名詞にすると,動詞の行為によって,自分を特定の状態にさせることを表現できるのです。ふつうは,「飲み過ぎると病気になる」,つまり Man trinkt sich krank. でも,「俺は飲んで健康になるんだ」という意味で Ich trinke mich gesund. と主張もできるのです。

# 中間態

　再帰代名詞を使った出来事表現は属性表現にもなり得ることを前のページ
で見ましたが，「主語［本来の目的語］＋他動詞＋ sich ＋属性を表す形容詞
（副詞）」の構文を使うと，正真正銘の属性表現になります。

**Das Buch liest sich leicht.**　この本は読みやすい。

　文字どおりに「この本は自らを簡単に読む」と訳しても意味はわかりませ
ん。対応する他動詞構文は，Man liest das Buch leicht.「人はこの本を簡単
に読む」→「この本は簡単に読める」です。この目的語 das Buch を主語と
して格上げしたのが，上の再帰構文というわけです。対応する英語の構文
は，The book reads easily. と言い，再帰代名詞がなく，他動詞を自動詞的
に使っていますが，ドイツ語の文法ではそれは許されません。lesen はあく
までも他動詞として目的語を要求するので，das Buch を主語にしてしまっ
たら代わりの手段として再帰代名詞を置くのです。

　この再帰構文の意味は「その本は簡単に読まれる」という受動で，動詞の
形式は能動なので，古典ギリシア文法に見られる「中間態」という用語を借
りて，ドイツ語学では多くの場合，そう呼んでいます。

　「性質を表す形容詞（副詞）」があるのが，この構文のキーポイントです。
類例を挙げておきましょう。

**Der Wein verkauft sich gut.**　　このワインはよく売れる。
**Der Mantel trägt sich angenehm.**　このコートは着心地がいい。

　主語の属性を表す構文にはもう１つ「主語［本来の目的語］＋ lassen ＋
sich ＋属性を表す形容詞（副詞）＋他動詞」があります。

**Das Fenster lässt sich schwer öffnen.**　この窓はなかなか開けられない。
**Das neue System lässt sich leicht lernen.**
　新しいシステムはとても簡単に学べる。

　この lassen を使った再帰構文は，物の属性を表すという点では lassen な

しの構文と同じですが,「人間の行為」が表現の前面に出てくるかどうかの
差があります。Das Fenster lässt sich schwer öffnen. では,「窓を開けよう
と頑張る」という人間の行為があり,その成否の可能性を述べているので
す。それに対して,Der Mantel trägt sich angenehm. では,コートを着る
行為自体はたいしたことはありません。それが angenehm かどうかを言い
たいのです。つまり,「属性そのもの」を表すには lassen なしで,「人間の
行為の成否」を表すには lassen を付けるのです。

　これまでの例はいずれも他動詞を使った構文ですが,自動詞からでも,再
帰構文による属性表現は作れます。これは「es +動詞+前置詞句+属性を
表す形容詞（副詞）」という構造です。

**Auf der Autobahn fährt es sich bequem.**

　　アウトバーン（高速道路）は,快適にドライブできる。

**Mit diesem Kugelschreiber schreibt es sich schlecht.**

　　このボールペンは書きにくい。

　この構文では,属性の記述の対象になっているのは,前置詞句と動詞で表
される行為ということになります。「アウトバーンでドライブすること」や
「このボールペンで書くこと」です。動詞が自動詞で目的語をとらないた
め,この構文では主語になるものの候補がありません。それで,es を主語
にするわけです。ですから,これは「非人称再帰構文」です。

　このように再帰構文は,「自分自身に対する行為」を表すものから,「出来
事」の記述,「属性」の記述へとその用法が拡張していきます。ドイツ語文
法の中でも特殊な地位をもつ構文と言えるでしょう。

242

# 相互代名詞

主語が複数で，その行為がお互いに対して向けられているとき，目的語は「相互代名詞」になりますが，これは再帰代名詞とまったく同形です。

**Sie lieben sich.** 彼らは愛し合っている。

「彼らは愛している」というのは，Er liebt sie. 「彼は彼女を愛している」，かつ，Sie liebt ihn. 「彼女は彼を愛している」ということですね。これを「相互的」と言います。AがBを，BがAをということです。それに対して，「再帰的」ならば，Er liebt sich. 「彼は自分自身を愛している」とSie liebt sich. 「彼女は自分自身を愛している」という，AがAを，BがBをという関係です。ドイツ語では再帰代名詞と相互代名詞はまったく同じなので，「ナルシスト2人」なのか「愛し合っている2人」なのかは形式上区別はできません。常識的かつ慣用的に判断されます。

**Die beiden hassen sich sehr.** 2人は憎み合っている。
**Wir verstehen uns sehr gut.** 私たちはよく気が合います。

愛しているのと同様に，憎む場合も「自分自身を憎んでいる」という人間がたまたま2人いるという可能性は論理的にはあり得ますが，「憎み合っている」と解釈するのが常識的です。また，verstehen「理解する」を使った2番めの文は慣用的によく使われます。また，論理的にも相互的にしかあり得ない動詞があります。

**Wir treffen uns morgen.** 私たちは明日，会います。
**Ich treffe mich morgen mit ihr.** 私は明日，彼女に会うことになっています。

treffenの場合は，誰か他の人に会うのですから，必ず相互的です。なお，英語だとWe will meet tomorrow. のように目的語はありませんが，ドイツ語だと必要なので注意してください。さて，面白いのは，このような「相互的」なケースなのに，主語が単数になる場合です。私と彼女が明日，会うことにしている場合，Wir treffen uns. は，分解すると，Ich treffe mich mit ihr. + Sie trifft sich mit mir. と考えるのです。なお，この *sich mit j³ treffen* は「約束して会う」という意味です。この用法の sich は果たして再帰代名詞なのか相互代名詞なのかよくわかりませんが，頭が痛くなりそうなので，深く考えるのはやめましょう。その代わり同じパターンの動詞を覚えてください。

**Wir haben uns für morgen verabredet.**　私たちは明日，会う約束をした。
**Ich habe mich mit ihm im Restaurant verabredet.**
　私は彼とレストランで会う約束をした。

さて，どうしても相互的だということを明示するためには einander「お互いに」を使うこともできます。ただし，少し古風な感じです。

**Sie lieben einander.**　彼らはお互いを愛している。

4格目的語の場合は，相互代名詞を使う方がふつうですが，前置詞目的語の場合は，「前置詞 + einander」の形を必ず使用しないと相互的な意味にならないので，注意してください。

**Sie reden mit sich.**　　彼らは（それぞれが）自分自身と会話している。(再帰)
**Sie reden miteinader.**　彼らは話し合っている。(相互)

なお，この場合，前置詞と einander はつなげて書きます。

# 使役について

　この章では受動態と再帰構文についてさまざまな側面から見てきましたが，最後に「使役」についても少しだけ触れておきます。というのも，これは「態」にも「再帰」にも関わる表現だからです。まずは例を見てください。

**Der Sohn geht in die Stadt.**　　息子は街に行く。

**Der Vater lässt den Sohn in die Stadt gehen.**　　父は息子を街に行かせる。

　ドイツ語の使役は典型的には lassen という助動詞を使って表されます。この例でわかるように，「街に行く」主体の「息子」は，4格目的語になります。概念的には，Der Vater lässt: [der Sohn geht in die Stadt] というように2つの部分から成り立っています。ですから，「不定詞（この場合，gehen）の意味上の主語は4格目的語で表される」と文法書では書かれています。この場合の不定詞は自動詞でしたが，4格目的語を持つ他動詞の場合は，4格が2つ連続することになります。

**Der Vater lässt den Sohn das Auto waschen.**　　父は息子に車を洗わせる。

　日本語では，このような場合，「息子に車を」というように，不定詞の意味上の主語は「に」で表されますが，ドイツ語では4格です。しかし実際は，このように4格を連続して用いるよりは，他動詞の4格目的語だけを表示し，その意味上の主語は言わないか，von で表すことが好まれます。

**Der Vater lässt das Auto (vom Sohn) waschen.**　　父は車を（息子に）洗わせる。

　さてここまで，lassen と日本語の「せる・させる」を自動的に結び付けてきましたが，実はちょっと考えておかなければならないことがあります。次の例を見てください。

**Ich ziehe mir den Pullover an.**　　私はセーターを着る。

**Ich ziehe dem Kind den Pullover an.**　　私はその子にセーターを着せる。

　日本語では「着る」に対して「着せる」となるところが，ドイツ語では同じ anziehen を使います。「...せる」に当たる部分は動詞そのものではなく，その外にある 3 格目的語で表されるのです。日本語の「着る」という動詞は，必ずその行為が主語である自分自身に向いています。日本語学ではこの現象を「内在再帰」と呼ぶことがあります。「(帽子を) かぶる」，「(靴下を) はく」，「(水を) 浴びる」など，かなりの数の動詞がこの性質を持ちます。次の例は，私が担当していた NHK ラジオドイツ語講座「謎の女」のスキットからです。

　a. どうして私に睡眠薬を飲ませたんですか？
　b. Warum haben Sie mich dieses Schlafmittel einnehmen lassen?
　c. Warum haben Sie mir dieses Schlafmittel gegeben?

　これは「謎の女」が「私」の知らない間にコーヒーに睡眠薬を入れ「飲ませた」ことについて，それがなぜかを物語の最後で問いかけているのですが，この a. の文を最初，b. の文のように lassen を使って訳そうとしたらうまくいきません。lassen は，不定詞の主語が少なくとも意識的に行為を行うときしか使えず，b. は，「私」が睡眠薬を飲もうとしていたのをどうして黙って見過ごしたのか，という意味になってしまいます。つまり，「飲む」ことも一種の内在再帰で，「飲ませる」があるのですが，それはドイツ語には存在しなかったのです。仕方なく，c. の文で解決しました。ここにこそ日独の使役の違いが表れているのです。

## コラム 旧・新正書法？

1998 年 8 月，ドイツ語に関して重大な規則が発表されました。それが，新正書法 (die neue Rechtschreibung)，新しいドイツ語の書き方です。2005 年 7 月までが移行期間とされ，同年 8 月からは公的に拘束力を持つとされました。しかし，個人が私的な文書を書く場合は旧正書法でもいいことになっていますし，導入時から反対論が根強くあります。フランクフルター・アルゲマイネ紙は，1999 年に導入した後，1年後には旧正書法に戻し，2007 年の 1 月からは，新正書法の方向性に基づいた独自の正書法を採用しているという混乱が見られます。

そもそも，新正書法が導入されることになったのは，ドイツ・オーストリア・スイスでドイツ語の書き方を統一しようということと，書き方が難しいので，ドイツの子どもの学力の低下の一因になっているという議論があったからです。

新正書法で大きく変わった点に ß と ss の使い分けがあります。それまで「前が短母音かつ後ろが母音」の場合にだけ ss が使われ，それ以外が ß でした。それで，「... ということ」を表す接続詞は daß，川は Fluß，そして足は Fuß とつづっていました。müssen は，ich/er muß, du mußt, wir/sie müssen, ihr müßt です。これでわかるように，ss があれば前は短母音ということは明らかなものの，ß の前は長母音かどうかは表示されていません。Fluß の u は短母音，Fuß の u は長母音ですが，それは知らなければ読めません。そこで新正書法では，「短母音の後ろは ss」「長母音の後ろは ß」としたのです。そうすると，dass, Fluss, Fuß, ich/er muss, du musst, wir/sie müssen, ihr müsst となり，母音の長短はつづりによってきちんと表されるようになりました。

また，分かち書きと大文字書きの変更も重要です。「動詞＋動詞」はすべて分かち書きになりました。sitzenbleiben「落第する」→ sitzen bleiben, kennenlernen「知り合う」→ kennen lernen などです。「名詞

＋動詞」も分かち書きで，名詞は大文字書きです。radfahren「自転車に乗る」→ Rad fahren, leid tun「気の毒に思わせる」→ Leid tun など。

　さて，ここまでは多くの方もご存知でしょう。ところが，新正書法自体も実は改訂されていることは案外知られていません。導入当初から小さい変更はあったのですが，2004 年と 2006 年に大改訂があったのです。さらに改訂がない限り，この 2006 年の規則が使われるわけです。

　それでどうなったと思いますか？

　「落第する」はふたたび sitzenbleiben とくっ付けて書くことに戻りました。分かち書きしてはいけないのです。「知り合う」は kennen lernen でも kennenlernen でも可です。「自転車に乗る」は Rad fahren のままですが，「気の毒に思わせる」は結局 leidtun という分離動詞になりました。

　つまり，分かち書きに関しては，主だったものは旧正書法の書き方に戻ったか，あるいはそれが認められるようになったと考えていいと思います。私は個人的に，ss と ß の使い分けは意味があるものの，他の点では新正書法がいいとは思えないので，元に戻るのはいいのですが，ただせっかく覚えた新正書法がいつの間にか改訂されて，「旧・新正書法」と言うべきものになってしまい，すべての単語を最新版の辞書で確かめないとわからない状態になってしまいました。

　残念ながら，日本では「新正書法対応」を謳っている独和辞典でも，ほとんどは「旧・新正書法」に対応しているだけで，2008 年末の時点で最新バージョンになっているのは，三省堂の『クラウン独和辞典（第 4 版）』だけのようです。新正書法の唯一の「利点」は，こうして常に新しい辞書を買わなくてはならないという「経済効果」しかないと言いたくなります。はっきりいって，あこぎです。新正書法よ，いい加減にしてくれ，と私は訴えたい気分です。

# 名詞化

　それぞれの言語には「好み」というものがあります。たとえば，「電車が出発しますので，ご注意ください」というアナウンスをドイツ語ではどういうでしょうか？　Weil der Zug jetzt abfährt, seien Sie bitte vorsichtig! というのは文法的には完全に正しい文ですが，まず言いません。

**Vorsicht bei der Abfahrt des Zuges!**

　Vorsicht「注意」と Abfahrt des Zuges「電車の出発」という名詞句によってアナウンスにふさわしい簡潔な表現ができあがります。このように，日本語では文で表現するようなことをドイツ語では名詞で表すことが好きなのです。これを「名詞文体」と言います。日本語はどちらかというと「動詞文体」です。もちろん，ドイツ語と言えど，動詞中心の表現をしないわけではありません。しかし，それは往々にして冗長な感じを与えます。

**Wenn sich viele Leute dafür interessieren, wird die Ausstellung verlängert.**
**Bei großem Interesse wird die Ausstellung verlängert.**
　多くの人が興味を持てばその展覧会は延長されます。

　動詞を使い，副文で表す方が，少なくとも私たちにはわかりやすく思えますが，名詞を使う方がすっきりしているのは一目瞭然です。
　さて，名詞を使う際には，副文の従属接続詞に意味的に対応する前置詞が何かも知っておかなければなりません。まず，時間を表す場合から見ていきましょう。「... の前で」は従属接続詞では bevor ですが，前置詞では vor です。「... の後で」は nachdem と nach，「... の間に」は，接続詞も前置詞もどちらも während です。

**Nachdem Sie die Tablette eingenommen haben, dürfen Sie drei Stunden nichts essen.**
**Nach der Einnahme der Tablette dürfen Sie drei Stunden nichts essen.**
　その錠剤を飲んだ後は3時間，何も食べてはいけません。

　薬などを服用するという動詞は einnehmen です。その名詞が Einnahme です。名詞化すると，主語の Sie を 2 回言う必要がないことがわかりますね。

　次は，理由を表す場合を見ましょう。「... なので」を表す従属接続詞は weil か da ですが，前置詞は wegen です。

**Weil die Ware sehr teuer ist, kaufe ich sie nicht.**

**Wegen des hohen Preises kaufe ich die Ware nicht.**

その商品は高いので私は買わない。

　weil の文では teuer という形容詞が使われています。この形容詞に対応する名詞があればいいのですが，意味的にぴったり来るものはありません。Verteuerung という名詞はありますが，これは「高くすること」という意味です。そこで，der hohe Preis「高い値段」と言い換えるのです。

　次は目的を表す場合です。「... にするために」という接続詞は damit です。それに対して，「zur + ...ung の付く名詞」がよく使われます。

**Wir sollten eine Maßnahme ergreifen, damit die Lage besser wird.**

**Wir sollten zur Besserung der Lage eine Maßnahme ergreifen.**

私たちは状況が改善されるように対策を講じるべきだ。

　このパターンを使ってドイツ語らしい表現を使いこなせるようになりましょう。

# zu 不定詞

不定詞の前に zu を置いたものを zu 不定詞と言い，それを含む句を zu 不定句と言います。これは動詞句に名詞句や形容詞句の役割を持たせたいときに使うものです。これは zu のない不定句とどう違うのでしょうか。

**Deutsch lernen macht mir Spaß.**　ドイツ語を勉強するのは楽しい。
**Jeden Tag zehn Stunden Deutsch zu lernen ist aber unmöglich.**
　でも毎日 10 時間ドイツ語を勉強するのは不可能だ。

上の文では Deutsch lernen とも Deutsch zu lernen とも言えます。このように主語になる場合，不定詞のみか，動詞と密接に結び付いて 1 つの概念を構成するような成分だけを伴うなら zu は不要です。しかし，下の文のようにその他の成分が付くようなら zu がないと不自然です。また，es を「先取り」として文頭に置く場合は，長さに関係なく zu 不定詞にしないと文法的に間違いになります。Es macht mir Spaß, Deutsch zu lernen. です。動詞のなかには，zu 不定句をとるものがあります。

**Der Lehrer hat mir empfohlen, das Buch zu lesen.**
　先生は私にその本を読むことを勧めた。
**Er hat mir versprochen, die Arbeit zu übernehmen.**
　彼は私にその仕事を引き受けることを約束した。

zu 不定句は動詞の目的語である点では共通していますが，上の 2 つの文では，その意味上の主語，つまり zu 不定句で表される行為を誰がするかの違いがあります。empfehlen では 3 格目的語の人ですが，versprechen では主文の主語の人です。これは動詞ごとに決まっているので，最終的には覚えるしかないのですが，主文の動詞の 3 格または 4 格目的語が zu 不定句の意味上の主語になるのが一般的で，versprechen のようなタイプは少数派です。

zu 不定句は，Lust「(... する) 気」，Wunsch「望み」，Plan「計画」など，特定の名詞の内容を規定する用法もあります。

**Hast du Lust, mit mir ins Kino zu gehen?**　僕と一緒に映画に行く気がある？

　zu 不定句の前に um を付けると「... するために」，ohne を付けると「... せずに」，statt を付けると「... することなしに」という副詞的な意味を表すのはおなじみですね。

**Er muss viel sparen, um ein Haus zu kaufen.**

彼は家を買うためにたくさん貯金をしなければならない。

**Sie nahm Platz, ohne gefragt zu haben.**　彼女は断りもせずに席に着いた。

**Du solltest mal spazieren gehen, statt hier herumzusitzen.**

ここでぼーっと座ってないで，散歩にでも行ったらいいんじゃないの。

　zu 不定句の文法的機能は，ほとんど dass 文と同じです。um...zu の場合は，＊um dass... とは言わず，damit ... という一語で言える接続詞がありますが，その他は ohne dass ...，statt dass ... と置き換えることができます。

　一番下にある文は，Du solltest mal spazieren gehen, statt dass du hier herumsitzt. とも言えます。ただし，zu 不定句ではその意味上の主語が主文の主語と同じになるのに対し，副文である dass 文は，主文と違う主語をとれるところが違います。たとえば，Er half uns, ohne dass ihn einer dazu aufgefordert hatte.「誰も彼にしろとは言っていないのに，彼は私たちを助けてくれた」などです。これを zu 不定句に直すのなら，＊ohne ihn dazu aufgefordert zu haben としてはいけません。主語が変わってしまいます。ohne dazu aufgefordert worden zu sein となります。

252

# 分詞とは?

　これまで動詞を名詞的に使う方法について見てきましたが，今度は，動詞に形容詞的な役割を持たせる方法を見てみましょう。それが，「分詞」と呼ばれるものです。分詞には，現在分詞，過去分詞，未来受動分詞の3つがあります。

　現在分詞は動詞の不定形に -d を付けて作ります。singen「歌う」なら singend, angeln「釣りをする」なら angelnd になります。ただし，tun「する」は tuend, sein「... である」は seiend になります。現在分詞だと2音節以上になっていないと口調が悪いので，-e- を挿入するわけです。

　現在分詞は，英語の -ing の形に相当するものですが，英語とは違いドイツ語には現在進行形というものはありません。「その赤ちゃんは眠っている」というのを英語の The Baby is sleeping. と同じ構造で，＊Das Baby ist schlafend. とは決して言えません。現在形の Das Baby schläft. です。

　それでは，現在分詞は何のためにあるかというと，動詞を主に付加語，つまり名詞の前に置かれる形容詞と同じ働きをするものに変えるためです。また，動詞を修飾する副詞用法もあります。どちらの場合も「... している」という動作の進行や状態の持続を表します。

**das schlafende Baby**　その眠っている赤ちゃん

**Lächelnd grüßte er zurück.**　微笑みながら彼は挨拶を返した。

　現在分詞も形容詞と同様，名詞化して用いられます。たとえば，der Reisende/die Reisende「その（男性の／女性の）旅行者」などです。

　それでは次に過去分詞にいきましょう。作り方はすでに現在完了形の項でやりましたから大丈夫ですね。過去分詞はこれまで見たように現在（過去）完了形と受動態で使われるわけですが，そのほかに現在分詞と同様に，付加語的用法と副詞的用法（Sie kam erleichtert nach Hause.「彼女はほっとして帰宅した」）があります。

　ここで注意しなければならないのが，もとになっている動詞が sein 支配か haben 支配かです。sein 支配の自動詞の場合は，「... してしまっている」

という完了の意味になります。die untergegangene Sonne「沈んだ太陽」
とか，das vergangene Jahr「去年（←過ぎ去った年）」などですね。他動詞
の場合は「... された」という受動の意味になります。ein gekochtes Ei「ゆ
で卵」や，der ermordete Mann「殺された男」などです。

　なお，haben 支配の自動詞の過去分詞は付加語としては使えません。た
とえば，blühen「咲いている」は，現在分詞で die blühende Blume「咲い
ている花」とは言えますが，「咲いてしまった花」は*die geblühte Blume
とは言えません。この場合は，sein 支配の verblühen「咲き終える，枯れ
る」を使って，die verblühte Blume と言うのです。動詞の持っているアス
ペクトの差がこの違いを生むのです。

　最後に，未来受動分詞について見てみましょう。これは，現在分詞の前に
zu を付けたもので，「sein + zu 不定詞」に対応する分詞になります。つま
り，受動の可能「... されうる」と受動の義務・必然「... されなければなら
ない」の意味になります。なお，未来受動分詞は付加語的にのみ用いられま
す。

**Das Problem ist leicht zu lösen.**

　その問題は簡単に解くことができる。（受動の可能）

→ **ein leicht zu lösendes Problem**　簡単に解くことのできる問題


**Die Arbeit ist schnell zu erledigen.**

　その仕事はすぐに片付けなければならない。（受動の義務）

→ **die schnell zu erledigende Arbeit**　すぐに片づけなければならない仕事

「未来受動分詞」という文法用語は必ずしもすべての教科書で使っている
わけではなく，単に「未来分詞」と言うこともあります。この分詞は「可
能」や「義務」など，これから起こることを表していますが，同時に受動的
な意味を表していることに注意してもらうために，この用語を使っていま
す。

# 冠飾句

　名詞を修飾する形容詞句のなかには長いものもあります。たとえば，eine [in der ganzen Welt bekannte] Schauspielerin「世界中で有名な女優」では，in der ganzen Welt bekannt が１つのまとまった形容詞句です。これと同じように，分詞が付加語として用いられる場合も他の語句を伴い長い修飾句になることができます。このようなものを特に冠飾句（「名詞を飾る冠」という意味）と呼んでいます。

**ein hart gekochtes Ei**　硬くゆでた卵

**ein tief gefrorenes Fertiggericht**　冷凍されたインスタント食品

　上の例では，分詞の前に副詞が１つ付いただけですが，理論的にはどんなに長くても可能です。

**die von den Brüdern Grimm gesammelten Märchen**
　グリム兄弟によって収集されたメルヘン

**ein überall in Japan zu sehender Brauch**　日本各地に見られる習慣

　しかし，冠飾句があまり長くなると，非常にわかりにくくなるので，おのずと限度があります。

　ここでちょっと言語類型論のお話をしましょう。世界のいろいろな言語を調べた結果，語順と名詞の修飾語句の間に次の関係があることがわかっています。S は主語，V は動詞，O は目的語です。

　**SVO または VSO**　名詞＋関係節（関係代名詞あり）
　**SOV**　　　　　　関係節（関係代名詞なし，動詞は分詞形）＋名詞

　SVO というのはたとえば英語です。The man [who is standing there] is my father.「あそこに立っている男性は私の父です」となります。who が関係代名詞ですね。動詞はふつうの形です。この関係節は名詞の後ろからかかっていますね。それに対して，日本語は SOV です。[あそこに立っている] は次の「男性」を修飾する関係節ですが，日本語では関係代名詞などは

ありません。その代わり，動詞が連体形になります。「立っている」は終止形と連体形が同じなのでわかりにくいかもしれませんが，たとえば，「彼はその女の子が好きだ」を「彼が好きな女の子」に換えてみましょう。［彼が好きな］は「好きだ」の連体形で形が違っているのがわかりますね。「連体形」は，「後に体言（名詞など）が続く形」ですから，言い換えると，「動詞を形容詞的に使うときの形」，すなわち「分詞形」ということになりますね。

　さて，SVO（またはVSO）だと，名詞の後に修飾語句である関係節が来るので，関係代名詞で両者を結ばないと，後ろのものが前の名詞を修飾する成分かどうかわかりません。それに対して，SOVだと，修飾語句の後にすぐ修飾される名詞が来るので，関係代名詞などまどろっこしいものはいりません。その代わり，動詞の形を変えないと，関係節なのか，そこで文が終わってしまうのか区別が付かないということになります。人間の言語というのはこういうしくみになっています。

　このことがわかると，ドイツ語になぜ「冠飾句」があるかわかるでしょう。ドイツ語は，主文では基本的に SVO の語順になり，副文では SOV の語順になるという 2 つの語順を持つ面白い言語です。その結果，SVO の性質である関係代名詞を使った関係節（文）と，SOV の性質である分詞を使った「冠飾句」の両方を持つというわけです。「安らかに眠っている赤ちゃん」で確かめましょう。

**ein Baby, [das friedlich schläft]**　　名詞　[関係文]
**ein [friedlich schlafendes] Baby**　　[冠飾句]　名詞

　冠飾句というのは，ドイツ語が日本語と似た性質を持っている証なのです。そう考えると，この長ったらしい句にも愛着が湧いてきませんか？

# 分離動詞

　ドイツ語には「分離動詞」と呼ばれる動詞群があります。これらは，基礎となる動詞に必ずアクセントがある「前つづり」と呼ばれる成分が付いて，意味が拡張されたものです。たとえば，stehen「立っている」に，auf- という成分が付くと，aufstehen「起きる」になります。

**jeden Tag um 6 Uhr aufstehen**
**Ich stehe jeden Tag um 6 Uhr auf.**
私は毎朝6時に起きる。

　句から文を作るときに，基礎となる動詞の部分だけが2番めの位置に移動するので，auf と stehen が分離しているように見えるのですが，もともとこれらは別の成分ですから，どちらかというと，不定詞の段階でつなげて書くという正書法の規則が生み出した現象です。実際，Auto fahren「車を運転する」などは，意味的にひとまとまりを形成しているのにも関わらず，1語ではつづりません。旧正書法では，Rad fahren「自転車を運転する」はradfahren とつなげて書いており，分離動詞扱いでした。このような不統一があったために，正書法が改革され，新正書法が登場したのですが，完全にこの混乱が解消されたかというそうではありません。前置詞と形が同じ an- や auf- などは常に前つづりとして扱われますが，名詞由来の Acht geben「注意する」などは分かち書きすることも achtgeben と分離動詞として書くことも可能です。ただし，teilnehmen「参加する」の teil- は名詞としての意味が感じられないということでやはり前つづりです（Teil は「部分」でそれを nehmen するということで，英語の take part in... と同じ構造です）。動詞が2つ連続する kennenlernen「知り合う」や sitzenbleiben「留年する」などは，新正書法導入時には kennen lernen や sitzen bleiben と必ず分かち書きするように定められたのですが，その後の改訂で今ではもとの通りつなげて書いてもいいことになっています（ただし，「座ったままでいる」という意味では sitzen bleiben と分けて書きます）。というように，分離動詞か否かは最新の正書法に対応した辞書などで確かめないとわかりません。

　さて，重要なことは，それぞれの前つづりがどのようにもとの動詞の意味を拡張していくかを知っておくことです。主だったものを見ていきましょう。an- などの同形の前置詞がある前つづりは，その前置詞が持つ抽象的な意味からある程度予測可能です。

　まず，ab- は「離脱」です。abfahren「発車する」，abbeißen「噛み切る」などです。それに対して an- が「接触」で，ankommen「到着する」などに見られます。これが抽象的になると，行為が向けられている対象を 4 格目的語にとり，ansprechen「話しかける」などがあります。

　ein- は前置詞 in と同じく「中に」を表します。einsteigen「乗り込む」，einschlafen「眠り込む」があります。さらに，「機能している状態の中に」という抽象的な意味になり，einschalten「スイッチを入れる」があります。反対は aus-「外に」で，aussteigen「降りる」，auspressen「絞り出す」，また抽象的になり ausschalten「スイッチを切る」となります。

　auf-「上に」は，aufstehen「起きる，立ち上がる」がありますが，同時に「（上に向かって）開いている」という意味があり，aufschrauben「ねじを回して開ける」などがあります。また，「上に」のイメージから，「ぱっと，急にわき上がる」と拡張していき，aufleuchten「（光が）ぱっと点く」などがあります。

　mit-「共に」が付く動詞は，mitspielen「一緒に遊ぶ」や mitschicken「一緒に送る」など，主語または目的語が他の人・物と共にあることを表します。また，mitnehmen「持って行く」，mitbringen「持ってくる」のように，主語があるところへ移動する際に「一緒に」物を運ぶことを示します。

　zurück-「後ろに，もとに」は，zurückgeben「返す」という，もとに戻すという意味のほかに，zurückbleiben「その場に居残る，発達が遅れる」などもあります。

　このように，分離動詞の前つづりの意味は抽象的なものもありますが，基本的な意味を押さえるとかなり想像がつくものです。紙面の関係で一部にとどめましたが，自分なりに整理してみてください。すぐに目の前が開ける感じがすると思います。

# 非分離動詞

　基礎となる動詞に前つづりがついた動詞には，前つづりにアクセントがあり「分離」する分離動詞のほかに，前つづりにアクセントがなく全体で1語の動詞となっているものがあります。これを非分離動詞と呼びます。たとえば，verstehen「理解する」は，ver- という非分離の前つづりを持っています。一般言語学的に言えば，「拘束形態素」です。「拘束」というのは，それ自体で独立して使われることはなく，必ず他の形態素と一緒に現れることを指します。「ご飯」の「ご」や unmöglich「不可能だ」の un- も拘束形態素です。

　別に「非分離動詞」ということを知らなくても文法的に困ることはありません。verstehen と bestehen「合格する」と entstehen「発生する」には意味の共通性はなさそうですから，それぞれ別々に覚えても手間は変わらないでしょう。ただ，これらの前つづりにはいずれもアクセントがなく，過去分詞では ge- が付かないことと，stehen の過去基本形，過去分詞が stand, gestanden であることを知っていれば，(ver-/be-)entstand, (ver-/be-)entstanden となることがわかるので，「効率的」であることは言えます。

　非分離の前つづりは，be-, emp-, ent-, er-, ge-, ver-, zer- の7つです。これらは，分離の前つづりとは異なり，意味は非常に抽象的で，一言では言い表せませんが，やはり傾向はあります。それを書いていきましょう。

　まず，zer- は，「細かく壊す」という意味を持ちます。これは非分離前つづりの中では比較的わかりやすいものです。zerbrechen「割る」，zerreißen「引き裂く」，zerstören「破壊する」などがあります。

　ent- は多くの場合，「あるものがない状態にする」という意味を持ちます。entkernen「種を抜く」とか entwässern「水を抜く」があります。しかし，enthalten「含む」，entscheiden「決定する」，entwickeln「発展させる」など，説明のつかないものもたくさんあります。

　ver- は形容詞について「その状態にする」という機能があります。vergrößern「大きくする」，verdeutlichen「明らかにする」などです。また，名詞を動詞に変えることもできます。r Film「映画」から verfilmen

「映画化する」などですね。重要なパターンとして，「sich + ver- の付いた動詞」で「その行為に失敗する」というものがあります。たとえば，sich versprechen だと「言い間違える」，sich vertippen「タイプしそこなう」など，かなり多くの動詞で言えます。versprechen は他動詞としては「約束する」ですから，再帰用法と間違わないようにしなければいけません。

　be- は，自動詞に付くと，それを他動詞に変換する機能があります。antworten「答える」は，auf die Frage antworten と使いますが，be- を付けると，die Frage beantworten です。意味はどちらも「質問に答える」ですが，be- の付いた動詞を使うと一般にその行為を完遂していることが表されます。質問の場合だと，単に答えを挙げるのではなく，ちゃんとその問題に取りくみ，解決するという意味が出ます。また，be- を他動詞に付けると，目的語を変化させ，「ある物を（ある物で）満たされた状態にする」という意味にします。たとえば，Erde auf den Lastwagen laden「土をトラックに積む」は土の移動を表しますが，den Lastwagen mit Erde beladen は「トラックを土が積まれた状態にする」というトラックの状態変化の表現になります。土の移動の場合はトラックが一杯になったかどうかはわかりませんが，トラックの状態変化だとそのトラックは一杯にならないと言えません。日本語では「風呂に水を満たす」と「風呂を水で満たす」など，この「目的語交替」はあまり多くありませんが，ドイツ語では be- のお陰でかなり頻繁に見られます。

　そのほかにも，er- は「物事の開始を表す」動詞に多いなど，抽象的な意味はありますが，いずれもその動詞の一部にしか当てはまらないので，今述べたことを知っていれば十分だと思います。

　なお，durch-, hinter-, um-, über-, unter-, wider-; wieder-; voll- などは分離にも非分離にもなる前つづりです。これらには特に注意を払って，どちらなのかしっかり覚えてください。一般に，分離する方が非分離の場合より具体的な本来の副詞や形容詞の意味を保持していることが多いと言えます。Er setzt die Leute ans andere Ufer über.「彼は人々を向こう岸へ渡す」に対して，Er übersetzt das Buch aus dem Deutschen ins Japanische.「彼はその本をドイツ語から日本語へ翻訳する」などです。

# 比較級と最上級

　2つのものを比較して一方が「より … だ」，3つ以上のものの中であるものが「一番 … だ」という場合，形容詞はそれぞれ「比較級」と「最上級」と呼ばれる形に変わります。比較級は，もとの形（原級）に -er を，最上級は -st を付けて作ります。schön「美しい」なら，schöner, schönst- です。ただし，最上級は，このままの形ではなく，必ず語尾が付いた形で用いられます。特に，前に am を付け，語尾 -en を付けた形が多用されます。am schönsten となります。

　また，1音節の語では比較級と最上級で母音がウムラウトするものが多くあります。lang「長い」→ länger, längst- などです。その他，比較級で語幹の -e が脱落するもの（dunkel「暗い」→ dunkler, dunkelst-），最上級の -st の語尾の前に e が挿入されるもの（alt「古い」→ älter, ältest-）がありますが，これらは弱音節の連続を避けるという一般的な性質から起こります。さらに，gut「よい」→ besser, best-, viel「多い」→ mehr, meist-, gern「好んで」→ lieber, am liebsten などまったくの不規則なものも若干あります。

　形に関してはこれぐらいにして，用法を見ていきましょう。比較級も最上級も付加語として名詞を修飾するときは，原級と同じ語尾が付きます。Ich habe eine bessere Idee.「私にはもっといい考えがあります」，Der Fuji ist der höchste Berg in Japan.「富士は日本で一番高い山です」。

　比較級が述語として使われると，2つのものを比べどちらかが「より … だ」ということを表します。比較の対象になっているものは als を使って表します。

**Japan ist größer als Deutschland.**　日本はドイツより大きい。

**Julia kann besser Japanisch sprechen als Karin.**
　ユーリアの方がカーリンよりも日本語を上手に話せる。

　2番めの文で als Karin が sprechen より後，つまり「後域」に来ていることに違和感を覚えるかもしれません。この「枠外配置」は，als の後が副

文が省略されたものと考えるとわかりやすいでしょう。als Karin Japanisch sprechen kann「カーリンが日本語を話せるよりも」だったのが，主文と同じものを繰り返す必要がないので，als Karin だけになったわけです。

als の後は名詞だけでなく，文も来ることができます。als を接続詞として持つ副文になるので，定形は最後に来ます。Ich liebe dich mehr als du mich liebst!「君が僕を愛しているよりもっと僕は君を愛しているんだよ！」などですね。

「... は（他のものと比べて）一番～だ」ということを表す最上級の述語用法には，der/die/das ...ste と am ...sten の2つの表現があります。

「彼女は皆の中で一番まじめだ」

a.　Sie ist die Fleißigste von allen.

b.　Sie ist am fleißigsten von allen.

a. の die Fleißigste の後には，Frau や Studentin などの女性名詞を補うとわかりやすいでしょう。このように der/die/das ...ste の表現でどの冠詞が選ばれるかは主語の性によります。b. の文では主語に関係なくいつも am...sten が使えます。a. と b. はどちらを使っても同じ意味です。

「... は（他の条件と比べて）一番～だ」ということを表す述語用法や副詞の最上級では，am ...sten の形のみが用いられます。

**Sie ist vor der Prüfung am fleißigsten.**　彼女は試験の前が一番まじめだ。

**Er spricht am besten Deutsch von uns allen.**　彼が一番ドイツ語が上手い。

この場合，「彼女」を他の誰かと比べているわけではありません。「彼女」のまじめさを「試験前」とそれ以外の時期で比べているのです。ですから，他の人との比較を表す die ...ste は使えません。

# いろいろな比べ方

　前のページでは比較級，最上級の一般的な説明をしましたが，ここでは比較に関してそのほか知っておくと役立ついろいろな表現を見ていきましょう。

　まずは，「〜と同じくらい ... だ」という同等比較です。これは「so ＋原級＋ wie...」という形を用います。また，この表現に nicht を付けて否定すると，「〜ほど ... ではない」という意味になります。また，wie 以下は比較級の als 同様「枠外配置」されます。

**Der Junge ist jetzt fast so groß wie sein Vater.**

　その少年は今，父親とほとんど同じ背の高さだ。

**Der Film war nicht so interessant wie ich erwartet hatte.**

　その映画は私が期待していたほどは面白くなかった。

　また，wie の後に möglich や（nur...）können を使うと「できるだけ ... だ」を表します。

**Ich erledige die Arbeit so schnell wie möglich.**

　私はその仕事をできるだけ早く仕上げます。

**Sie hat so viel gegessen wie sie nur konnte.**　彼女は食べられるだけ食べた。

　副文を dass... 文にすると，「あまりに〜なので ... だ」という程度や結果を表す文になります。

**Der Film war so langweilig, dass ich fast eingeschlafen wäre.**

　その映画はあまりに退屈で，私は眠ってしまいそうになった。

　この例では実際には眠らなかったので接続法第Ⅱ式を使っていますが，実際に寝てしまったのなら，dass ich eingeschlafen bin. となります。

　同等比較に，zweimal（または doppelt）「2倍」，dreimal「3倍」など，倍数（基数＋ -mal）を付けると，「〜の○○倍 ... だ」という意味になります。また，halb を使うと「... の半分だ」を表します。

**Das Benzin kostet jetzt fast zweimal so viel wie im letzten Jahr.**
　ガソリンは今や去年のほとんど倍の値段だ。

　比較級を使った便利な表現です。「immer ＋比較級」で「ますます（どんどん）... になる」と，「je ＋比較級，desto（または umso）＋比較級」で「〜であればあるほど ... だ」を覚えましょう。

**Wegen des Klimawandels wird der Sommer immer heißer.**
　気候変動で夏はどんどん暑くなっていく。

**Je älter man wird, desto erfahrener wird man.**
　人は年をとればとるほど経験を積んでいく。

　比較と言えばその対象があるのがふつうですが，なかには「比較的 ... だ」，「きわめて ... だ」とそれがないものがあります。「絶対的比較級・最上級」と呼ばれる用法です。

**Wer ist die ältere Dame?**　あの年輩の女性は誰ですか？

**Wir haben heute das herrlichste Wetter.**　今日は最高にいい天気だ。

　面白いことに eine ältere Dame は eine alte Dame より年をとっているわけではなく，むしろ逆です。alt-älter-jünger-jung の順番になります。alt と言うと直接的ですので，「比較的」と表現する方が丁寧な言い方になるという側面もあります。

## コラム　感嘆文は簡単文！

　いきなり脱力するような題名で失礼しました。「ああ，なんて馬鹿な見出しなんだ！」と思われた方も多いでしょう。こういう文を感嘆文と言います。ところが，これを文法書で扱うのは難しいのです。というのも，Wollen Sie Kaffee trinken? などの疑問文だと，相手がコーヒーを飲みたいかを尋ねるという「機能」があり，それを表すために定動詞を文の先頭に置くという「形式」があります。機能と形式がはっきりしている項目は書くことが決まっているので，筆の進みがなめらかです。

　ところが，感嘆文となると，「機能」がはっきりしません。その前にそもそも「感嘆」という言葉がよくわかりません。大辞林を引くと，「①感心してほめたたえること。②なげき悲しむこと」と載っています。「感嘆文」を見ると「感動文」を見ろとなっています。「感動文なんて聞いたことないぞ」と思いながら，その項を見ると，「文を性質・内容の面から分類したときの一。感動の意を表す文で，主語・述語の形式が整わず，感動の気持ちをそのまま表現する。西欧語では文末に感嘆符「!」を付ける。感嘆文」とあります。正直言って私にはこの定義は理解不能です。「主語・述語の形式が整わず」というのは何でしょうか。「これはなんてわかりにくい定義なんだ！」というのは，感嘆文だと思うのですが，主語と述語の形式は整っています。そもそも，私は感動しているのではなく，文句をつけているのです。感動文と感嘆文が同じであるわけはありません。

　一般的には，感嘆文は高まった感情を伝える文だと理解されています。ですから，平叙文を感情を込めて言えば感嘆文になるのです。

Du bist aber dumm!　お前は馬鹿だなぁ。
Das kann doch nicht wahr sein!
　それは本当であるはずがないじゃないか！

　このとき，次の章で扱う「心態詞」がよく使われます。ただもちろん，心態詞を使ったら全部感嘆文になるわけではありません。
　感嘆文では，was für ＋名詞句がよく使われます。

Was für eine dumme Überschrift ist das!
Was für eine dumme Überschrift das ist!
　なんて馬鹿な見出しなんだ。

　面白いことに，感嘆文では疑問文の語順も，副文の語順も可能です。
　また，名詞句ではなく，形容詞や副詞を用いた感嘆文を作りたいときは，wie ＋形容詞（副詞）を先頭に持ってきます。このときも，疑問文の語順も副文の語順も可能です。強めの doch もよく使われます。

Wie schön ist (doch) das Wetter!　なんて良い天気なんだ！
Wie schön (doch) das Wetter ist!

　たとえ疑問文の語順でも下がり調子で言うのが，本当の疑問文と違う点です。
　接続法第Ⅱ式を使った願望文（Wenn ich mehr Geld hätte!「もっとお金があればなぁ」）も感嘆文と言えなくもありません。
　とにかく，そういうわけで，感嘆文の「機能」は高まった感情を伝えること，「形式」は平叙文，疑問文，副文なんでもありで，定義不可能です。唯一形式上はっきりしているのは，感嘆符（!）を付けるということです。逆に言うと，「!」さえ付ければ何でも感嘆文になるのです。だから言ったでしょ，感嘆文は簡単文だって！

# 接続詞

　ドイツ語は語形変化の多い言語ですが，もちろん形が変わらない品詞もあります。それらを総称して「不変化詞」と呼びます。接続詞，副詞，間投詞などがあります。ここではまず接続詞について見ていきましょう。

　文と文をつなぐ語には，「副詞」，「並列接続詞」，「従属接続詞」の3つの種類があります。「ペーターは病気なので，今日，学校に来ない」という文をそれぞれを使って表してみましょう。

Peter ist krank. Deshalb kommt er heute nicht zur Schule.

Peter kommt heute nicht zur Schule, denn er ist krank.

Peter kommt heute nicht zur Schule, weil er krank ist.

　最初の文の deshalb が副詞，次の denn が並列接続詞，最後の weil が従属接続詞です。副詞は文の要素の1つ，文肢ですから，主文の先頭にあれば当然，定形の動詞はその次に来ます。

　並列接続詞には上で例に挙げた denn「というのは」のほかに，und「そして」，aber「しかし」，oder「または」などがあります。これらは「文と文の間に置かれる」ものです。つまり，語順に影響は与えません。このことは案外間違いやすいものです。「今日，友人が私のところに来る。そして私たちはピザを食べる」という文を，＊Heute kommt mein Freund zu mir und essen wir Pizza. としてしまう人が非常に多いのです。und によって要素がひっくり変えることはありません。...und wir essen Pizza. ですよ。und で文を結ぶときは基本的にコンマは入れません。und で結ぶことを「順接」と言ったりしますが，その名の表すとおり，素直な結び付き方だからです。それに対し，「反意」の aber の場合は，必ずコンマを打ちます。Peter ist dick, aber seine Frau ist schlank.「ペーターは太っているが，彼の妻はすらっとしている」などです。「選択」の oder は，旧正書法ではコンマを打ちましたが，新正書法では打たないのが基本です。

　従属接続詞は副文を導き，したがって定形の動詞は最後に置かれます。dass「...ということ」，da「...なので」，wenn「...ならば」，obwohl「...に

もかかわらず」，bevor「... する前に」，nachdem「... した後で」，während
「... している間」などかなり数は多いです。副文についてはすでに解説した
ので，間違いやすい接続詞と対応する副詞をいくつか取り上げましょう。

　最初は obwohl と副詞の trotzdem です。「雨が降っているにもかかわら
ず，彼らは外でテニスをしている」は，obwohl を使えば Sie spielen
draußen Tennis, obwohl es regnet. になります。trotzdem を使うなら，Es
regnet. Trotzdem spielen sie draußen Tennis. ですね。一般に，同じような
意味の従属接続詞と副詞があれば，それが付く文の順番が逆になるのに注意
してください。たとえば，最初に例に挙げた weil と deshalb の関係を見て
ください。論理関係は同じでも，叙述の仕方が違うわけです。

　次に，weil と denn を比べましょう。これらはどちらも理由を表し，実際
多くの場合，交換可能です。もちろん，weil は従属接続詞で，denn は並列
接続詞ですから語順は異なります。それだけでなく，weil で表される理由
は直接的な因果関係を表します。それに対して，denn は，「なぜ私がそう
いうことを言うかと言えば」という推論の根拠を挙げる点が違います。Er
ist sicher krank, denn er ist nicht da.「彼はきっと病気だ。というのは，彼
がここにいないからだ」という文では，*Er ist sicher krank, weil er nicht
da ist. とは言えませんね。「ここにいない」ことが病気になる原因になるな
んて呪いをかけられているみたいです。そうではなく，話者は，いつもは必
ずいる彼がいないことから，病気だと結論づけているのです。あることを述
べたあとに，補足的に「だって，... だから」という感じです。

　なお，weil と da は両者とも従属接続詞で，意味もほぼ同じです。ただ，
weil は相手が知らないことを理由に挙げるのに対し，da は相手の知ってい
ることを根拠にしている傾向があります。Da es gestern so viel schneite,
blieb ich den ganzen Tag zu Hause.「昨日はあんなに雪が降ったでしょう。
だから私は一日中，家にいました」です。したがって，weil に導かれる文
は主文の後に，da に導かれる文は主文の前に述べられることが多いのです。

# 副詞と話法詞

　副詞とは，動詞や形容詞を修飾するものです。ドイツ語の形容詞はそのままの形で副詞としても用いられます。Sie singt gut.「彼女は歌がうまい」でgut は動詞 singen を修飾しています。これらは通常「形容詞の副詞的用法」として扱い，文法書などでは副詞には含めません。

　副詞の種類は多岐にわたります。意味で分類すると，場所を表すもの（hier「ここで」，da「そこで」），時を表すもの（heute「今日」，jetzt「今」），頻度を表すもの（oft「しばしば」，manchmal「ときどき」），論理関係を表すもの（deshalb「だから」，trotzdem「それにも関わらず」）などがあります。また，文中の動詞や形容詞を修飾する副詞に対して，文と文を結ぶ役割をする副詞という分類もできます。論理関係を表す副詞はだいたいこのタイプですから，「接続副詞」と呼ぶこともあります。

　これらの副詞のほかに，文中の要素ではなく，文全体に対する話し手の判断や評価を表すものがあります。たとえば，次の文を見てください。

**Du kannst gern ein Stück von meinem Kuchen haben.**

私のケーキを一切れ取ってくれて構わないよ。

　この gern は，Er spielt gern Fußball.「彼はサッカーするのが好きだ」とは違う用法です。サッカーするのが好きなのは主語の er ですが，ケーキの例では gern「喜んで」はこの文を言っている人の気持ちを表しているのです。これらは「話法」を表すので話法の副詞と言えますが，他の副詞とだいぶ性質が違うので，ここでは「話法詞」という名称で独立した品詞として扱っていきましょう。

　話法詞には大きく分けて「可能性の判断」に関するものと「話し手の評価や心情」に関するものがあります。

　まず可能性を表す話法詞です。最初に断っておきますが，これらの語に添える日本語訳はあくまでも近似的なもので，またパーセンテージをはっきり出すことはできません。日本語でも，外国人に「『たぶん』って何パーセントですか？」と聞かれても，答えは人によって違うでしょう。ドイツ語も同

じです。それでも，sicher, bestimmt, gewiss は「きっと」で，「100 パーセ
ントに近い」と話者は判断しています。Sie hat sicher den Zug verpasst.「彼
女は電車を逃したのにちがいない」。wahrscheinlich は「たぶん」で，70 ～
90 パーセントぐらいの確率です。Wahrscheinlich regnet es morgen.「たぶ
ん明日は雨が降る」。なお，sicher も wahrscheinlich も述語形容詞としても
使えます。Es ist sehr wahrscheinlich, dass er etwas verheimlicht.「彼が何
かを隠しているのはほぼ間違いない」というように，この言い方では
wahrscheinlich に sehr を付けて強調することも多くあります。

　vermutlich は「推測するに」ということですから，可能性は
wahrscheinlich と同じか少し低いぐらいです。気をつけてもらいたいのが，
vielleicht の使い方です。前にも触れましたが，これは，「可能性としてあり
うる」という意味です。「ひょっとしたら」が一番いい訳でしょうか。なぜ
か，多くの人が vielleicht を「たぶん」だと勘違いしているようです。
Vielleicht hast du recht. は，「君の言っていることも一理あるかもしれな
い」ぐらいの意味ですから，「たぶん君は正しい」と認めてもらったと，ぬ
か喜びしないでください。

　話し手の評価や心情を表す話法詞には，上で挙げた gern のほかに，leider
「残念ながら」があります。Leider liebt sie mich nicht.「残念ながら彼女は
僕を愛していない」で，leider と思っているのは私であって，この文の主語
の彼女は別になんとも思っていないというわけです。Das hättest du lieber
nicht sagen sollen.「そんなことを言わなかった方がよかったのに」という
文の lieber や besser も「... したほうがいい」と話者の判断を表しています。

　このタイプの話法詞には「形容詞 + -er + -weise」で作られるものが多数
あるのでまとめて覚えておくといいでしょう。Glücklicherweise wurde bei
dem Unfall niemand verletzt.「幸運なことにその事故で怪我した人はいな
かった」の glücklicherweise「幸運なことに」はよく使われます。その他，
freundlicherweise「親切なことに」，merkwürdigerweise「奇妙なことに」，
interessanterweise「面白いことに」，bedauerlicherweise「残念なことに」，
ärgerlicherweise「腹立たしいことに」など，いくらでもあります。

# 心態詞 （1）

　文全体にかかり，話し手の心情を表す副詞の一種にはもう1つ，心態詞と呼ばれるものがあります。日本語でも「外は暑いですよ」と「外は暑いですね」は，「外は暑い」ことは同じでも，それを相手に教えようとしているのか，相手と共感しようとしているかが違いますね。心態詞も同じような機能を持ちます。

| | |
|---|---|
| **Es ist ja heiß.** | 暑いですからね。 |
| **Es ist aber heiß!** | 暑いなぁ！ |
| **Es ist doch heiß!** | やっぱり暑いじゃないか。 |

　ここに出てきた ja, aber, doch が心態詞です。前のページで扱った話法詞と似ており，実際，区別しない文法書もあります。しかし，Leider kommt er nicht.「残念ながら彼は来ない」のように，話法詞は文頭に置くことができますが，心態詞は文頭には置かれません。*Ja ist es heiß. などとは絶対に言えないのです。また，通常アクセントを置くこともできません。その点，日本語の終助詞と似ていますが，心態詞は文中に置かれる点が違います。どうも日本人がドイツ語を話すと，Es ist heiß, ne? などと言いがちです。ne というのは北ドイツで nicht wahr? の意味で使われる口語的表現で，たまたま日本語の「ね」に似ているのでついつい使いたくなるのですが，それをぐっとこらえて，この心態詞を使うとずっとドイツ語らしく話せます。

　心態詞はそれがどんな文で使われるか，つまり平叙文，疑問文，命令文のどれで使われるかで，同じ語でも意味が違ってきます。また，そのニュアンスは日本語の訳語ではとらえきれないので，その機能を理解するようにしてください。それではまず上の例にそって，平叙文で使われるものの説明です。

　ja は，相手も知っていると思われることを理由にして挙げるときなどに使われます。「あなたもご存じのように」外は暑いですからね，私は出かけたくないんですよ，という感じです。また，素直にびっくりするときにも言います。

**Du bist ja ganz naß.**　君はずぶ濡れじゃないか！

　それから，とりあえずそうだと認めて，「でも …」と余韻を残すときにも使われます。Ich kann es ja versuchen.「まあ，やってみることはできるけどね」という感じです。「でも上手くいくかどうかは知らないよ」という気持ちが込められています。

　aber も驚きを表す点では同じで，ja と意味の違いがわかりにくいのですが，こちらは想定していなかったことに対する驚きを表します。素直に喜ぶのではなく，「こうだとは思っていなかった」というニュアンスが加わるのです。そんなに暑くはないだろうと思って外に出てみたら案外暑かったというのが最初の例です。

**Du bist aber groß geworden!**　お前は大きくなったなぁ！
**Ist das aber kalt!**　ああ，寒い！

　久しぶりに親戚の子どもに会うと，思わず言ってしまいます。自分の中ではまだまだ小さい子どもだというイメージがあるので，それとのギャップがこの aber に出るわけです。次は，Es ist aber kalt! と言うよりもさらに強い表現です。このように，感嘆文では，動詞から始めることがよくあります。非人称の es でも，このように強調すると，das に変わるのです。

　doch は，最初の想定が否定されそうになっている場合に，それが間違っていないと強く主張するときに使われます。「否定の否定」とも言えます。「私はもともと外が暑いと思っていた」という最初の想定に対し，相手が「そんなに暑くないよ」と言うので，外に出てみたら，「やっぱり暑いじゃないか」となるわけです。この「やっぱり」が doch というわけです。この延長線上で，Mach dein Zimmer endlich sauber!「いい加減に部屋を掃除しなさい！」と言われたときに，Habe ich doch gemacht!「やったよ！」と答えるときにも言います。もう部屋を掃除したのに相手がそれを知らずに言ったことに対して，その内容を否定する doch です。なお，口語では，文頭に来る das「それを」などのわかりきった目的語は省略することができます。

272

# 心態詞 (2)

　平叙文で使われる心態詞として eben もあります。同じ意味で南ドイツでは halt もよく使われます。

**Das ist eben nicht mehr zu ändern.**　それはもう変えようがないんだからな。
**So ist das halt im Leben.**　そういうものだよ，人生は。

　eben と halt は，既定事実を確認し，それを受け入れるときに使います。
　疑問文で使われる心態詞では denn があります。これは言い方次第で，疑問を強めたり，疑問を優しく表現したりします。要するに，自分がその答えにとても興味を持っていますよ，ということを表します。

**Was machst du denn da?**　そこでいったい何をしているの？

　これは，もう1本ビールを飲もうとこっそり冷蔵庫を開ける夫に妻が言う場合と，幼い子どもが一生懸命，何かを作っているときに母親が言う場合で，同じ言葉でもまったく響きが違いますよね。
　もう1つ，疑問文で eigentlich も使われます。これは本来の副詞としては「本来は」という意味で，Eigentlich hat er recht.「本当は彼が言うことは正しい」と留保をつけたり，前提を述べたりするときに使うのですが，疑問文では，新しい話題を始めるときに使います。

**Wie spät ist es eigentlich?**　ところで今，何時？

　それまでの話に直接関係はないが，聞いておくべきことを尋ねるときに使うのです。ですから，上のように聞くということは，話に夢中になっていたがそろそろ帰らなければならない時間であるとか，見ようと思っていたテレビ番組があるなどの状況であるのがふつうです。また，Wie geht es eigentlich Ihren Kindern?「ところでお子さんたちはお元気ですか？」と言うのもよく聞きます。子どもたちの話はしていなかったが，気にかけているということが表されます。eigentlich があることで，唐突な感じが薄れ，またその話題に関心を持っていることが表されるのです。

　命令や依頼をするとき，心態詞を使えば，それを強めることも和らげることもできます。doch は強めの代表です。

**Iss doch mehr Gemüse!**　もっと野菜を食べなさい！
**Setzen Sie sich doch bitte!**　まあ，そこにお座りください。

　肯定文の doch は「否定の否定」でしたが，命令文でも共通する意味は感じられます。相手が自然にはしそうにないことを命じたり勧めたりしているのです。言い方次第だとはいえ，doch はまだそれほどきつくはないのですが，命令がもっと強くなり，ぐずぐずしないでさっさとやれ，という気分になると schon が使われます。

**Komm schon!**　さっさと来い！
**Entschuldige dich schon!**　いい加減，謝れよ！

　これに対して，命令の調子を和らげるためには，mal を使うといいです。

**Komm mal her!**　ちょっとこっちに来て！
**Gibst du mir mal bitte das Salz?**　ちょっと塩を取ってくれる？

　日本語でも「ちょっと」というと同じ効果がでますね。相手に何かを依頼するときは，相手の労をできる限り少なくすることが丁寧さにつながっていきます。

　これまで見てきたように，心態詞はドイツ語のニュアンスのかなめと言ってよい言葉です。使い方をよく観察して，少しでも使ってみてください。

# 間投詞と擬音語

　間投詞というのは，「あっ」とか「うそー」とか思わず口から出てしまう言葉です。ほとんど無意識に発するものですから，ネィティブでない限り使いこなすのは困難ですし，勉強する必要も特にあるとは思えません。しかし，使えなくても，どんな間投詞がドイツ語にあるか知っておくのは有益ですし，何より楽しいです。

　たとえば，何か持っているものを落としそうになって，ぎりぎりのところで受け止めたとします。日本人なら，「おっと」と言うところですが，ドイツ語では何というか知っていますか？　Hoppla! とか Hopsala! とか言います。転びそうになったときも言います。hopsala は，子どもに思い切ってジャンプしろというときにも言います。「さぁ」という感じです。

　「ああ，そう」と感心するときは，ドイツ語でも Ach so! と言います。偶然の一致でしょうが，日本語と同じで面白いですね。ただし，本当に「へぇー」と感心したときにしか言わないので，あまり連発しないでください。日本語と同じと言えば，自分が想定していなかったことが起こって「なぬ！」と言うのも Nanu! と言うのです。これだけでも覚えておくと話のネタになりますね。また，「へへへ」も hehehe です。ただし，ドイツ語ではかなり相手を馬鹿にしている感じがでるので，TPO をわきまえましょう。

　日本人は相手の話に相づちを打つときに「はい，はい」と言うので，それをそのままドイツ語で Ja,ja. と言いがちですが，それは危険です。ja はあくまでも相手の話に同意しているというサインなので，後から，「でも，あなたの言っていることには賛成しない」と言うと，ドイツ人は今まで ja と言い続けていたくせに，だから日本人は信用できないんだ，と思うことがしばしばです。単なる相づちなら，hm です。ドイツ語のつづりではこうしか書きようがないのですが，口を閉じて鼻から息を出す感じで「フーフン」という感じです。日本語だとなんか相手を小馬鹿にしているようで，やらない方がよさそうです。一応賛同はしているけれど ja ほど全面的に賛同しているわけではないというときは aha と言いましょう。ach じゃないですよ。「アーハー」で，ha のときに少し音程を高くして発音します。これで「そうなん

ですか」というニュアンスが相手に伝わります。

　相づちの一種として，o ja と oje も覚えておくといい言い方です。相手が言ったことが気に入って，是非そうしようと言うときや，自分が忘れてしまっていたことを思い出したときは O ja! と言います。「ああ，そうだ！」という感じです。とてもポジティブな間投詞です。それに対して，なんか悪いことを自分がしてしまったり，相手の悪い状況に同情して言う言葉が oje です。Oje, das Benzin ist alle!「あらら，ガソリンが空っぽだ」などです。ネガティブな表現です。

　相手に対して「しっ」と静かにするように言うときはドイツ語では Pst! と言います。どこにも母音がない言葉なので，声帯を震わせないように息だけを出すつもりで p,s,t の子音を発音しましょう。ネィティブの気分が味わえます。

　汚いものを見たり，おぞましく思ったときは，Pfui! と言います。「うぁ」とか「おぇ」という感じです。さらに，吐き気を催すほど嫌だというのは Igitt! です。

　さて，間投詞も気持ちを表す擬音語ですが，最後にドイツ語の擬態語，擬声語を見てみましょう。たとえば，くしゃみをするときは日本人はなんと言いますか？　もちろん「はくしょん」ですね。生理現象でもちゃんとこのように言うから母語というものは面白いものです。ところで，ドイツ人はなんと言うでしょうか。Hatschi! ［ハチ］です。ドイツ語を話しているときはこうくしゃみをしましょうね。では，ドイツの子どもが泣くときはどうでしょう。「えーん」ではありません。Bää!［ベー］と泣きます。確かに泣きべそをかいている感じがでていますね。

　間投詞や擬音語は，まさに言葉が生きていることの証です。これらにも注目して，ますます生きたドイツ語を身につけてください。

## コラム　ドイツの動物の鳴き声

　動物の鳴き声も日本とドイツでは大きく違います。日本の鶏はコケコッコーと鳴きますが，ドイツでは kikeriki［キッケリキー］です。もちろん，鶏の言語が違っているのではなく，それを聞く人の耳が違っているのです。ちなみに，英語では cock-a-doodle-doo［カック・ア・ドゥードゥル・ドゥー］，フランス語では coquerico［コケリコ］と鳴くそうです。

　犬はドイツ語で wau wau，猫は miau miau です。ワンワン，ニャーニャーとは違いますが，それほど抵抗はないですね。ところが，日本の豚はブーブーですが，ドイツではとってもドイツ語的に鳴きます。grunz grunz です。ちょっと発音してみてください。妙に感じがでています。豚がえさを探して，鼻から息を出しているのが目に浮かぶようだと思いませんか。

　猫や豚が鳴くのは，miauen, grunzen と言い，「擬音語＋en」で動詞ができます。ネズミは piep と鳴きます。動詞は piepen もありますが，-s を入れて，piepsen とよく言います。ハチのブンブンは summ summ，ブンブン飛ぶは summen です。最初のコラムで，Summ, summ, summ! Bienchen summ herum. と歌ってもらいましたよね。

　犬がワンワンほえるは bellen と言い，wau に -en を付けて動詞にすることはありません。ところで，キツネが鳴くのも bellen と言うのです。ワンワンとコンコンは全然違うのに不思議ですが，考えてみたら，私は実際キツネが鳴くのを今まで一度も聞いたことはありません。もしかしたら，犬と似ているのでしょうか。

　最後にゾウの鳴き声はなんでしょうか。Der Elefant trompetet. と言います。そう，トランペットを吹くということ。まさしくそうですね。

## コラム　動物の慣用表現

　ドイツ語では動物を使った慣用表現が日本語よりもずっと多くあります。詳しくは瀬川真由美著『猫の嘆きと白ネズミ』（白水社）を読んでいただければいいのですが，よく使うものの中で私が気に入っているものをご紹介しましょう。

　まずは，wo sich Fuchs und Hase gute Nacht sagen「キツネとウサギがお休みなさいと言うところ」ですが，「ド田舎」を表す表現です。いくら人里離れていたとしても，夜道でこんな挨拶が交わされていたら，とても不気味ですよね。

　Hahn im Korb「カゴの中の雄鶏」は閉じこめられているのではなく，「まわりがすべて女性の中で男性 1 人」を表す表現です。私も昔はそういう状態にあこがれていましたが，今はかえって疲れるようになりました。歳ですね。

　歳のせいか，お酒を飲んだ翌日は，Ich habe einen Kater. となることが多くなりました。二日酔いです。なんで「雄猫を持っている」なのか不思議だったのですが，調べたらギリシア語の Katarrh「カタル」がドイツ語になるときに間違って Kater になっただけでした。

　猫と言えば，die Katze im Sack kaufen「袋に入った猫を買う」という表現があります。「中身をよく確かめないで買う」という表現です。何でも昔の市場では子豚やウサギなど価値のある動物の代わりに猫を袋に詰めて売るといういかさまがよく行われていたことからできた言い方だそうです。

　さて，書店でこのページから立ち読みしている方がいたら，この本はそんなことはないですよ。読んで損することはありません。

## 変化表一覧

- ・動詞の現在人称変化
- ・強変化動詞の現在人称変化
- ・sein / haben / werden の現在人称変化
- ・動詞の 3 基本形
- ・過去人称変化
- ・現在完了
- ・過去完了
- ・未来
- ・未来完了
- ・話法の助動詞の現在人称変化
- ・受動態（動作受動）
- ・受動の時制
- ・zu 不定詞
- ・命令法
- ・接続法第Ⅰ式の人称変化
- ・接続法第Ⅱ式の人称変化
- ・接続法第Ⅰ式の時制

- ・接続法第Ⅱ式の時制
- ・定冠詞の変化
- ・不定冠詞の変化
- ・人称代名詞
- ・再帰代名詞
- ・所有代名詞
- ・指示代名詞
- ・関係代名詞
- ・dieser 型冠詞類の語尾（強語尾）
- ・dieser の変化
- ・mein 型冠詞類の語尾
- ・mein の変化
- ・形容詞の語尾
- ・形容詞の前に定冠詞類がある場合（弱語尾）
- ・形容詞の前に不定冠詞類がある場合（混合変化）
- ・形容詞の前に何もない場合（強変化）

## ・動詞の現在人称変化

|          |      | 「来る」 | 「学ぶ」 |
|----------|------|--------|--------|
| ich      | -e   | komme  | lerne  |
| du       | -st  | kommst | lernst |
| er/sie/es| -t   | kommt  | lernt  |
| wir      | -en  | kommen | lernen |
| ihr      | -t   | kommt  | lernt  |
| sie/Sie  | -en  | kommen | lernen |

## ・強変化動詞の現在人称変化

|     | a → ä 型 | e → i/ie 型 | |
|-----|---------|-----------|---|
|     | 「行く」 | 「話す」 | 「見る」 |
| ich | fahre   | spreche  | sehe  |
| du  | fährst  | sprichst | siehst |
| er  | fährt   | spricht  | sieht |
| wir | fahren  | sprechen | sehen |
| ihr | fahrt   | sprecht  | seht  |
| sie | fahren  | sprechen | sehen |

## ・sein / haben / werden の現在人称変化

|     |      |       |        |
|-----|------|-------|--------|
| ich | bin  | habe  | werde  |
| du  | bist | hast  | wirst  |
| er  | ist  | hat   | wird   |
| wir | sind | haben | werden |
| ihr | seid | habt  | werdet |
| sie | sind | haben | werden |

## ・動詞の３基本形

| 不定詞 | | 過去基本形 | 過去分詞 | |
|---|---|---|---|---|
| lernen | 「学ぶ」 | lernte | gelernt | （規則変化動詞） |
| lieben | 「愛する」 | liebte | geliebt | （規則変化動詞） |
| fahren | 「行く」 | fuhr | gefahren | （強変化動詞） |
| bleiben | 「留まる」 | blieb | geblieben | （強変化動詞） |
| bringen | 「持ってくる」 | brachte | gebracht | （混合変化動詞） |
| denken | 「考える」 | dachte | gedacht | （混合変化動詞） |
| sein | 「... である」 | war | gewesen | （強変化動詞） |
| haben | 「持っている」 | hatte | gehabt | （一種の混合変化動詞） |
| werden | 「... になる」 | wurde | geworden | （強変化動詞） |

## ・過去人称変化

| | | | | | |
|---|---|---|---|---|---|
| ich | - | lernte | war | hatte | wurde |
| du | -st | lerntest | warst | hattest | wurdest |
| er | - | lernte | war | hatte | wurde |
| wir | -(e)n | lernten | waren | hatten | wurden |
| ihr | -t | lerntet | wart | hattet | wurdet |
| sie | -(e)n | lernten | waren | hatten | wurden |

## ・現在完了：haben / sein の現在人称変化＋過去分詞（文末）

| | lernen「学ぶ」 | kommen「来る」 |
|---|---|---|
| ich | habe............... gelernt | bin ............. gekommen |
| du | hast............... gelernt | bist............. gekommen |
| er | hat ................. gelernt | ist............... gekommen |
| wir | haben............. gelernt | sind ............ gekommen |
| ihr | habt ............... gelernt | seid ............ gekommen |
| sie | haben............. gelernt | sind ............ gekommen |

## ・過去完了：haben / sein の過去人称変化＋過去分詞（文末）

| | | | |
|---|---|---|---|
| ich | hatte .............. gelernt | war ............. gekommen | |
| du | hattest ............ gelernt | warst ......... gekommen | |
| er | hatte .............. gelernt | war ............. gekommen | |
| wir | hatten ............ gelernt | waren ......... gekommen | |
| ihr | hattet ............. gelernt | wart ............ gekommen | |
| sie | hatten ............ gelernt | waren ......... gekommen | |

## ・未来：werden の現在人称変化＋不定詞（文末）

| | | | |
|---|---|---|---|
| ich | werde ............. lernen | werde ......... kommen | |
| du | wirst ............. lernen | wirst ........... kommen | |
| er | wird ............... lernen | wird ............ kommen | |
| wir | werden ........... lernen | werden ....... kommen | |
| ihr | werdet ............ lernen | werdet ........ kommen | |
| sie | werden ........... lernen | werden ....... kommen | |

## ・未来完了：werden の現在人称変化＋完了不定詞（文末）

| | | | |
|---|---|---|---|
| ich | werde ......... gelernt haben | werde ......... gekommen sein | |
| du | wirst ........... gelernt haben | wirst ........... gekommen sein | |
| er | wird ............ gelernt haben | wird ............ gekommen sein | |
| wir | werden ........ gelernt haben | werden ....... gekommen sein | |
| ihr | werdet ......... gelernt haben | werdet ........ gekommen sein | |
| sie | werden ........ gelernt haben | werden ....... gekommen sein | |

## ・話法の助動詞の現在人称変化

| | dürfen | können | müssen | sollen | wollen | mögen | |
|---|---|---|---|---|---|---|---|
| ich | darf | kann | muss | soll | will | mag | möchte |
| du | darfst | kannst | musst | sollst | willst | magst | möchtest |
| er | darf | kann | muss | soll | will | mag | möchte |
| wir | dürfen | können | müssen | sollen | wollen | mögen | möchten |
| ihr | dürft | könnt | müsst | sollt | wollt | mögt | möchtet |
| sie | dürfen | können | müssen | sollen | wollen | mögen | möchten |

・受動態（動作受動）：werden の現在人称変化＋過去分詞（文末）
    loben「ほめる」

| | | |
|---|---|---|
| ich | werde | ............. gelobt |
| du | wirst | .............. gelobt |
| er | wird | .............. gelobt |
| wir | werden | ........... gelobt |
| ihr | werdet | ........... gelobt |
| sie | werden | ........... gelobt |

・受動の時制

| | |
|---|---|
| 現在 | ich werde gelobt |
| 過去 | ich wurde gelobt |
| 現在完了 | ich bin gelobt worden |
| 過去完了 | ich war gelobt worden |
| 未来完了 | ich werde gelobt worden sein |

・zu 不定詞

| | |
|---|---|
| 不定詞 | zu loben |
| 完了不定詞 | gelobt zu haben |
| 受動不定詞 | gelobt zu werden |
| 受動完了不定詞 | gelobt worden zu sein |

・命令法

| | du に対して | ihr に対して |
|---|---|---|
| kommen「来る」 | Komm(e)! | Kommt! |
| sagen  「言う」 | Sag(e)! | Sagt! |
| sein  「... である」 | Sei! | Seid! |
| werden  「... になる」 | Werde! | Werdet! |
| fahren  「行く」 | Fahr(e)! | Fahrt! |
| sprechen「話す」 | Sprich! | Sprecht! |
| lesen  「読む」 | Lies! | Lest! |

## ・接続法第Ⅰ式の人称変化

|       |      | lernen  | kommen  | sprechen  | haben   | werden   | sein      |
|-------|------|---------|---------|-----------|---------|----------|-----------|
| ich   | -e   | lerne   | komme   | spreche   | habe    | werde    | sei       |
| du    | -est | lernest | kommest | sprechest | habest  | werdest  | sei[e]st  |
| er    | -e   | lerne   | komme   | spreche   | habe    | werde    | sei       |
| wir   | -en  | lernen  | kommen  | sprechen  | haben   | werden   | seien     |
| ihr   | -et  | lernet  | kommet  | sprechet  | habet   | werdet   | seiet     |
| sie   | -en  | lernen  | kommen  | sprechen  | haben   | werden   | seien     |

## ・接続法第Ⅱ式の人称変化

接続法第Ⅱ式基本形：規則動詞は過去形と同じ，不規則動詞は過去形（ウムラウト）-e

|       |         | 不定詞<br>lernen | kommen  | sprechen  | haben   | werden   | sein    |
|-------|---------|-----------------|---------|-----------|---------|----------|---------|
|       | Ⅱ式基本形 | lernte          | käme    | spräche   | hätte   | würde    | wäre    |
| ich   | -       | lernte          | käme    | spräche   | hätte   | würde    | wäre    |
| du    | -(e)st  | lerntest        | kämest  | sprächest | hättest | würdest  | wärest  |
| er    | -e      | lernte          | käme    | spräche   | hätte   | würde    | wäre    |
| wir   | -(e)n   | lernten         | kämen   | sprächen  | hätten  | würden   | wären   |
| ihr   | -(e)t   | lerntet         | kämet   | sprächet  | hättet  | würdet   | wäret   |
| sie   | -(e)n   | lernten         | kämen   | sprächen  | hätten  | würden   | wären   |

## ・接続法第Ⅰ式の時制

| 現在（基準時と同じ） | er lerne        | er komme         |
|---------------------|-----------------|------------------|
| 過去（基準時より前） | er habe gelernt | er sei gekommen  |
| 未来（基準時より後） | er werde lernen | er werde kommen  |

## ・接続法第Ⅱ式の時制

| 現在（基準時と同じ） | er lernte        | er käme           |
|---------------------|------------------|-------------------|
| 過去（基準時より前） | er hätte gelernt | er wäre gekommen  |
| 未来（基準時より後） | er würde lernen  | er würde kommen   |

## ・定冠詞の変化

| | 単数 男性 | 単数 女性 | 単数 中性 | 複数 |
|---|---|---|---|---|
| 1格 | der | die | das | die |
| 2格 | des | der | des | der |
| 3格 | dem | der | dem | den |
| 4格 | den | die | das | die |

## ・不定冠詞の変化

| | 単数 男性 | 単数 女性 | 単数 中性 |
|---|---|---|---|
| 1格 | ein | eine | ein |
| 2格 | eines | einer | eines |
| 3格 | einem | einer | einem |
| 4格 | einen | eine | ein |

## ・人称代名詞

| | 1人称 | 2人称 | 3人称 男性 | 3人称 女性 | 3人称 中性 | 敬称の2人称 |
|---|---|---|---|---|---|---|
| 単数1格 | ich | du | er | sie | es | Sie |
| 単数2格 | (meiner) | (deiner) | (seiner) | (ihrer) | (seiner) | (Ihrer) |
| 単数3格 | mir | dir | ihm | ihr | ihm | Ihnen |
| 単数4格 | mich | dich | ihn | sie | es | Sie |
| 複数1格 | wir | ihr | sie | | | Sie |
| 複数2格 | (unser) | (euer) | (ihrer) | | | (Ihrer) |
| 複数3格 | uns | euch | ihnen | | | Ihnen |
| 複数4格 | uns | euch | sie | | | Sie |

## ・再帰代名詞

|  | 1人称 | 2人称 | 男性 | 女性 | 中性 | 敬称の2人称 |
|---|---|---|---|---|---|---|
| | | | ├──── 3人称 ────┤ | | | |
| 単数3格 | mir | dir | | sich | | sich |
| 単数4格 | mich | dich | | sich | | sich |
| 複数3格 | uns | euch | | sich | | sich |
| 複数4格 | uns | euch | | sich | | sich |

## ・所有代名詞

|  |  | 単数 | 複数 |
|---|---|---|---|
| 1人称 | | mein | unser |
| 2人称 | | dein | euer |
| 3人称 | er | sein | |
| | sie | ihr | ihr |
| | es | sein | |
| 敬称の2人称 | Ihr | Ihr | |

## ・指示代名詞

|  | 単数 | | | 複数 |
|---|---|---|---|---|
| | 男性 | 女性 | 中性 | |
| 1格 | der | die | das | die |
| 2格 | dessen | deren | dessen | deren, derer |
| 3格 | dem | der | dem | denen |
| 4格 | den | die | das | die |

## ・関係代名詞

|  | 単数 | | | 複数 |
|---|---|---|---|---|
| | 男性 | 女性 | 中性 | |
| 1格 | der | die | das | die |
| 2格 | dessen | deren | dessen | deren |
| 3格 | dem | der | dem | denen |
| 4格 | den | die | das | die |

## ・dieser 型冠詞類の語尾（強語尾）

|     | 男性 | 女性 | 中性 | 複数 |
|-----|------|------|------|------|
| 1格 | -er  | -e   | -es  | -e   |
| 2格 | -es  | -er  | -es  | -er  |
| 3格 | -em  | -er  | -em  | -en  |
| 4格 | -en  | -e   | -es  | -e   |

## ・dieser の変化

|     | 男性<br>このコンピューター | | 女性<br>このカード | | 中性<br>この本 | | 複数<br>これらの本 | |
|-----|--------|-----------|--------|-------|--------|--------|--------|---------|
| 1格 | dieser | Computer  | diese  | Karte | dieses | Buch   | diese  | Bücher  |
| 2格 | dieses | Computers | dieser | Karte | dieses | Buches | dieser | Bücher  |
| 3格 | diesem | Computer  | dieser | Karte | diesem | Buch   | diesen | Büchern |
| 4格 | diesen | Computer  | diese  | Karte | dieses | Buch   | diese  | Bücher  |

## ・mein 型冠詞類の語尾

|     | 男性 | 女性 | 中性 | 複数 |
|-----|------|------|------|------|
| 1格 | -    | -e   | -    | -e   |
| 2格 | -es  | -er  | -es  | -er  |
| 3格 | -em  | -er  | -em  | -en  |
| 4格 | -en  | -e   | -    | -e   |

## ・mein の変化

|     | 男性<br>私のコンピューター | | 女性<br>私のカード | | 中性<br>私の本 | | 複数<br>私の本（複数） | |
|-----|--------|-----------|--------|-------|--------|--------|--------|---------|
| 1格 | mein   | Computer  | meine  | Karte | mein   | Buch   | meine  | Bücher  |
| 2格 | meines | Computers | meiner | Karte | meines | Buches | meiner | Bücher  |
| 3格 | meinem | Computer  | meiner | Karte | meinem | Buch   | meinen | Büchern |
| 4格 | meinen | Computer  | meine  | Karte | mein   | Buch   | meine  | Bücher  |

## ・形容詞の語尾

冠詞類に強語尾がある→弱語尾
冠詞類に強語尾がない→強語尾

### 形容詞の強語尾

|     | 男性 | 女性 | 中性 | 複数 |
|-----|------|------|------|------|
| 1格 | -er  | -e   | -es  | -e   |
| 2格 | *-en* | -er | *-en* | -er |
| 3格 | -em  | -er  | -em  | -en  |
| 4格 | -en  | -e   | -es  | -e   |

### 形容詞の弱語尾

|     | 男性 | 女性 | 中性 | 複数 |
|-----|------|------|------|------|
| 1格 | -e   | -e   | -e   | -en  |
| 2格 | -en  | -en  | -en  | -en  |
| 3格 | -en  | -en  | -en  | -en  |
| 4格 | -en  | -e   | -e   | -en  |

男性・中性の2格は，名詞自体に –(e)s という強語尾に相当するものがあるため，形容詞は強語尾ではなく，弱語尾を使う。

## ・形容詞の前に定冠詞類がある場合（弱語尾）

|     | 単数 | | | | | | | | |
|-----|------|------|------|------|------|------|------|------|------|
| | 男性 | | | 女性 | | | 中性 | | |
| | この新しいコンピューター | | | この新しいカード | | | この新しい本 | | |
| 1格 | dieser | neue  | Computer  | diese  | neue  | Karte | dieses | neue  | Buch   |
| 2格 | dieses | neuen | Computers | dieser | neuen | Karte | dieses | neuen | Buches |
| 3格 | diesem | neuen | Computer  | dieser | neuen | Karte | diesem | neuen | Buch   |
| 4格 | diesen | neuen | Computer  | diese  | neue  | Karte | dieses | neue  | Buch   |

複数
これらの新しい本

|     |       |       |         |
|-----|-------|-------|---------|
| 1格 | diese  | neuen | Bücher  |
| 2格 | dieser | neuen | Bücher  |
| 3格 | diesen | neuen | Büchern |
| 4格 | diese  | neuen | Bücher  |

## ・形容詞の前に不定冠詞類がある場合（混合変化）

|            | 男性<br>1台の新しいコンピューター | | | 女性<br>1枚の新しいカード | | | 中性<br>1冊の新しい本 | | |
|------|-------|-------|-----------|-------|------|-------|-------|-------|--------|
| 1格 | ein    | neuer | Computer  | eine  | neue | Karte | ein   | neues | Buch   |
| 2格 | eines  | neuen | Computers | einer | neuen| Karte | eines | neuen | Buches |
| 3格 | einem  | neuen | Computer  | einer | neuen| Karte | einem | neuen | Buch   |
| 4格 | einen  | neuen | Computer  | eine  | neue | Karte | ein   | neues | Buch   |

複数
私の新しい本（複数）

| 1格 | meine  | neuen | Bücher  |
|------|--------|-------|---------|
| 2格 | meiner | neuen | Bücher  |
| 3格 | meinen | neuen | Büchern |
| 4格 | meine  | neuen | Bücher  |

## ・形容詞の前に何もない場合（強変化）

|      | 男性<br>良いワイン | 女性<br>良いミルク | 中性<br>良いビール | 複数<br>良い材料 |
|------|-------------|--------------|-------------|--------------|
| 1格 | guter Wein  | gute Milch   | gutes Bier  | gute Zutaten  |
| 2格 | guten Weins | guter Milch  | guten Biers | guter Zutaten |
| 3格 | gutem Wein  | guter Milch  | gutem Bier  | guten Zutaten |
| 4格 | guten Wein  | gute Milch   | gutes Bier  | gute Zutaten  |

# 文法項目一覧

## A-Z

bekommen 受動 (*s* bekommen-Passiv)
haben 支配の動詞 (*s* Verb, das das Perfekt mit haben bildet)
sein 支配の動詞 (*s* Verb, das das Perfekt mit sein bildet)
zu 不定句 (*e* zu-Infinitivphrase)
zu 不定詞 (*r* zu-Infinitiv)

## あ

アクセント (*e* Betonung, *r* Akzent)
アスペクト（相）(*r* Aspekt, *e* Aktionsart)

## い

異形態 (*s* Allomorph)
依存文法 (*e* Dependenzgrammatik)
意味論 (*e* Semantik)
イントネーション (*e* Intonation)

## う

ウムラウト (*r* Umlaut)

## え

円唇 (Lippenrundung, runde Lippen)

## お

音韻体系 (phonologisches System)
音声学 (*e* Phonetik)
音声記号 （IPA, Internationales Phonetisches Alphabet）
音節 (*e* Silbe)
音素 (*s* Phonem)

## か

書き言葉 (*e* Schriftsprache)
格 (*r* Kasus)
格形 (*e* Kasusform)
格語尾 (*e* Kasusendung)
格変化→曲用
過去完了 (*s* Plusquamperfekt)
過去形 (*s* Präteritum)
過去現在動詞 (*s* Präteritopräsens)
過去分詞 (*s* Partizip Ⅱ)
可算名詞 (zählbares Substantiv)
活用 (*e* Konjugation)
関係節→関係文
関係代名詞 (*s* Relativpronomen)
関係文 (*r* Relativsatz)

冠詞 (*r* Artikel)
冠飾句 (erweitertes Attribut)
冠詞類 (*s* Artikelwort)
感嘆文 (*r* Ausrufesatz)
間接目的語 (indirektes Objekt)
間接話法 (indirekte Rede)
間投詞 (*e* Interjektion)
幹母音 (*r* Stammvokal)
願望文 (*r* Wunschsatz)
完了の助動詞 (Hilfsverbs des Perfekts)
完了不定詞 (Infinitiv Ⅱ)

## き

基数 (*e* Kardinalzahl, *e* Grundzahl)
擬音語・擬態語 （Onomatopöie, Lautmalerei）
規則動詞 (regelmäßiges Verb)
機能語 (*s* Funktionswort)
基本母音 (*r* Kardinalvokal)
義務的 (deontisch)
義務的補足成分 (obligatorische Ergänzung)
疑問詞 (*s* Fragewort)
疑問代名詞 (*s* Interrogativpronomen)
疑問副詞 (*s* Interrogativadverb)
疑問文 (*r* Fragesatz, Interrogativsatz)
強変化（名詞・形容詞）(starke Deklination)
強変化動詞 (starkes Verb)
曲用 (*e* Deklination)

## く

具象名詞 (*s* Konkretum)
屈折 (*e* Flexion)
クラス (*e* Klasse)

## け

「継続相」の動詞 (duratives Verb)
形態素 (*s* Morphem)
形態論 (*e* Morphologie)
形容詞 (*s* Adjektiv)
形容詞の格変化 (*e* Deklination des Adjektivs)
結合価（ヴァレンツ）(*e* Valenz)
結合価文法 (*e* Dependenzgrammatik)
決定疑問文 (*e* Entscheidungsfrage, Satzfrage)
原級 (*r* Positiv, *e* Grundform des Adjektivs)
現在［時制］(*s* Präsens)

現在完了［時制］(s Perfekt)
現在分詞 (s Partizip I)

## こ

語 (s Wort)
後域 (s Nachfeld)
口蓋化 (e Palatalisierung)
口蓋垂 (のどひこ) (s Zäpfchen)
硬口蓋 (harter Gaumen)
拘束形態素 (gebundenes Morphem)
膠着言語 (agglutinierende Sprache)
肯定文 (affirmativer Satz)
コーパス (s Kopus)
呼格 (r Vokativ)
語幹 (r Wortstamm)
語幹名詞 (s Stammnomen)
語形成 (e Wortbildung)
語順 (e Wortstellung)
語尾 (e Endung)
コピュラ動詞 (s Kopula-Verb)
固有名詞 (r Eigenname)
語用論 (e Pragmatik)
コロケーション (e Kollokation)
混合変化動詞 (Verb mit Mischformen)

## さ

再帰代名詞 (s Reflexivpronomen)
再帰動詞 (reflexives Verb)
最上級 (r Superativ)
ザクセン 2 格 (Sächsischer Genitiv)
3・4 格支配 (e Wechselpräposition, Präposition mit Dativ oder Akkusativ)
3 格支配の前置詞 (e Präposition mit Dativ)
3 基本形 (e Stammform des Verbs)

## し

子音 (r Konsonant)
使役 (r Kausativ)
指示詞 (s Demonstrativum)
指示代名詞 (s Demonstrativpronomen)
時制 (s Tempus)
自動詞 (intransitives Verb)
借用語 (s Lehnwort)
弱語尾 (schwache Endung)
弱変化動詞 (schwaches Verb)
集合名詞 (s Kollektivum)
自由 3 格 (freier Dativ)
修飾語 (s Attribut)

従属節→副文
従属接続詞 (subordinierende Konjunktion)
主格 (1 格) (r Nominativ)
主語 (s Subjekt)
述語 (s Prädikat)
述語動詞 (s Prädikatsverb)
受動態 (s Passiv)
受動の助動詞 (s Hilfsverb des Passivs)
主文 (r Hauptsatz)
「瞬間相」の動詞 (perfektives Verb)
照応関係 (anaphorische Relation)
状態受動 (s Zustandspassiv)
省略 (e Weglassung)
助数詞 (r Zählwort, r Klassifikator)
女性名詞 (s Femininum)
助動詞 (s Hilfsverb)
所有の 3 格 (r Pertinenzdativ)
新正書法 (die neue Rechtschreibung)
心態詞 (e Abtönungspartikel)

## す

数 (r Numerus)
数詞 (e Numerale, s Zahlwort)

## せ

接続詞 (e Konjunktion)
接続法 (r Konjunktiv)
接続法第 I 式 (r Konjunktiv I)
接続法第 II 式 (r Konjunktiv II)
接頭辞 (s Präfix, e Vorsilbe)
接尾辞 (s Suffix, e Nachsilbe)
前域 (s Vorfeld)
前置詞 (e Präposition)
前置詞格目的語 (s Präpositionalobjekt)
全文否定 (e Satznegation)

## そ

相互代名詞 (s Reziprokpronomen)
総称 (generische Bezeichnung)
属格 (2 格) (r Genitiv)

## た

態 (s Genus verbi)
対格 (4 格) (r Akkusativ)
ダイクシス (e Deixis)
ダイクシス表現 (deiktischer Ausdruck)
体験話法 (Erlebte Rede)
代名詞 (s Pronomen)

奪格 (r Ablativ)
他動詞 (transitives Verb)
他動性 (e Transitivität)
単数形 (r Singular)
男性弱変化名詞 (schwaches Maskulinum)
男性名詞 (s Maskulinum)

**ち**
中域 (s Mittelfeld)
中間態 (s Medium)
中高ドイツ語 (s Mittelhochdeutsch)
抽象名詞 (s Abstraktum)
中性名詞 (s Neutrum)
調音 (e Artikulation)
直説法 (r Indikativ)
直接目的語 (direktes Objekt)
直接話法 (direkte Rede)

**て**
定冠詞 (bestimmter Artikel)
定形 (finite Verbform)
定形第 2 位 (Verbzweitstellung)
定動詞 (finites Verb)
テーマ（主題）(s Thema)
テカモロの規則 (e Te-Ka-Mo-Lo-Regel)
添加成分 (freie Angabe)

**と**
同格 (e Apposition)
統語論 (e Syntax)
動作受動 (s Vorgangspassiv)
動詞 (s Verb)
動詞の人称変化 (Konjugation des Verbs)

**な**
内容語 (s Inhaltswort)
軟口蓋 (weicher Gaumen)

**に**
二重母音 (r Diphthong)
認識的 (epistemisch)
人称 (e Person)
人称代名詞 (s Personalpronomen)
人称変化 (e Konjugation)

**の**
能動態 (s Aktiv)

**は**
排他的 (exklusiv)
拍（モーラ）(e Mora)
派生 (e Ableitung)
話し言葉 (gesprochene Sprache)

**ひ**
被害の 3 格 (r Dativ incommodi)
比較級 (r Komparativ)
非義務的補足成分 (nichtobligatorische
    Ergänzung)
非現実話法 (r Irrealis)
否定 (e Nagation)
否定文 (negierter Satz)
非人称 (unpersönlich)
非人称受動（自動詞の受動）(unpersönliches
    Passiv)
非人称動詞 (unpersönliches Verb,
    Impersonale)
非文 (ungrammatischer Satz)
非分離動詞 (untrennbares Verb)
非分離前つづり (untrennbare Vorsilbe)
品詞 (e Wortklasse)

**ふ**
付加語（修飾語）(s Attribut)
付加語的用法 (attributiver Gebrauch)
不可算名詞 (unzählbares Substantiv,
    s Kontinuativum)
不規則動詞 (unregelmäßiges Verb)
副詞 (s Adverb)
複数 (r Plural)
副文 (r Nebensatz)
複文 (komplexer Satz)
普通名詞 (r Gattungsname, s Appellativum)
物質名詞 (s Stoffnomen, r Stoffname)
不定冠詞 (unbestimmter Artikel)
不定形 (infinite Verbform)
不定詞（原形）(r Infinitiv)
不定の名詞 (indefinites Substantiv)
部分否定 (e Teilnegation, Sondernegation)
不変化詞 (e Partikel)
文 (r Satz)
文アクセント (r Satzakzent)
文メロディー（e Satzmelodie)
分詞 (s Partizip)
文肢 (s Satzglied)
文章（テクスト）(r Text)

文法 (*e* Grammatik)
文法関係 (grammatische Relation)
分離動詞 (trennbares Verb)

**へ**
平叙文 (*r* Aussagesatz)
並列接続詞 (koordinierende Konjunktion)

**ほ**
母音 (*s* Vokal)
法 (*r* Modus)
包合的 (inklusiv)
補語 (*s* Komplement)
補足疑問文 (*e* Ergänzungsfrage)
補足成分 (*e* Ergänzung)
本動詞 (*s* Hauptverb, *s* Vollverb)

**ま**
前つづり (*e* Vorsilbe)

**み**
未来 (*s* Futur, *s* Futur I )
未来完了 (*s* Futur II )
未来受動分詞 (*s* Gerundivum)

**む**
無冠詞 (*r* Nullartikel)
無生物主語 (unbelebtes Subjekt)

**め**
名詞 (*s* Nomen, *s* Substantiv)
名詞句 (*e* Nominalphrase)
名詞の格変化 (*e* Deklination des Nomens)
名詞の性 (*s* Genus, *s* Geschlecht)

命題 (*e* Proposition)
命令文 (*r* Befehlssatz, *r* Imperativsatz)
命令法 (*r* Imperativ)

**も**
目的語 (*s* Objekt)
モダリティ (*e* Modalität)

**ゆ**
融合 (*r* Synkretismus)

**よ**
要求話法 (*r* Voluntativ)
与格（3格）(*r* Dativ)
4格支配の前置詞 (*e* Präposition mit
　　Akkusativ）

**り**
利益の3格 (*r* Dativ commodi)
利害の3格 (*r* Dativ commodi/incommodi)

**る**
類推 (*e* Analogie)

**れ**
レーマ（陳述）(*s* Rhema)

**わ**
話法 (*r* Modus, *e* Rede)
話法詞 (*e* Modalpartikel)
話法の助動詞 (*s* Modalverb)
枠外配置 (*e* Ausklammerung)
枠構造 (*e* Rahmenkonstruktion, *r* Rahmen)

著者紹介

清野智昭（せいの　ともあき）

　1964 年東京生まれ。1988 年東京外国語大学ドイツ語学科卒業。1990 年東京大
学大学院修士課程（独語独文学専攻）修了。熊本大学文学部助手,同講師を経て,
現在, 千葉大学准教授。

主要著書

『基礎ドイツ語文法ハンドブック』（共著，三修社）

『ドイツ語を書いてみよう！』（白水社）

『ドイツ語のしくみ』（白水社）

『ドイツ語の時間〈話すための文法〉』（朝日出版社）

『基礎徹底マスター！　ドイツ語練習ドリル』（日本放送出版協会）

『しくみが身につく中級ドイツ語作文』（白水社）

---

中級ドイツ語のしくみ

2008 年 9 月 20 日　第 1 刷発行
2010 年 10 月 30 日　第 5 刷発行

著　者 © 清　野　智　昭

発行者　　　及　川　直　志

印刷所　　　株式会社ルナテック

〒 101-0052　東京都千代田区神田小川町 3 の 24

発行所　　電話　03-3291-7811（営業部）, 7821（編集部）　　株式会社　白水社
　　　　　http://www.hakusuisha.co.jp

　　　　　乱丁・落丁本は, 送料小社負担にてお取り替えいたします.

振替　00190-5-33228　　　　　Printed in Japan　　　　　加瀬製本

ISBN978-4-560-06653-9